Jacques Stern

Thibaut und Savigny

Zum 100 jährigen Gedächtnis des Kampfes um ein einheitliches bürgerliches Recht

für Deutschland

Jacques Stern

Thibaut und Savigny
Zum 100 jährigen Gedächtnis des Kampfes um ein einheitliches bürgerliches Recht für Deutschland

ISBN/EAN: 9783337362027

Hergestellt in Europa, USA, Kanada, Australien, Japan

Cover: Foto ©ninafisch / pixelio.de

Weitere Bücher finden Sie auf **www.hansebooks.com**

Thibaut und Savigny.

Zum 100jährigen Gedächtnis des Kampfes um ein einheitliches bürgerliches Recht für Deutschland.

1814. * 1914.

Die Originalschriften
in ursprünglicher Fassung mit Nachträgen,
Urteilen der Zeitgenossen und einer Einleitung

herausgegeben

von

Dr. Jacques Stern,
Amtsrichter in Berlin.

Berlin, 1914.
Verlag von Franz Vahlen
W 9, Linkstr. 16.

Jedes Volk hat seinen Tag in der Geschichte,
doch der Tag des Deutschen ist die Ernte der ganzen Zeit.

S c h i l l e r
(aus einem unvollendeten Gedicht von
Deutscher Größe, 1801).

Vorrede.

Klassische Schriften der Wissenschaft haben zunächst geschichtliche Bedeutung, indem sie uns die Auffassungen der Vergangenheit kennen lehren und damit die Keime der Gegenwart aufdecken. Darüber hinaus aber haben sie bleibenden Wert, soweit sie allgemeine, von Zeit und Ort unabhängige Gedanken enthalten.

Die Streitschrift Savignys, des größten deutschen Juristen im 19. Jahrhundert, »Vom Beruf unsrer Zeit für Gesetzgebung und Rechtswissenschaft«, veranlaßt durch Thibauts Schrift »Über die Notwendigkeit eines allgemeinen bürgerlichen Rechts für Deutschland«, gehört schon wegen ihrer programmatischen Bedeutung für die »historische Schule« zu den klassischen Schriften der Rechtswissenschaft. Die Kodifikation, die vor 100 Jahren Thibaut erstrebt und Savigny bekämpft hat, und zwar nicht bloß für seine Zeit, was im Gegensatze zur herrschenden Meinung über die alte und bedeutsame Streitfrage in diesem Buche bewiesen werden soll, ist um die Wende des 19. Jahrhunderts durch die Schaffung des Bürgerlichen Gesetzbuchs für das Deutsche Reich zur Wirklichkeit geworden. Trotzdem bleibt Savignys Gelegenheitsschrift mit ihrer »in der Geschichte vielleicht einzig dastehenden Wirkung« (Jhering zum Gedächtnis Savignys in den Jahrbüchern für Dogmatik V, 362) eben wegen der in ihr enthaltenen allgemeinen Gedanken von dauerndem Werte. Aber auch Thibauts Schrift ist mehr als ein interessantes Dokument der Zeitgeschichte. Nicht bloß als unmittelbare Veranlassung der Arbeit Savignys wird sie, untrennbar von dieser, fortleben, sondern als das Beste und Nachhaltigste, was über den Nutzen einer Kodifikation geschrieben worden ist.

In den Kämpfen der Gegenwart um die Grundfragen der Rechtswissenschaft greift man mit Recht immer wieder auf Savignys Programmschrift zurück; auch an Rückblicken auf Thibauts Abhandlung fehlt es hierbei nicht. Es ist daher nicht bloß ein Akt der Pietät, durch den der Juristenstand sich selber ehrt, wenn er die Erinnerung an seine Führer, insbesondere an den denkwürdigen Streit zwischen Thibaut und Savigny durch die Verbreitung ihrer eigenen Worte wach erhält, sondern von unmittelbarem praktischen Werte, beide Schriften vollständig im Original zur Hand zu haben.

Die Jünger der Rechtswissenschaft hören zwar auch heute schon in den ersten Anfängen ihres Studiums die Namen Savigny und Thibaut und die Titel ihrer beiden Schriften, zu Gesicht bekommen oder gar gelesen haben sie aber nur verschwindend wenige unter unseren heutigen deutschen Juristen. Es ist ein schlechter Trost, daß von dem gleichen Schicksal die übrigen klassischen Werke der deutschen Rechtswissenschaft nicht minder als die des Auslands betroffen werden. Und doch liegt in ihnen ein Bildungsmittel ersten Ranges für die juristische Jugend, dessen Wertschätzung unsere Zeit beinahe verlernt hat. Der einstige Leiter des Reichsjustizamts und nachmalige preußische Kultusminister Bosse schildert mit dem Gefühl der Dankbarkeit, wie ihn im Jahre 1854 kurz nach seinem Eintritt in den praktischen Justizdienst ein älterer Richter auf Savignys Schrift aufmerksam gemacht und welch tiefen Eindruck nach Form und Inhalt er von ihr empfangen habe. (Vgl. Bosse, Über Savignys Schrift »Vom Beruf unsrer Zeit für Gesetzgebung und Rechtswissenschaft.« Im Hinblick auf die Herstellung eines deutschen bürgerlichen Gesetzbuches. Deutsche Revue, 25. Jahrgang [1900] S. 7 ff.)

Wer dafür eintritt, daß der Sinn für das Große und Allgemeine nicht im täglichen Getriebe juristischer Spezialarbeit untergehe, der wird das beste Mittel zu diesem Ziele in den Schriften der Klassiker der Rechtswissenschaft finden und schon die juristische Jugend auf sie hinweisen. Aus dem Kreise dieser Werke eignen sich die beiden im engsten Zusammenhange stehenden und darum hier vereinigten Schriften Thibauts und Savignys im Kampfe um ein einheitliches bürgerliches Recht für Deutschland wegen ihres Gegenstandes ganz besonders für den Anfänger. Dieser durch die Klarheit der Darstellung und die Schönheit der Sprache in einen ästhetisch würdigen Rahmen gestellte Gegenstand gibt ihnen aber auch, was schon einige der ersten Kritiker Thibauts hervorgehoben haben (Jenaische Allgem. Literatur-Zeitung 1814 Nr. 185; Wiener Allgem. Literatur-Zeitung 1814 Nr. 98), ein Anrecht auf das Interesse jedes gebildeten Deutschen. Klingt doch zudem durch diese Schriften der Ton der echten Vaterlandsliebe, wie sie mit fortreißender Gewalt in jener großen Zeit zum Durchbruch kam, da Deutschland sich aus seiner tiefen Erniedrigung erhob.

Besonderer Beachtung wert sind auch die schönen Worte, die Thibaut dem Verhältnis zwischen Fürst und Volk in Deutschland widmet – noch unter dem frischen Eindruck des Heimgangs Carl Friedrichs, des um die Entwicklung seines Landes hochverdienten Herrschers, der »Zierde Badens«. Vornehmlich seiner Fürsorge verdankte die alte Universität am Neckar nach ihrem Verfalle während der letzten Pfälzer-Zeit die Epoche neuen Glanzes trotz einer Zeit des Krieges und der Unruhe. Von Heidelberg ging Thibauts patriotischer Ruf durch das befreite Deutschland und Heidelberg wurde der Mittelpunkt dieses wissenschaftlich und kulturgeschichtlich bedeutungsvollen Streites; hier ließ Savigny seine Gegenschrift erscheinen und hier legte Thibaut in den Heidelbergischen Jahrbüchern seine weiteren Äußerungen in dieser Frage nieder.

Um die Wirkung auf die Zeitgenossen möglichst rein zu vergegenwärtigen, sind beide Schriften in erster Ausgabe wortgetreu zum Abdruck gebracht. Dem gleichen Zwecke, dem besseren Verständnisse, aber auch zunutze der juristischen Literaturgeschichte dient die Wiedergabe wichtiger Stimmen der Zeit, und zwar in einer bisher noch nicht erreichten Vollständigkeit. Die Zusätze der Streitschriften in späteren Ausgaben sind besonders zusammengestellt.

Noch einem anderen, gerade von Savigny wiederholt und mit Nachdruck als erstrebenswert bezeichneten Ziele (vgl. System des heutigen Römischen Rechts, Vorrede S. XX ff.) bringt uns die Beschäftigung mit den grundlegenden Werken der Rechtswissenschaft näher: der Herstellung der ursprünglichen und natürlichen Einheit von Theorie und Praxis. (Vgl. hierzu die Vorrede meiner »Einführung in die gerichtliche Praxis«, Berlin 1914.) Auch heute noch, wie zu Savignys Zeiten, ja sogar mehr noch als damals, krankt unser durch die Veränderung der wirtschaftlichen Verhältnisse, die Fortschritte der Technik und des Verkehrs, sowie mancherlei sonstige Einflüsse in neue Bahnen gelenktes Rechtsleben an der unnatürlichen Kluft zwischen beiden Richtungen, die nach seinen Worten die Gefahr in sich birgt, daß die Theorie zu einem leeren Spiel, die Praxis zu einem bloßen Handwerk herabsinke. Jetzt, wo wir im Bürgerlichen Gesetzbuch eine feste Grundlage unseres Privatrechts haben, ist es an der Zeit, der Arbeit am Speziellen zugunsten der Beschäftigung mit dem Grundlegenden, Allgemeinen eine Schranke zu setzen. Die Zukunft der Rechtsentwicklung und des Rechtsunterrichts in Deutschland liegt in einer die rechtsschöpferische Kraft von Theorie und Praxis fördernden Verbindung dieser beiden Teile eines Ganzen.

Berlin, im Juni 1914.

Dr. Jacques Stern.

Bemerkung: Die in Klammern gesetzten Zahlen bei den Schriften Thibauts und Savignys bedeuten die Seiten der ersten Ausgaben. Die kleinen Zahlen im Text der Thibautschen Schrift verweisen auf die Nachträge (Abt. II Nr. 1). Die Noten unter dem Text sind nach den Seiten des vorliegenden Abdrucks nummeriert.

Inhaltsverzeichnis.

Einleitung.

1. Der wissenschaftliche Streit zwischen Thibaut und Savigny und seine weitere Entwicklung ... 8
2. Biographisches ... 26
3. Bibliographisches ... 32

I. Abteilung.

1. Thibaut, Über die Notwendigkeit eines allgemeinen bürgerlichen Rechts für Deutschland. 1814 ... 35
2. Savigny, Vom Beruf unsrer Zeit für Gesetzgebung und Rechtswissenschaft. 1814 ... 69

II. Abteilung.

1. Thibauts Nachträge zu seiner Schrift. 2. Ausgabe. 1814 ... 167
2. Thibauts Besprechung (Antikritik) der Schrift Savignys. 1814 ... 174
3. Urteile der Zeitgenossen zu den Streitschriften Thibauts und Savignys. 1814-1818 ... 185
4. Anselm von Feuerbachs Urteil. 1816 ... 195
5. Savignys Nachträge zu seiner Schrift. 2. Auflage. 1828 ... 202
6. Bemerkungen ... 235

Einleitung.

1. Der wissenschaftliche Streit zwischen Thibaut und Savigny und seine weitere Entwicklung.

Vor hundert Jahren, am 19. Juni 1814, acht Monate nach der Leipziger Völkerschlacht, noch nicht drei Monate nach dem Einzuge der Verbündeten in Paris, schrieb Anton Friedrich Justus Thibaut, Professor des Rechts in Heidelberg, die Vorrede zu seiner Flugschrift »Über die Notwendigkeit eines allgemeinen bürgerlichen Rechts für Deutschland«. Diesen geschichtlichen Hintergrund und seinen inneren Zusammenhang mit den Äußerungen deutschen Geisteslebens muß man von vornherein im Auge behalten, will man Erfolg und Wirkung der Arbeit Thibauts recht verstehen.

Der Gedanke eines gemeinsamen deutschen bürgerlichen Rechts war nicht neu. Aus der großen Zahl seiner Vertreter seit der Mitte des 17. Jahrhunderts ragen die Namen Conrings, des Begründers der deutschen Rechtsgeschichte, Leibniz', des großen Polyhistors, Thomasius', des Naturrechtslehrers, hervor. (Das Naturrecht strebte aber nach einzelstaatlicher Kodifikation.) Das 18. Jahrhundert zeigt das gleiche Bild. So handelt z. B. im Jahre 1781 der Leipziger Christian Gottlob Biener in seinen »Bedenklichkeiten bei Verbannung der ursprünglich fremden Rechte aus Deutschland und Einführung eines allgemeinen deutschen National-Gesetzbuches« im § 6 »Von der Notwendigkeit eines allgemeinen Gesetzbuches im heiligen römischen Reiche«. Zu Anfang des 19. Jahrhunderts hatte die Kodifikationsidee ihre Freunde unter den verschiedenen Geistesrichtungen: Staatsmänner, Dichter, Gelehrte, zumal Juristen der Theorie und Praxis traten für sie ein.[△] Aber den rechten Wiederhall, das allgemeine Interesse erweckte erst Thibaut mit seiner Schrift; er hatte den geeigneten Zeitpunkt erfaßt und die richtige Form gefunden. Die Idee selber lag wieder einmal im Zuge der Zeit, gewissermaßen in der Luft. Leicht faßlich, das Fachmäßige möglichst meidend, getragen vom Schwunge nationaler Begeisterung, der den Verfasser beim Schreiben, die Zeitgenossen beim Lesen mit sich riß, hat Thibauts Schrift das Verdienst, die Gründe für die Einheit der Gesetzgebung (»über ihre Notwendigkeit ist nach Thibauts Schrift fast nichts mehr zu sagen« – äußerte ein Kritiker in der Jenaischen Allg. Lit. Ztg. 1814 Nr. 217) vollständig und fortwirkend bis auf das Bürgerliche Gesetzbuch unserer Zeit zusammengefaßt zu haben. Ihr weiteres Verdienst liegt in der – wenn auch nur äußeren – Anregung zu Savignys Gegenschrift »Vom Beruf unsrer Zeit für Gesetzgebung und Rechtswissenschaft.« Im schweren Rüstzeug der Wissenschaft, mit objektiver Ruhe und souveräner Beherrschung des Stoffes einem Wunsche der Zeit mit schroffer Verneinung entgegentretend ist diese Arbeit die erste programmatische Äußerung einer Richtung, die, unter Verdrängung der bis dahin herrschenden nicht bloß der Wissenschaft, sondern auch der Praxis verderblichen naturrechtlichen Anschauungen, der Rechtswissenschaft neue zu glänzender Entwicklung führende Wege gewiesen hat.

Veranlaßt zur Abfassung seiner Schrift »Über die Notwendigkeit eines allgemeinen bürgerlichen Rechts für Deutschland« wurde Thibaut, der bereits früher gelegentlich in seinen Schriften (so in der »Juristischen

Enzyklopädie und Methodologie«, Altona 1797, § 102) für den gleichen Gedanken eingetreten war, durch das Erscheinen des Buches »Über den Code Napoleon und dessen Einführung in Deutschland« (Hannover, bei den Gebr. Hahn, 1814, XVI u. 319 S. 8°) von dem hannoverschen Staatsmann August Wilhelm Rehberg (Besprechungen in der Allg. Lit. Ztg., Halle und Leipzig, 1814 Nr. 1; Jenaische Allg. Lit. Ztg. 1814 Nr. 79 bis 81). Thibaut schrieb in den Heidelbergischen Jahrbüchern der Litteratur (1814 Nr. 1 und 2) eine ausführliche Rezension[B] dieses gegen das französische Gesetzbuch weniger mit juristischen, als mit politischen Waffen (den »sehr finstren Ideen« Rehbergs) vorgehenden, die Rückkehr zu den alten Verhältnissen predigenden und jede Kodifikation verwerfenden Buches. Im letzten Punkte, wie auch z. B. Johann Georg Schlossers Vorschlag und Versuch einer Verbesserung des deutschen bürgerlichen Rechts ohne Abschaffung des römischen Gesetzbuchs, Leipzig 1777, und seine Briefe über die Gesetzgebung, Frankfurt 1789, ein Vorläufer von Savignys Schrift! Thibauts Rezension, die zunächst ohne Nennung seines Namens erschien, von ihm aber bald als seine Arbeit anerkannt wurde, verteidigt gegen Rehberg das französische Gesetzbuch an zahlreichen Beispielen, um an anderen dessen große Schwächen nachzuweisen, und gelangt schließlich in beredten Worten zur Forderung eines deutschen Nationalgesetzbuchs. Diesen wichtigen Gegenstand entwickelte Thibaut dann in seiner Schrift »Über die Notwendigkeit eines allgemeinen bürgerlichen Rechts für Deutschland« und zwar, wie er in der Vorrede sagt, der Aufforderung achtungswerter Männer folgend. Über die Entstehung der Schrift, von der sich eine Selbstanzeige in Nr. 33 der Heidelbergischen Jahrbücher der Litteratur 1814 befindet, berichtet Thibaut selbst (Über die sogenannte historische und nicht-historische Rechtsschule, Archiv für die civilistische Praxis, Bd. 21 [1838] S. 393 f.):

»Im Jahre 1814, als ich viele deutsche Soldaten, welche auf Paris marschiren wollten, mit frohen Hoffnungen im Quartier hatte, war mein Geist sehr bewegt. Viele Freunde meines Vaterlandes lebten und webten damals mit mir in dem Gedanken an die Möglichkeit einer gründlichen Verbesserung unsres rechtlichen Zustandes, und so schrieb ich, – höchstens nur in vierzehn Tagen, – recht aus der vollen Wärme meines Herzens eine kleine Schrift über die Notwendigkeit eines allgemeinen bürgerlichen Rechts für Deutschland, worin ich zu zeigen suchte: unser positives Recht, namentlich das Justinianeische, sey weder materiell noch formell unsern jetzigen Völkern anpassend, und den Deutschen könne nichts heilsamer seyn, als ein, durch Benutzung der Kräfte der gebildetsten Rechtsgelehrten verfaßtes bürgerliches Recht für ganz Deutschland, wobei aber doch jedes Land für das Wenige, was seine Localität erfordre, seine Eigenheiten behalten möge.«

Der Gedankengang der Thibautschen Schrift ist folgender:

Ausgehend davon, daß Deutschland auch nach seiner jetzt errungenen Befreiung die volle politische Einheit nicht finden werde, sieht Thibaut in dieser dem Nationalcharakter angepaßten Zersplitterung eine Quelle für den Reichtum des Mannigfaltigen und Eigentümlichen, vorausgesetzt, daß sich die Landesfürsten in die kleineren Verhältnisse ihrer Staaten zu schicken wissen. Alsbald wendet er sich von diesen politischen Betrachtungen, die zum Teil auf berechtigten Widerstand stießen (»Gott verhüte eine so wenig enge Verbindung der einzelnen Staaten, als wir in den letzten Jahrhunderten hatten«, sagte ein Kritiker in der Allg. Lit. Ztg., Halle und Leipzig, 1814 Nr. 152), unter Berufung auf seine langjährige Tätigkeit als Zivilist dem Wunsche nach einer Neugestaltung des bürgerlichen Rechtes zu, worunter er das Privat- und Kriminalrecht, sowie den Prozeß versteht. Nirgends in Deutschland sei den an jede Gesetzgebung zu stellenden zwei Anforderungen formeller und materieller Vollkommenheit (gemeint sind klare und erschöpfende Bestimmungen, sowie eine zweckmäßige Anordnung der Rechtsverhältnisse) genügt: unser ganzes einheimisches Recht sei ein endloser Wust einander widerstreitender, vernichtender, buntscheckiger Bestimmungen, ganz dazu geartet, die Deutschen von einander zu trennen und den Richtern und Anwälten die gründliche Kenntnis des Rechts unmöglich zu machen. Dazu komme seine Unvollständigkeit, so daß meist auf das rezipierte römische und kanonische Recht zurückgegriffen werden müsse. Im römischen Recht, dessen Größe und Bedeutung für die juristische Schulung anzuerkennen sei, hätten wir ein Gesetzbuch, dessen (authentischen) Text wir nicht besäßen und dessen zahlreiche Lesarten zu einer Unsicherheit des Rechtszustandes führten. Vor allem aber fehle uns wegen der Verschiedenheit der römischen und deutschen Rechtsanschauungen der Schlüssel zu der ganzen Kompilation. Ein deutsches Nationalgesetzbuch werde in wissenschaftlicher Beziehung (damit beginnt Thibaut »den Gelehrten zu gefallen«!) die Übersicht über das ganze Recht gewähren und im akademischen Unterricht die Darstellung des praktischen Rechts ermöglichen. Es werde aber auch das »Glück der Bürger« begründen, für deren Verkehr die örtliche Kollision der Gesetze eine Plage sei und die Einheit der Zivilgesetze eine Notwendigkeit bilde. Eine gute Gesetzgebung sei freilich das schwerste unter allen Geschäften und nicht von Einzelstaaten oder Einzelnen, vielmehr nur durch das Zusammenwirken der namhaftesten Kräfte zu erreichen – unter feierlicher Garantie der auswärtigen großen alliierten Mächte. Diese letzte Forderung ist Thibaut bereits von manchen Zeitgenossen mit Recht verdacht worden. (Vgl. die Besprechungen in der Jenaischen Allg. Lit. Ztg. 1814 Nr. 185, in der Allg. Lit. Ztg., Halle und Leipzig, 1814 Stück 267 und in der Wiener Allg.

Lit. Ztg. 1814 Nr. 98.) Den möglichen Einwendungen gegen die Forderung eines Nationalgesetzbuches – heimlichen (Beschränkung der Landesfürsten, Furcht vor Neuerungen und Umwälzungen) und öffentlichen (Berücksichtigung der örtlich verschiedenen Verhältnisse, Heiligkeit des Herkömmlichen), schließlich solchen wegen der Kosten und der langen Dauer eines derartigen Gesetzgebungsunternehmens (die er auf zwei bis vier Jahre veranschlagt!) – sucht Thibaut im Schlußteile der Schrift von vornherein zu begegnen.

Thibauts Schrift hat ihren Zweck nicht erreicht; sie konnte es wohl auch nicht, wie die rechtlichen (wissenschaftlichen und praktischen) Verhältnisse und die politischen Dinge in dem durch Kriege geschwächten und innere Gegensätze zerrissenen Deutschland damals lagen, und Savignys literarisch weit höher stehende, ihrem Verfasser in diesem Betracht den Sieg sichernde Gegenschrift ist, darüber kann kein Zweifel sein, ohne Einfluß auf Thibauts Mißerfolg gewesen. Bereits im Jahre 1816 schrieb Savigny (Zeitschrift für geschichtliche Rechtswissenschaft Bd. 3 S. 11): »Im Ernst wird Niemand behaupten, daß ohne jene Stimmen ein allgemeines Gesetzbuch wahrscheinlich zu Stande gekommen wäre.« Aber was Thibaut, wie vor ihm kein anderer erreicht hat, war, wie gesagt, die Erweckung des allgemeinen Interesses für die Frage eines einheitlichen deutschen Gesetzbuchs, dessen nationale und praktische Bedeutung er richtig erkannt und hervorgehoben hat, und die bis dahin nirgends so vollständig gegebene, auch in der Entstehungsgeschichte unseres Bürgerlichen Gesetzbuchs durchweg und im wesentlichen unverändert verwertete Zusammenstellung aller für die zivilistische Rechtseinheit anzuführenden Gründe. (Vgl. hierzu Brunner, Die Rechtseinheit, Akademische Festrede, Berlin 1877, und Vierhaus, Die Entstehungsgeschichte des Entwurfs eines Bürgerlichen Gesetzbuchs für das Deutsche Reich, Berlin

1888.) Seine Irrtümer liegen hauptsächlich in der Verkennung der damaligen Zeitverhältnisse, in der Überschätzung der Bedeutung einer Kodifikation für Rechtswissenschaft und Rechtsstudium und in der Unterschätzung der Schwierigkeiten bei Ausarbeitung eines Gesetzbuchs, insbesondere hinsichtlich der Zeitdauer, des Arbeitsplans und der Zusammensetzung der Kommission.

Angeregt durch Thibauts Schrift trat S a v i g n y mit seinen längst gefaßten und ausgereiften, die Lehre der historischen Schule bildenden Gedanken anstatt in der üblichen wissenschaftlichen Form zuerst in der einer Gelegenheitsschrift hervor, die aber eben wegen dieser gekennzeichneten Eigenschaft der Gedanken keinen der sonst den Schriften dieser Art zumeist anhaftenden Mängel aufweist. (Vgl. auch Savignys Vorrede zur 2. Ausgabe der Schrift vom »Beruf«.)

Über die Entstehung der Savignyschen Arbeit schrieb Niebuhr, der ausgezeichnete Staatsmann und Altertumsforscher, am 1. November 1814 an seine Seelenfreundin Dora Hensler: »Savigny hat eine der Thibautschen Schrift ganz entgegengesetzte geschrieben: er hat, nach meiner Meinung, sehr zart und milde gegen Thibaut geschrieben und mit Wärme das Verdienst seiner Opposition gegen die Einführung des Code Napoléon anerkannt. Ich wollte, daß Jemand Thibaut zur Ruhe reden könnte. Mir ist dieser Streit schmerzlich. Savigny ist äußerst tätig und in einer Regsamkeit wie fast nie.« (Lebensnachrichten über Barthold Georg Niebuhr, Hamburg 1838, 2. Bd. S. 125.)

Am gleichen Tage schrieb Jacob an Wilhelm Grimm: »Du wirst von Savigny seine Schrift über Gesetzgebung erhalten haben, die mir gar wohl gefallen hat, in unsere Meinungen stimmt und sie bestätigt.... Es ist mir gar lieb, daß Savigny diese Abhandlung geschrieben hat, sie ist auch ganz wie er.«

(Briefwechsel zwischen Jacob und Wilhelm Grimm, Weimar 1881, S. 371, 372, 398, 470.)

Bevor wir auf den Inhalt der Schrift Savignys näher eingehen, sei gleichsam als erster Wegweiser durch ihre vielfach verschlungenen Gedankengänge der Worte Rudolf v. Jherings, seines größten Schülers und späteren machtvollen Bekämpfers, gedacht: »Die dauernde Bedeutung jener Schrift liegt in dem Apparat allgemeiner Ideen, den Savigny gegen seine Gegner in Bewegung zu setzen für nötig hält: eine Theorie über die geschichtliche Natur des Rechts, verbunden mit einer Skizze der Hauptmomente in der Entwickelungsgeschichte des Rechts, und als »geschichtliche« Auffassung gegenübergestellt der bisher herrschenden rationalistischen Auffassung.« (Jahrbücher für Dogmatik V, 364.)

Der Gedankengang der Savignyschen in zwölf Kapitel gegliederten Schrift läßt sich dahin zusammenfassen:

In der Einleitung sagt Savigny, daß er den Streit um ein gemeinschaftliches Gesetzbuch für Deutschland als einen friedlichen und nicht als feindlichen führen wolle. Die Bestrebungen auf Vereinheitlichung des bürgerlichen Rechts seien auf zwei durch das Natur- oder Vernunftrecht vermittelte irrige Auffassungen zurückzuführen: einmal auf die ungeschichtliche Richtung der Aufklärungsperiode, sodann auf jene Ansicht von der Entstehung alles positiven Rechts, nach welcher im normalen Zustande alles Recht aus Gesetzen, d. h. ausdrücklichen Vorschriften der höchsten Staatsgewalt entsteht und die Rechtswissenschaft lediglich den Inhalt der Gesetze zum Gegenstande hat.

So kommt er auf die Frage nach der Entstehung des positiven Rechts (Kap. 2). Bereits zu Beginn urkundlicher Geschichte hat nach ihm das Recht kein selbständiges Dasein für sich; es ist dem Volke eigentümlich, so wie seine Sprache, Sitte, Verfassung. Zu einem Ganzen verknüpft werden sie durch die gemeinsame Überzeugung des Volkes (gleichbedeutend mit dem, von Savigny in seiner Schrift jedoch noch nicht gebrauchten, Ausdruck »Volksgeist«), das gleiche Gefühl innerer Notwendigkeit, welches den Gedanken einer zufälligen und willkürlichen Entstehung des Rechts ausschließt. Ursprünglich verkörpern sich die Regeln des Rechts in symbolischen Handlungen der Völker. Aber auch für das Recht gibt es, hierin ebenfalls der Sprache vergleichbar, keinen Augenblick absoluten Stillstandes. Es ist mit Notwendigkeit derselben Bewegung und Entwickelung unterworfen, wie jede andere Richtung des Volkes. Diese Sätze, in denen der Grundgedanken Savignys und damit auch das Glaubensbekenntnis der historischen Schule liegt, waren, wie Windscheid sagt, eine Offenbarung für ihre Zeit, sie sind auch heute trotz mannigfacher Angriffe gegen die historische Schule unerschüttert. Bei steigender Kultur, mit der Ausgestaltung rechtlicher Einzelheiten und der Bildung eines besonderen Juristenstandes, fällt, wie Savigny weiter lehrt, dies gemeinsame Bewußtsein, diese gemeinsame Überzeugung des Volkes als Ganzen dem Bewußtsein der Juristen anheim, von welchen das Volk nunmehr in dieser Funktion repräsentiert wird. Auch jetzt bleibt aber das Recht noch ein Teil des gesamten Volkslebens (»politisches Element des Rechts«) im Gegensatze zum abgesonderten wissenschaftlichen Leben des Rechts (»technisches Element des Rechts«). Nach Savigny, der als seine Vorläufer Gustav Hugo († 1844) und Justus Möser († 1794) bezeichnet, entsteht das Recht also erst durch Sitte und Volksglaube (»als Gewohnheitsrecht«), dann durch Jurisprudenz, überall also durch innere, stillwirkende Kräfte, nicht durch die Willkür eines Gesetzgebers. Freilich ist der Einfluß der Gesetzgebung, fremden Rechts, örtlicher oder anderer Verhältnisse nicht ausgeschlossen. Dieser Einfluß der Gesetzgebung auf das bürgerliche Recht (Kap. 3) kann nach Savigny auf dreierlei Gründen beruhen: erstens dem Willen des Gesetzgebers zur Erreichung höherer politischer Zwecke; zweitens der Beseitigung vorhandener rechtlicher Zweifel und Unklarheiten; drittens (von den beiden ersten Gründen ganz verschieden) der Kodifikation des gesamten, auf seine Brauchbarkeit zu untersuchenden Rechtsvorrats. Die Kodifikation kann von Staats wegen oder von einzelnen Rechtsgelehrten vorgenommen werden; sie bezweckt einmal höchste Rechtsgewißheit, sodann Besserung und Berichtigung der äußeren Grenzen der Gültigkeit infolge der Ersetzung der verschiedenen Lokalrechte durch ein allgemeines Nationalrecht. Dieser zweite (äußere) Vorteil wird später in besonderer Anwendung auf Deutschland näher betrachtet (Kap. 5). Der erste (innere) Vorteil der größeren Rechtsgewißheit, den Savigny im Anschluß an die Meinung des englischen Philosophen und Lordkanzlers Francis Bacon (von Verulam † 1626) näher betrachtet, hängt von der Vortrefflichkeit der Ausführung ab. Was beibehalten werden soll, muß gründlich erkannt und richtig ausgesprochen werden. Nach seiten des Stoffs sei Vollständigkeit des Gesetzbuchs, aber nicht durch Kasuistik, sondern durch Erkenntnis der leitenden Grundsätze (sie gebe der juristischen Arbeit den wissenschaftlichen Charakter) zu erstreben; nach seiten der Form (Darstellung, Sprache des Gesetzes) sei die Schwierigkeit nicht minder groß. Hiernach werde nur in sehr wenigen Zeiten, die er in solche jugendlicher Völker, mittlere und sinkende scheidet, die Fähigkeit zur Schaffung eines vortrefflichen Gesetzbuchs vorhanden sein. »Also bleibt nur eine mittlere Zeit übrig, diejenige, welche gerade für das Recht, obgleich nicht notwendig auch in anderer Rücksicht, als Gipfel der Bildung gelten kann. Allein eine solche Zeit hat für sich selbst nicht das Bedürfnis eines Gesetzbuchs; sie würde es nur veranstalten können für eine folgende schlechtere Zeit, gleichsam Wintervorräte sammlend. Zu einer solchen Vorsorge aber für Kinder und Enkel ist selten ein Zeitalter aufgelegt.«

Seine bisher entwickelten Theorien sucht Savigny nun durch Anwendung auf das römische Recht (Kap. 4) und das »Bürgerliche Recht in Deutschland« (Kap. 5) klarer und überzeugender zu machen. Der große Kenner des römischen Rechts und seiner Geschichte hat in dem 4. Kapitel einen Glanzpunkt seiner Schrift geschaffen. Im 5. Kapitel werden zunächst die Klagen über den Rechtszustand in Deutschland als unbegründet bezeichnet: An der übermäßig langen Dauer der Prozesse sei nicht das bürgerliche Recht, sondern das schlechte Prozeßverfahren schuld; die große Verschiedenheit der Landesrechte sei kein Mangel, sondern ein die Individualisierung der Rechtsbildung fördernder Vorzug. Den Mittelpunkt der Schrift bildet das 6. Kapitel »Unser Beruf zur Gesetzgebung«. An der Ehe und dem Eigentum als Repräsentanten des auch den Nichtjuristen interessierenden Familienrechts und des der juristischen Technik allein überlassenen Vermögensrechts zeigt Savigny, daß die Fähigkeit zu gesetzgeberischen Reformen von der Ausbildung unserer juristischen Technik abhänge. Der für den Juristen unentbehrliche zweifache, historische und systematische, Sinn sei im 18. Jahrhundert selten; eine gute Darstellung des »Systems des Römisch-Deutschen Rechts« in Buchform gebe es nicht; die deutsche juristische Literatur habe mit der allgemeinen literarischen Bildung nicht Schritt gehalten. Der Zeit, die zwar Spuren eines lebendigeren Geistes in der Rechtswissenschaft erkennen lasse, sei hiernach die Fähigkeit zur Schaffung eines guten Gesetzbuchs abzusprechen. Um so mehr, als es wie an der Beherrschung des Stoffs, so auch an der der Sprache des Gesetzes mangele. Die drei neuen Gesetzbücher, der Code civil, das Allgemeine Preußische Landrecht und das Österreichische Gesetzbuch, werden zum Beweise seiner Theorie im 7. Kapitel (der schwächsten Partie der Schrift) einer Kritik unterzogen, die ungünstig ausfällt: noch am besten kommt das preußische Gesetzbuch davon, am schlechtesten das französische. (Das Tribunal von Montpellier wird wegen seines Ausspruchs über die Rechtsunsicherheit als Folge der zweifelhaften Natur des subsidiären Rechts und seines Vorschlags zur Abhilfe o h n e ein Gesetzbuch gelobt.) So gelangt Savigny zu nachstehenden Schlußfolgerungen, je nachdem in einem Lande keine Gesetzbücher – wie im Gebiet des gemeinen Rechts – (Kap. 8) oder bereits solche vorhanden sind (Kap. 9). Dort habe sich die Gesetzgebung für das bürgerliche Recht auf die Entscheidung von Kontroversen und die Verzeichnung alter Gewohnheiten zu beschränken, hier seien die bestehenden Gesetzbücher (abgesehen vom Code civil, einer überstandenen politischen Krankheit) nicht abzuschaffen. Das Rechtsstudium sei in beiden Fällen das gleiche. D o r t werde der Juristenstand, geschult an einer nach historischer Methode entwickelten Rechtswissenschaft wieder »ein Subjekt für lebendiges Gewohnheitsrecht« werden. »Der Zustand klarer, anschaulicher Besonnenheit, welcher dem Recht jugendlicher Völker eigen zu sein pflegt, wird sich mit der Höhe wissenschaftlicher Ausbildung vereinigen. Dann kann auch für zukünftige schwächere Zeiten gesorgt werden, und ob dieses durch Gesetzbücher oder in anderer Form besser geschehe, wird dann Zeit sein zu beraten. Daß dieser Zustand jemals eintreten werde, sage ich nicht: dieses hangt von der Vereinigung der seltensten und glücklichsten Umstände ab.« H i e r seien nach wie vor das alte Recht und seine Quellen geschichtlich zu erforschen und zu lehren. Das einigende Band des deutschen Rechts erblickt Savigny in den Universitäten (Kap. 10). »Thibauts Vorschlag« ist das 11. Kapitel gewidmet. Mit Thibaut, der sich zu Recht als Vaterlandsfreund bezeichne, erstrebe er als gleiches Ziel die Grundlage eines sicheren Rechts, die Gemeinschaft der Nation und Konzentration ihrer wissenschaftlichen Bestrebungen auf dasselbe Objekt – aber mit verschiedenen Mitteln: Nicht durch Schaffung eines Gesetzbuchs, wie Thibaut wolle, sondern durch eine organisch fortschreitende Rechtswissenschaft sei dem Übel, das nicht in den Rechtsquellen, sondern in uns liege, zu steuern. Auch in der praktischen Ausführung seines Gedankens seien Irrtümer Thibauts nachzuweisen: die von ihm angenommene kurze Dauer der Abfassung, die Herstellung durch ein Kollegium statt durch einen Mann, die zwar notwendige, aber mangels einer geeigneten Gesetzessprache nicht zu erreichende Popularität des Werkes. Der Schluß (Kap. 12) gibt eine kurze Zusammenfassung, die in eine Lobpreisung der deutschen Rechtswissenschaft aus Melanchthons Munde ausläuft.

Der ewige Wert der Schrift Savignys als programmatischer Äußerung der historischen Rechtsschule und damit zugleich als Ausgangspunkt für eine neue Grundlegung der Rechtswissenschaft mit Wirkung über diese hinaus auf die Gesamtheit der Geisteswissenschaften ist bereits hervorgehoben. Die wesentlichsten Irrtümer der Savignyschen Schrift liegen gerade in der Behandlung der Gesetzgebungsfrage. Sie stehen mit den eigentlichen Lehren der historischen Rechtsschule nur in loser Verbindung (vom »Einfluß der Gesetzgebung auf das Fortschreiten des Rechts« handelt Savigny selbst im System des heutigen Römischen Rechts I § 13) und lassen sich zum Teil aus den Zeitverhältnissen erklären. Daher sollen sie gleich jetzt betrachtet werden, ehe ein Blick auf Ursprung und weitere Entwickelung der historischen Schule geworfen wird.

Der Zusammenhang der Ausführungen, in denen Savigny seiner Zeit – wohl mit Recht – den Beruf zur Gesetzgebung (womit die für unsere Betrachtung allein wesentliche Kodifikation des bürgerlichen Rechts im Gegensatze zur Einzelgesetzgebung gemeint ist) abspricht (Kap. 3 und 6), zwingt zu dem Schlusse, daß er diese Fähigkeit – sicherlich zu Unrecht – allgemein für jedes Volk und jede Zeit verneint: ihm ist die Kodifikation ein Hemmnis organischer Rechtsentwickelung.

Wir stehen hier vor einer alten und bedeutsamen Streitfrage. Sie ist nur in letzterem Sinne zu beantworten. Sie konnte nur entstehen, weil Savigny mehrere zur Gesetzgebungsfrage gehörende und deshalb zwar zusammenhängende, aber doch verschiedene Gegenstände in engem Rahmen gemeinsam behandelt hat. (Vgl. hierzu L. Spiegel, Gesetz und Recht, München u. Leipzig 1913, S. 77 ff.)

Die herrschende Meinung, wonach Savigny in der Streitschrift lediglich seiner Zeit die Fähigkeit zur Gesetzgebung im Sinne einer Kodifikation des gesamten Vorrats an bürgerlichem Recht abspreche, stützt sich insbesondere auf den Titel seiner Schrift und auf Wendungen, wie »unsre Zeit«, »unser Beruf« »wir« ... Damit ist aber von Savigny nur gemeint, daß seiner Zeit ganz besonders diese Fähigkeit mangele. Anders ist namentlich die oben wiedergegebene Stelle, die von der Eignung einer Zeit zur Gesetzgebung handelt, nicht zu verstehen, die einzige, die Wilhelm Grimm tadelnswert findet, weil sie die Hoffnung hinter sich läßt (s. u. Abt. II, 3): »daß dieser Zustand jemals eintreten werde, sage ich nicht« (S. 134, 25, 160 der ersten Ausgabe). Die hier gegebene Auslegung, wonach Savigny ein Gegner jeder Kodifikation ist und sie nur unter ganz ausnahmsweisen Bedingungen für ausführbar erklärt, ist bereits von Gierke, Landsberg (bezüglich der Einzelgesetzgebung abweichend) u. a. vertreten worden. (Vgl. Landsberg, Geschichte der deutschen Rechtswissenschaft III, 2 S. 202.) Im folgenden soll ein Beweis für ihre Richtigkeit geführt werden:

Unter allen seinen Kritikern, mit denen sich Savigny in den

»Stimmen für und wider neue Gesetzbücher« (s. u. Abt. II, 5) auseinandersetzt, spendet er Schrader, dem durch die Ausführungen Savignys über die Trefflichkeit des Prätorischen Edikts angeregten Verfasser der Schrift »Die Prätorischen Edikte der Römer auf unsere Verhältnisse übertragen, ein Hauptmittel unser Recht allmählich gut und volksmäßig zu bilden«, Weimar 1815, die höchste Anerkennung. Bei Schrader findet sich nun nachstehende kurze Inhaltsangabe der Savignyschen Schrift: »*Sie zeigt hauptsächlich, wie der Rechtszustand bei den Völkern sich zu entwickeln pflege; wie schwer es überall sei, ihn durch Gesetzgebung löblichen Absichten gemäß zu ordnen; wie wenig dieses besonders bei uns möchte erreicht werden können. Das Resultat geht dahin, daß den dringenden Bedürfnissen in Beziehung auf den Prozeß durch Gesetze abgeholfen; im Übrigen aber, da vom Mangel an genauer Rechtskenntnis, an wahrer Beherrschung unseres mannigfachen rechtlichen Stoffes, die meisten Fehler herrühren, das Rechtsstudium recht tüchtig getrieben werde; und die gesetzgebende Behörde nur durch einzelne Entscheidungen eingreife.*« Schrader, der, wie er von sich sagt, in den allgemeinen Grundlagen »am Meisten mit Savigny übereinstimmt«, faßt seine eigenen Ausführungen dahin zusammen, »*daß Gesetzbücher zu erlassen, eine sehr bedenkliche, kaum je zu empfehlende Unternehmung ist*; daß dieselbe außerdem auf keinen Fall die fortlaufende Leitung der Selbstbildung des Rechts überflüssig macht. Diese *kann* durch stete Tätigkeit der Gesetzgebung mittelst einzelner Verordnungen erfolgen; aber zweckmäßiger möchte dazu eine *besondere Einrichtung* sein« (womit er – übrigens eine von Savigny zu Unrecht als praktisch bezeichnete Idee – die Einrichtung rechtsbildender Behörden nach Art des römischen Prätors meint). **Es ist ausgeschlossen, daß Schrader in der obigen, jeden Zweifel ausschließenden Inhaltsangabe bei dieser grundlegenden Frage Savigny falsch** verstanden hat, ohne daß dieser es gerügt hätte. Hinzu kommt jene Äußerung Wilhelm Grimms in seiner durch Savigny, seinen Freund, selbst angeregten Rezension der Schrift im Rheinischen Merkur. Weiter Gönners Worte in seiner Gegenschrift »Über Gesetzgebung und Rechtswissenschaft in unsrer Zeit«, Erlangen 1815 S. 4: »Doch muß ich aufrichtig bekennen, daß die ganze Tendenz seiner Schrift jenes harte Urteil über unsre Zeiten sehr mildert, denn in seiner ganz eigentümlichen Ansicht von Gesetzgebung spricht er allen Zeiten den Beruf dazu ab.« So also haben drei besonders beachtliche Zeitgenossen Savigny verstanden. Und nun Savignys eigene Worte zu dem Schraderschen Buche: »Der Verfasser geht von der richtigen Bemerkung aus, daß die geschichtliche Bildung des Rechts, die auch von ihm angenommen wird, keineswegs so mißverstanden werden dürfe, als solle der Staat sich gar nicht um das Recht im allgemeinen bekümmern. Nur die gewöhnliche Art, wie der Staat darauf einzuwirken pflege, durch eigentliche Gesetzgebung nämlich, sei in den meisten Fällen unzweckmäßig, selbst da, wo sich stehende Gesetzkommissionen finden.« (S. u. Abt. II, 5. Vgl. auch die Kritik der Schraderschen Schrift in den Heidelb. Jahrbüchern 1816 S. 1049.) Weiter sagt Savigny gegen Gönner (Zeitschrift für geschichtl. Rechtswissenschaft Bd. 1 S. 373 ff.): »Ich habe vielmehr schon in meiner früheren Schrift anerkannt, daß unter gewissen Bedingungen die Abfassung eines Gesetzbuchs sehr wohltätig sei und alle Billigung verdiene.... Ich glaube, daß die unzeitige Abfassung eines Gesetzbuchs durch die Willkürlichkeit der Entstehung und durch das Zerreißen der geschichtlichen Fäden dem Despotismus in hohem Grade förderlich sein kann.« Hält man alle diese Momente zusammen, so hat man geradezu eine authentische Interpretation Savignys in dem von uns behaupteten Sinne zu seinen Ausführungen in der Kampfschrift vor sich, die

Veranlassung zu dieser bedeutsamen Streitfrage gegeben haben. Noch deutlicher spricht sich Savigny in der Zusammenfassung am Schlusse der »Stimmen« aus, doch soll darauf nicht eingegangen werden, weil man in diesen Ausführungen auch nur eine Modifikation oder Weiterbildung seiner Ansicht aus der Schrift vom »Beruf« finden könnte.

Wir kommen nunmehr zu der Erörterung der einzelnen Irrtümer Savignys in der Kodifikationsfrage. Savigny denkt offenbar an ein vollkommenes, ideales Gesetzbuch, das es, von Menschen und für Menschen verfaßt, nie und nirgends geben kann. Er verkennt die national-politische Bedeutung der Rechtseinheit unter dem Gesichtspunkt der Rechtspflege als einer der wesentlichsten Staatsaufgaben; er verkennt ferner die (von Thibaut mit Recht betonte) praktische Seite der Rechtseinheit für Rechtsleben und Verkehr; er verkennt endlich die Kraft der durch die historische Richtung auf eine neue Grundlage gestellten Rechtswissenschaft, wenn er von ihr die Herbeiführung eines einheitlichen Rechts erwartet, von einer Kodifikation aber ihren Verfall befürchtet. Die geschichtliche Entwickelung Deutschlands seit jenen Tagen, die uns den Norddeutschen Bund, dann das neue Deutsche Reich gebracht hat, zeigt als Folge das Bild einer fortschreitenden Rechtseinheit. Und schließlich erstand als Erfüllung des seit Thibaut nicht mehr zur Ruhe gekommenen, auch vom Deutschen Juristentage mit Eifer ausgesprochenen Wunsches – auf der Grundlage des Gesetzes vom 20. Dezember 1873 (Änderung des Art. 4 der Reichsverfassung, wodurch die Zuständigkeit des Reichs auf das gesamte bürgerliche Recht ausgedehnt wurde,) – das Bürgerliche Gesetzbuch vom 18. August 1896. Sein erfolgreiches Dasein, nicht minder wie die gesetzgeberische Tätigkeit der anderen großen Kulturstaaten im 19. Jahrhundert ist eine Widerlegung der Savignyschen Lehren, soweit sie sich gegen eine Kodifikation überhaupt richten. –

Das Bild, das wir aus Savignys Schrift vom Wesen der historischen Rechtsschule erhalten, bedarf noch der Ergänzung sowohl hinsichtlich des Ursprungs, als auch der Fortentwickelung ihrer Lehre. Entsprechend dem Zwecke dieser Einleitung kann jedoch hier nur eine kurze Skizze gegeben werden.

Als die eigentlichen Gründungsschriften der historischen Rechtsschule sind die durch Thibaut veranlaßte Streitschrift und der Einführungsartikel der »Zeitschrift für geschichtliche Rechtswissenschaft« (1815) anzusehen, die ergänzt werden durch die erwähnte Erwiderung Savignys auf Gönners Streitschrift – s. u. Abt. II, 3 – und den Aufsatz Savignys »Stimmen für und wider neue Gesetzbücher« (Bd. 3 ebenda) – s. u. Abt. II, 5.

Auch Savigny hatte, wie wohl jeder Schöpfer auf dem Gebiete der Wissenschaft, Vorläufer und Anreger. Sein unmittelbarer Vorläufer in der historisch-empirischen, das Naturrecht verwerfenden Methode war der Göttinger Professor Gustav Hugo (1764-1844). Der Gedanke der Entstehung des Rechts aus dem »Volksgeist« hat Anklänge besonders bei Montesquieu (Esprit des lois XIX, 5, wo vom esprit de la nation die Rede ist) und dem englischen Philosophen Edmund Burke († 1797), sowie bei den deutschen Romantikern, die auf Herder fußend Sprache und Recht in ihrer Entwickelung einander gleich setzten und das Volkstümliche zu begreifen und zu erforschen suchten. Herder, dieser großer Anreger und Bahnbrecher moderner Geisteskultur, ist, das verdient besonders betont zu werden, auf die beiden Gegner in der Kodifikationsfrage, Thibaut und Savigny, von Einfluß gewesen: in den Schriften der Zeit (bei Karl Ernst Schmid und B. W. Pfeiffer) wird er auch als Förderer des Gedankens eines Nationalgesetzbuchs in Anspruch genommen. Der Streit, ob der für die historische Schule charakteristische Ausdruck »Volksgeist« über Hegel (vgl. namentlich dessen »Grundlinien der Philosophie des Rechts«) und Puchta (Das Gewohnheitsrecht Bd. I) in die späteren Schriften Savignys (System des heutigen römischen Rechts I, § 7) gekommen ist, oder ob ihn Savigny einem anderen entnommen hat, ist müßig. (Thibaut gebraucht ihn vor Savigny und zwar in der 1. Ausgabe »Geist des Volkes«, in der 2. Ausgabe an einer anderen Stelle »Volksgeist«, ebenso in den Heidelbergischen Jahrbüchern 1815 Nr. 42 – vgl. hierzu, sowie über die Geschichte des Begriffes »Volksgeist« v. Möller, Die Entstehung des Dogmas von dem Ursprung des Rechts aus dem Volksgeist, Mitteilungen des Instituts für österreichische Geschichtsforschung, 1909, S. 1 ff. und Kantorowicz, Volksgeist und historische Rechtsschule, Historische Zeitschrift, München und Berlin, Bd. 108 S. 295 ff.). Denn der Ausdruck »Volksgeist« lief damals allgemein um und findet sich vielfach in der Bedeutung von Volksbewußtsein, Volksstimmung gerade in Schriften der Zeit, sogar in Zeitungen und Flugschriften (vgl. z. B. Rheinischen Merkur von 1815 Nr. 225, 226, 245 und die Schrift von F. W. Grävell, Drei Briefe über Preßfreiheit und Volksgeist, Berlin 1815, besprochen in der Jenaischen Allg. Lit. Ztg. 1815 Nr. 29); sachlich ist er jedenfalls identisch mit der Savignyschen Wendung vom »gemeinsamen Bewußtsein des Volkes«. Es zeigt sich auch hier wieder, wie wichtig die Heranziehung der Zeitverhältnisse für die Aufhellung wissenschaftlicher Zusammenhänge ist. Unter dem Einfluß der Romantik bekamen alle Wissenschaften einen historischen Zug. Antiphilosophisch war die historische Schule aber nicht. (Vgl. auch die Vorrede zur 2. Ausgabe der Schrift vom »Beruf«.) Ihre Bekämpfung des Naturrechts rechtfertigt diese Bezeichnung keineswegs. Sie steht vielmehr unter dem direkten Einfluß Schellings, der nachhaltig auf Savigny gewirkt hat. Ganz frei von naturrechtlichen Elementen ist übrigens Savignys Lehre auch nicht: beginnend mit dem Volksgeist als Quelle des

Rechts und der hiermit sehr wohl zu vereinbarenden Annahme einer gemeinmenschlichen Rechtsidee (Rechtsgedanke) und der Möglichkeit eines Widerspruchs des geltenden Rechts mit ihren Postulaten bis zur Stabilisierung der Wissenschaft und der Praxis als rechtserzeugender Potenzen. (Vgl. meine Schrift »Rechtsphilosophie und Rechtswissenschaft«, Berlin 1904, S. 36 ff.) Den wissenschaftlichen Gegensatz zwischen der historischen Rechtsschule und der naturrechtlichen, der Kodifikation günstigen Richtung auf den politischen Gegensatz zwischen Konservatismus und Liberalismus zurückzuführen, wie es zuweilen im Hinblick auf Savignys streng konservative Gesinnung geschieht, ist innerlich unbegründet. Außer auf der historisch-empirischen und der romantischen Auffassung beruht die historische Schule weiter auf der evolutionistischen, d. h. der Betrachtung der Dinge unter dem Gesichtspunkt der Entwickelung. Gerade damals trat der französische Naturforscher Lamarck († 1829), der größte Vorläufer Darwins, mit seinen evolutionistischen Lehren auf dem Gebiete der Naturwissenschaft hervor. Diese verschiedenen Quellen, aus denen Savigny, wie es Landsberg a. a. O. S. 207 ff. in verdienstvoller Weise darstellt, für die Bildung seiner Idee wohl teils bewußt, teils unbewußt geschöpft hat, zeigen, daß seine, gleich vielen anderen für die Wissenschaft bahnbrechenden Gedanken, wie wir es oben auch bei Thibauts Idee gesehen haben, damals sozusagen in der Luft lagen und nur des Mannes harrten, der die Fähigkeit hatte, sie in feste Form zu bringen. In ihrem Kern haben sie sich, allen Angriffen zum Trotz, von den wohl jeder Lehre auf geisteswissenschaftlichem Gebiet in ihren Anfängen anhaftenden Unklarheiten und Einseitigkeiten befreit, siegreich behauptet. Es waren vor allem – von ganz verschiedenen Standpunkten aus – Hegel (Grundlinien der Philosophie des Rechts; zur Gesetzgebungsfrage wichtig §

211 a. E.), Kirchmann (Die Wertlosigkeit der Jurisprudenz als Wissenschaft), Jhering (Der Zweck im Recht), Stammler (Wirtschaft und Recht nach der materialistischen Geschichtsauffassung), die als bedeutendste Bekämpfer der historischen Rechtsschule auftraten.

Das praktische Moment, das Recht der Gegenwart, das lebende Recht, der Einfluß von Wirtschaft und Kultur überhaupt haben in der neueren historischen Richtung, deren Begründer Jhering wurde, ihre verdiente Berücksichtigung gefunden. In jüngster Zeit sind dann von einem Anhänger der an das Naturrecht anknüpfenden Freirechtsschule, die für eine freiere Stellung des Richters gegenüber dem Gesetze eintritt, maßlos-heftige Angriffe gegen Savigny, »den Vater des juristischen Historismus und der Begriffsjurisprudenz, den Gegner der gegenwärtigen deutschen Rechtswissenschaft und der Kultur überhaupt« und zwar unter Verneinung des Wertes der Geschichte für die wissenschaftliche Erkenntnis des Rechts erhoben worden. (Kantorowicz, Was ist uns Savigny? in Recht und Wirtschaft, 1. Jahrgang S. 47 ff. und 76 ff.; auch gesondert erschienen). Diese durch eine glänzende Sprache bestechende Abhandlung wird aber den festgefügten, in hundertjährigem Bestand erprobten Gedankenbau der historischen Schule um so weniger erschüttern können, als sie allzu deutlich das Kennzeichen der Einseitigkeit ihrer rationalistisch-teleologischen Rechtsbetrachtung an sich trägt. (Entgegnungen insbesondere von Landsberg im Jurist. Lit. Blatt 1912 S. 54 f. und von Manigk, Was ist uns Savigny? Recht und Wirtschaft, 1. Jahrgang, S. 174 ff. und 199 ff., weiter ausgeführt in seinem Buche Savigny und der Modernismus im Recht, Berlin 1914.)

2. Biographisches.

I. Anton Friedrich Justus Thibaut wurde am 4. Januar 1772 zu Hameln als Sohn eines aus reformierter Réfugiéfamilie stammenden hannoverschen Majors geboren. Seine Mutter Ulrike Antoinette Grupen war die Tochter des Germanisten und Publizisten Christian Ulrich Grupen. Ursprünglich galt Thibauts Neigung dem Forstfache; dann studierte er die Rechte in Göttingen (1792), Königsberg (1793), wo er Kant hörte, und Kiel (1794). An dieser Universität promovierte er im November 1795 (im Jahre 1796?) mit der Schrift De genuina iuris personarum et rerum indole veroque huius divisionis pretio zum Doktor, habilitierte sich 1796, wurde 1798 außerordentlicher, 1801 ordentlicher Professor und ging 1802 nach Jena. Hier trat er in Beziehungen zu Goethe und Schiller, in dessen Gartenhaus Thibauts Hauptwerk »System des Pandektenrechts« entstand. Verheiratet war Thibaut mit einer Tochter des Kieler Philosophieprofessors Ehlers. Seit 1806 lehrte er in Heidelberg. Zur neuen Blüte dieser Universität hat Thibaut wesentlich beigetragen; er hat sie auch eine Zeitlang in der Badischen Kammer vertreten; 1834 wurde er Mitglied des Bundesschiedsgerichts. Er starb am 28. März 1840 in Heidelberg.

Thibaut, der zu den Begründern der neueren deutschen Rechtswissenschaft zu rechnen ist, war ein geborener Zivilist mit praktischem Blick, der die philosophischen Grundlagen des Rechts nicht preisgeben wollte, und doch, wie er selbst betont, keineswegs ein Verächter der Rechtsgeschichte. Als Universitätslehrer war er von bedeutender Wirkung, wobei ihm sein vorzüglicher Vortrag und seine eindrucksvolle Erscheinung zustatten kam. (Er soll entfernte Ähnlichkeit mit Savigny gehabt haben – Briefwechsel zwischen Jacob und Wilhelm Grimm, Weimar 1881, S. 56). Er war ein vielseitig gebildeter Mann. Die schöne Literatur kannte er nach allen Richtungen. Die Musik hat er, auch wissenschaftlich, in beachtenswerter

Weise, namentlich durch das Buch »Über Reinheit der Tonkunst« gefördert. Seine musikgeschichtlich höchst wertvolle Sammlung ist von der Königlich Bayrischen Staatsbibliothek erworben worden. (Den »Katalog der Bibliothek von Anton Friedrich Justus Thibaut, welche vom 16. November 1840 an in Heidelberg öffentlich versteigert werden soll«, Heidelberg 1840, besitzt die Berliner Königliche Bibliothek.)

Thibauts wichtigste juristische Schriften sind: Enzyklopädie und Methodologie, Altona 1797; Versuche über einzelne Teile der Theorie des Rechts, Jena 1798 u. 1801; Theorie der logischen Auslegung des Römischen Rechts, Altona 1799; Beiträge zur Kritik der Feuerbachschen Theorie über die Grundbegriffe des peinlichen Rechts, Hamburg 1802; Über Besitz und Verjährung, Jena 1802; System des Pandektenrechts, Jena 1803 (9 Auflagen), das erste von der Legalordnung absehende, praktisch brauchbare Pandektensystem, welches die geltend gewordene Systematik Heises (eines Kollegen Thibauts) unmittelbar vorbereitete; Civilistische Abhandlungen, Heidelberg 1814, worin die Streitschrift als 19. Abhdlg. enthalten ist; ferner zahlreiche Aufsätze in den Heidelbergischen Jahrbüchern und im Archiv für die zivilistische Praxis, in dessen Redaktion Thibaut mit dem 5. Bande eintrat. In diesem Archiv ist seine für die Geschichte des Schulenstreits wichtige Abhandlung »Über die sogenannte historische und nicht-historische Rechtsschule« Bd. 21 (1838), S. 391 ff. und seine letzte Arbeit (aus der Besitzlehre) Bd. 23 (1840), S. 167 ff. mit Nachruf von Mittermaier enthalten.

Literatur: Allgemeine Deutsche Biographie, Leipzig, Bd. 37, 737 ff.; Weechs Badische Biographieen, 2. Teil, Heidelberg 1875, S. 345 ff.; Landsberg, Geschichte der deutschen Rechtswissenschaft, München und Berlin 1910, Bd. III, 2 S. 69 ff.; an allen drei Stellen finden sich weitere Literaturangaben.

II. **Friedrich Karl von Savigny** wurde am 21. Februar 1779 in Frankfurt a. M. geboren. Er entstammte einer altadligen lothringischen Réfugié-Familie. (Der Name Savigny ist auf der ersten Silbe zu betonen, also Sávigny, nicht Savígny – vgl. Brandenburgia, 19. Jahrgang S. 384.) Ein kurz gefaßtes, lateinisch geschriebenes von Savigny der Marburger Juristen-Fakultät eingereichtes curriculum vitae ist abgedruckt in v. Stintzing, Friedrich Karl von Savigny (Preußische Jahrbücher Bd. 9 S. 121 ff., vgl. S. 134, auch gesondert erschienen). Der Großvater Savignys war Pfalz-Zweibrückischer Kabinetsminister; von der Großmutter stammte außer anderem Grundbesitz das Gut Trages (Drachenhaus) bei Gelnhausen, wo Savigny sich vielfach aufhielt. Savignys Vater Christian Karl Ludwig v. Savigny war Regierungsrat in gleichen Diensten, später vertrat er mehrere oberrheinische Fürsten in Frankfurt a. M. Savignys Mutter war die geistig hochstehende Henriette Philippine Groos, Tochter des Pfalz-Zweibrückischen Geheimen Rats Groos. Mit dreizehn Jahren verwaist, wurde Savigny im Hause seines Vormundes, gleichzeitig eines Freundes und entfernten Verwandten seines Vaters, von Neurath, der Rat am Reichskammergericht in Wetzlar war, erzogen. Sechzehn Jahre alt, begann er (1795) die juristischen Studien in Marburg. Dort war es der philologisch gebildete Professor Ph. Friedrich Weis, ein Anhänger der eleganten (positiven) Rechtsschule, der Savigny auf das römische Recht hinlenkte und die Anregung zu Savignys späterem Meisterwerke »Geschichte des Römischen Rechts im Mittelalter« gab, in dessen Vorrede der Verfasser dankbar auf seinen früheren Lehrer hinweist. Im Winter 1796 studierte Savigny in Göttingen; im Winter 1797 ging er wieder nach Marburg, wo er bis zum Juli 1799 blieb. Es folgte dann eine einjährige Reise durch verschiedene deutsche Staaten, von der die Reisebriefe erhalten sind (Vgl. Stoll, Friedrich Karl von Savignys sächsische Studienreise 1799 bis 1800, Leipzig

1891). In Marburg vollendete Savigny seine Studien und erhielt am 31. Oktober 1800 die juristische Doktorwürde. Seine Dissertation und erste Schrift handelt de concursu delictorum formali (Vermischte Schriften Bd. 4, S. 74 ff.). Kurz darauf begann er mit einer Vorlesung über Strafrecht seine Lehrtätigkeit als Marburger Privatdozent, schon im Anfang von Erfolg begleitet. Bald wandte er sich dem Zivilrecht zu. Durch seine Vorlesung über die letzten zehn Bücher der Pandekten kam er zu eingehender Beschäftigung mit der Besitzlehre: Zu Beginn des Jahres 1803 erschien »Das Recht des Besitzes, eine zivilistische Abhandlung.« Diese (32) + 495 Seiten umfassende Schrift, die erste, die nach historisch-systematischer Methode die römisch-rechtlichen Quellen von ihren Modifikationen durch Gesetzgebung und Praxis schied, gleichzeitig auch das Gelehrte mit dem Praktischen verband, dazu in klarer Darstellung und schöner Sprache abgefaßt war, eröffnete eine neue Epoche der Rechtswissenschaft. Savigny trat damit in die Reihe der ersten Zivilisten. So äußerte sich Thibaut in einer begeisterten Besprechung des Savignyschen Buches (Allg. Lit. Ztg., Halle und Leipzig, 1804 Nr. 41 bis 43). Im Jahre 1803 wurde Savigny außerordentlicher Professor in Marburg.

Durch seine Vermählung mit Kunigunde Brentano (17. April 1804; vgl. das Zitat am Schlusse der Literaturangabe) trat Savigny in noch engere Beziehungen zum Romantikerkreise, namentlich zum Geschwisterpaar Clemens und Bettina Brentano, deren Schwager er jetzt wurde, und zu der Dichterin Karoline von Günderode. Es fehlte nicht an Gegensätzen in der Charakteranlage zwischen Savigny und den Brentanos. Dazu kam, daß er Protestant, die Familie Brentano katholisch war; seine Kinder ließ Savigny, der religiös positiv war, katholisch erziehen.

Wegen einer mehrjährigen Studienreise zur Beschaffung

rechtsgeschichtlichen Materials, die ihn Ende 1804 auch nach Paris führte, wohin ihm Jacob Grimm folgte, lehnte er eine Berufung als Ordinarius nach Heidelberg ab; doch hat er sich wohl darum bemüht, daß Heise, der nachmalige Schöpfer der modernen Pandektensystematik, und Thibaut dorthin kamen. Nach Beendigung seiner Reise wurde Savigny (1808) von der bayrischen Regierung als Ordinarius an die Universität Landshut berufen, wo auch der Kriminalist Feuerbach und Gönner, Savignys späterer Gegner in der Gesetzgebungsfrage, wirkten. Über seine anregende akademische Wirksamkeit aus der Zeit seines zweijährigen Landshuter Aufenthalts finden sich interessante Zeugnisse in Bettinas Briefen (Goethes Briefwechsel mit einem Kinde, Bd. 2).

Die Gründung der Universität Berlin führte Savigny im Frühling 1810 auf den dortigen Lehrstuhl des römischen Rechts. Der Erfolg blieb ihm, der schon, rein äußerlich betrachtet, eine bedeutende Erscheinung war, auch in Berlin in einem Kreise auserlesener Männer treu. Bei der ersten Rektorwahl standen sich der Philosoph Fichte, dessen »Reden an die Deutsche Nation« (1808/09) den Befreiungskampf vorbereitet hatten, und Savigny gegenüber: Fichte wurde mit einer geringen Mehrheit der erste Rektor der Berliner Universität. Als ihn Meinungsverschiedenheiten über die akademische Disziplin zum Rücktritt veranlaßten, berief der König am 16. April 1812 aus besonderem Vertrauen Savigny zum Rektor. Das Jahr 1814 brachte dann die Streitschrift und gleichzeitige Programmschrift der historischen Schule »Vom Beruf unsrer Zeit für Gesetzgebung und Rechtswissenschaft«. 1815 folgte die Gründung der »Zeitschrift für geschichtliche Rechtswissenschaft«, deren erste Herausgeber Savigny, Eichhorn und Göschen waren. Im gleichen Jahre erschien der 1. Band der »Geschichte des Römischen Rechts im Mittelalter«, dem bis 1831 noch weitere 5 Bände folgten (die

2. Auflage umfaßt 7 Bände). Dies Hauptwerk Savignys behandelt in seinem ersten Teile das römische Recht als Ergebnis geschichtlicher Entwicklung in den sechs Jahrhunderten vor dem Glossator Irnerius († 1140), während der zweite Teil mehr eine Geschichte der Literatur des römischen Rechts in den vier Jahrhunderten nach Irnerius gibt. Als Niebuhr im Jahre 1816 in Verona die Handschrift der Institutionen des Gajus fand, erkannte man den Zusammenhang dieses namentlich durch die Aufhellung der römischen Rechtspflege wissenschaftlich hochbedeutenden Fundes mit dem durch das Aufblühen der historischen Schule geweckten Sinn für die Erforschung der Rechtsquellen. Ohne Savigny hätten wir den Gajus nicht, schrieb Hugo im Jahre 1818. Erwähnt seien hier auch Savignys Abhandlung »Der zehente Mai 1788«, durch die er seiner Verehrung zu Hugos fünfzigjährigem Doktor-Jubiläum Ausdruck gab, sowie die Aufsätze über »Niebuhr« und die »Rechtsgeschichte des Adels.« Zur Überraschung und Freude der Juristenwelt erschienen dann im Jahre 1840 die ersten drei Bände des »Systems des heutigen Römischen Rechts«, in dessen Vorrede Savigny zu den Angriffen auf die historische Schule Stellung nahm und für die Herstellung der Einheit zwischen Theorie und Praxis erneut mit Wärme eintrat. 1841 folgten zwei weitere Bände dieses Werkes. Ein entscheidendes, für die weitere wissenschaftliche Tätigkeit Savignys aber verhängnisvolles Ereignis trat im Jahre 1842 ein: Savigny übernahm das von König Friedrich Wilhelm IV., seinem Gönner und einstigen Schüler, eigens für ihn gegründete Ministerium für die Revision der Gesetzgebung. Daraus ergab sich die Niederlegung der Professur. Seine sechsjährige Ministerzeit, die mit den Märzereignissen des Jahres 1848 ihr Ende erreichte, war eine Enttäuschung. In den Jahren 1847 bis 1853 erschienen der 6. bis 10. Band des Systems, das (auf die Allgemeinen Lehren und Teile des Obligationenrechts beschränkt) ebenso wie die Geschichte

des Römischen Rechts im Mittelalter ein Bruchstück geblieben ist.

Am 25. Oktober 1861 beendete Savigny sein von Anbeginn an im Zeichen des Glücks stehendes, an Erfolgen ungewöhnlich reiches Leben, das in mancherlei Hinsicht den von Jhering (a. a. O., S. 354 ff.) gezogenen und durchgeführten Vergleich mit dem Leben Goethes, eines Sohnes der gleichen Vaterstadt, gerechtfertigt erscheinen läßt. Wenige Wochen nach Savignys Tode wurde bei der Gedächtnisfeier der Berliner Juristischen Gesellschaft der Beschluß verkündet, das Andenken des großen Rechtslehrers durch eine Stiftung zu ehren. Diese trat unter dem Namen »Savigny-Stiftung« im Jahre 1863 ins Leben und verfolgt insbesondere den Zweck, wissenschaftliche Arbeiten auf dem Gebiete des Rechts der verschiedenen Nationen zu fördern. Die hundertjährige Wiederkehr seines Geburtstages am 21. Februar 1879 gab Gelegenheit, das Andenken Savignys in großartiger Weise zu feiern.

Literatur: v. Stintzing, Friedrich Karl von Savigny (Preußische Jahrbücher Bd. 9 (1862), S. 121 bis 168, auch gesondert erschienen); Allgemeine Deutsche Biographie Bd. 30, S. 425 ff. mit Literaturangaben; Landsberg, Geschichte der Deutschen Rechtswissenschaft, München und Berlin 1910, Bd. III, 2 S. 186 ff.; Eduard Müller, Friedrich Karl von Savigny, Leipzig 1906 (Heft 9 der Sammlung »Männer der Wissenschaft«), beide gleichfalls mit Literaturangaben; O. Liebmann, Die juristische Fakultät der Universität Berlin, Berlin 1910. Über die Nachkommen Savignys vgl. Familiengeschichtliche Blätter, Leipzig, 9. Jahrgang (1911), S. 145.

3. Bibliographisches.

Die erste Ausgabe von Thibauts Schrift »Über die Notwendigkeit eines allgemeinen bürgerlichen Rechts für Deutschland«, 8°, 67 S., deren Titelblatt unten wiedergegeben ist, erschien im Jahre 1814 in Heidelberg bey Mohr und Zimmer. Noch in demselben Jahre veröffentlichte Thibaut in seinen »Civilistischen Abhandlungen« (ebenda, 1814. Vorrede »im August 1814«) als XIX. Abhandlung (S. 404 bis 466) eine durch Zusätze vermehrte zweite Bearbeitung dieser Schrift; in den Heidelb. Jahrbüchern 1814 Nr. 48 spricht Thibaut von einer »zweiten vermehrten Ausgabe«. Im Jahre 1840 (kurz nach Thibauts Tode) erschien ebenda (J. C. B. Mohr) eine dritte Ausgabe »Abgedruckt nach der in den Civilist. Abhandlungen des Verf. als XIX. Abhandl. viel vermehrten zweiten Bearbeitung dieser Schrift. Nebst Zugabe der darauf Bezug habenden Rezensionen des Verf. aus den Heidelb. Jahrb. d. Liter. der Jahre 1814, 1815 u. 1816«. Es sind dies die Rezensionen des Rehbergschen Buches »Über den Code Napoleon und dessen Einführung in Deutschland« (Heidelb. Jahrb. 1814 Nr. 1 u. 2, S. 1 bis 32), der Savignyschen Schrift »Vom Beruf unsrer Zeit für Gesetzgebung und Rechtswissenschaft« (1814 Nr. 59, S. 929 ff., unten abgedruckt Abt. II, 2), des Pfeifferschen Buches »Ideen zu einer neuen Civilgesetzgebung für deutsche Staaten« (1816 Nr. 13, S. 193 ff.), des Gönnerschen Buches »Über Gesetzgebung und Rechtswissenschaft in unsrer Zeit« (1815 Nr. 40, S. 625 ff.) und des Savignyschen Programmaufsatzes »Über den Zweck dieser Zeitschrift« – Zeitschrift für geschichtliche Rechtswissenschaft, herausgegeben von C. F. v. Savigny, C. F. Eichhorn und J. F. L. Göschen, Band I, Heft I (ebenda 1815 Nr. 42, S. 657 bis

661).

Die erste Ausgabe von Savignys Schrift »Vom Beruf unsrer Zeit für Gesetzgebung und Rechtswissenschaft«, gr. 8°, (4) + 162 S., deren Titelblatt ebenfalls unten abgedruckt ist, erschien im Jahre 1814 auch in Heidelberg, bey Mohr und Zimmer. Im Jahre 1828 erschien die zweite, vermehrte Auflage (Heidelberg bey J. C. B. Mohr). Sie enthält eine Vorrede, den völlig unveränderten Abdruck der Schrift und zwei Beilagen (Savignys Abhandlung »Stimmen für und wider neue Gesetzbücher«, aus der Zeitschrift für geschichtliche Rechtswissenschaft Bd. III, 1 bis 52 und das Urteil des Tribunals von Montpellier über den Entwurf zum Code). S. unten Abt. II, 5. Eine dritte unveränderte Auflage erfolgte im Jahre 1840 (Heidelberg bei J. C. B. Mohr). Nach dieser dritten Auflage veranstaltete die Akademische Verlagsbuchhandlung von J. C. B. Mohr (Paul Siebeck) Freiburg i. B. 1892 einen Neudruck.

Von Übersetzungen sind zu erwähnen: Of the vocation of our age for legislation and jurisprudence, translated from the German of Frederick Charles von Savigny by Abraham Hayward, London (1831), printed by Littlewood u. Co., Old Bailey (not for sale). Savigny (De) Fed. Carlo, La vocazione del nostro secolo per la legislazione e la giurisprudenza, con introduzione e discorso sugli scritti di lui e sulla scuola storica di Gius. Tedeschi, Verona (Antonelli) 1857. (Eine französische Übersetzung scheint nicht vorhanden zu sein; bei Michaud, Biographie universelle ancienne et moderne, Paris, Vol. 38 ist keine erwähnt, auch die Pariser National-Bibliothek besitzt keine.)

Savignys Schrift ist nach der 2. (erweiterten) Ausgabe von Thibaut im Oktober 1814 erschienen. Dies ergibt sich aus einer Vergleichung der Daten der Thibautschen Vorreden mit denen der Briefe Niebuhrs und Grimms, ferner aus der eigenen Bemerkung Thibauts am Anfange seiner

Besprechung der Savignyschen Schrift in den Heidelbergischen Jahrbüchern der Literatur 1814 Nr. 59. Savigny zitiert aber nur die 1. Ausgabe von Thibaut.

Im folgenden ist der Text der Erstausgaben beider Streitschriften wörtlich abgedruckt. Auch Orthographie und Interpunktion sind beibehalten. Die in Klammern gesetzten Zahlen bedeuten die Seiten der ersten Ausgaben, besonders zur Erleichterung des Nachschlagens späterer Zitate. Offenbare Druckfehler – so auf S. 33 bei Thibaut: noch Hert, statt nach Hert, auf S. 14 bei Savigny: nach (statt noch) einiger näheren Bestimmungen, S. 60 diesen (statt diese) allgemeinen Lehren – sind verbessert. Scheinbare Druckfehler, die auf Irrtümer oder Ungenauigkeiten der Verfasser zurückzuführen sind, sind beibehalten.

Ueber
die Nothwendigkeit
eines
allgemeinen
bürgerlichen Rechts
für
Deutschland.

Von

A. F. J. Thibaut,

Hofrat und Professor des Rechts in Heidelberg; Correspondenten der Kaiserl. Gesetzgebungs-Commission in Petersburg.

Heidelberg,
bey Mohr und Zimmer.
1814.

[3]

Ich habe kürzlich in einer Recension (Heidelberg. Jahrb. 1814. S. 1-32.) über die Nothwendigkeit allgemeiner Deutscher bürgerlicher Gesetze beyläufig manches geäußert, was achtungswerthe Männer veranlaßte, mich aufzufordern, in einer besondern Abhandlung diesen wichtigen Gegenstand sorgfältiger zu entwickeln. So ungern ich nun auch in dem leicht verrinnenden Strom der Flugschriften etwas von dem Meinigen sehe, und so wenig ich auch Ursach habe, zu glauben, daß man auf meine Stimme sonderlich achten werde: so schien mir doch der jetzige wichtige Augenblick von der Art zu seyn, daß Schüchternheit und Zurückgezogenheit nicht zu dem Drange der Umstände passen möchten, daß vielmehr jeder nachdenkende Mann für das Gute und Große laut zu[4] reden habe, insofern irgend gehofft werden kann, durch einen ersten Anstoß viele Kräfte in das Leben hervor zu rufen. Nur durch diese Rücksicht veranlaßt, entwarf ich die folgenden Zeilen. Sie können leicht Staatsmännern und Gelehrten mißfallen, und dagegen werde ich nichts einwenden. Aber den Ruhm lasse ich mir nicht rauben, daß ich als warmer Freund meines Vaterlandes geredet habe; und in diesen Gesinnungen werde ich nie einem Andern nachstehen.

Uebrigens ist keine Zeile der folgenden Blätter durch irgend eine Empfindlichkeit veranlaßt. Nie hat mich ein Staatsmann beleidigt, und in Beziehung auf meine Person sind mir verfehlte Wünsche so gut wie fremd. Das Glück gab mir mehr als ich verdiene; nie strebte ich nach Höherem; und meine Zufriedenheit wird ungetrübt bleiben, wenn auch ferner Niemand zwischen mich und die Sonne in die Mitte tritt.[1]

Heidelberg den 19. Junius 1814.

A. T.

[5]

Deutschland hat jetzt durch Befreyung seines Bodens zwar seine Ehre gerettet, und sich die Möglichkeit einer glücklichen Zukunft errungen; allein es stehen der Erreichung eines auch nur mittelmäßigen Glücks noch so viele mögliche Hindernisse entgegen, daß man mit einer Art eigensinnigen Glaubens die Hoffnung festhalten muß, um nicht durch bange Ahndungen getroffen zu werden. Denn wie man auch die Deutschen im Gegensatz der Besiegten empor heben mag, immer bleibt es gewiß, daß ein Theil unsres Volks, besonders in den Höheren und Mittelständen, des Deutschen Namens unwürdig ist; daß unsre Beamten vielfach durch das feine Gift des Französischen Beyspiels und Einflusses verdorben wurden; daß Kleinlichkeit und beschränkter Eigennutz zum Theil auch den Besseren nicht fremd sind, und daß so jetzt wieder sehr leicht geschehen könnte, was in stürmischen Zeiten nur zu leicht geschieht, [6] nämlich daß die rechtlichen Männer nach unten gedrückt werden, oder sich mürrisch in eine schuldlose Unthätigkeit zurückziehen, daß der Hefen der Nation sich nach oben drängt, und daß unsre Fürsten, schlecht berathen und geleitet, auch mit dem besten Willen nicht im Stande seyn werden, den Theil des Volks zu befriedigen, wegen dessen das Regieren allein Werth hat. Diese Möglichkeiten werden dadurch noch vermehrt, daß unter unsern kräftigen und rechtlichen Männern da und dort immer mehr eine überspannte Gutmüthigkeit empor kommt, welche das Unmögliche ungestüm fordert, sich in politischen und ästhetischen Träumereyen erschöpft, über dem Seichten das Tiefe vergißt, und so den beschränkten und verdorbenen Weltmännern der niederen Art die beste Gelegenheit gibt, mit scheinbar weiser Bedachtsamkeit alles Schlechte und Kleinliche vom Untergange zu retten. Auch stehen wir jetzt mehr, wie jemals, auf dem Punkt, daß uns die Schlauen, durch eine frische Erfahrung unterstützt, mit frohem Bedauren auf den Unsegen des Wechsels und der Neuerungen verweisen können.

[7] So viel ist auf allen Fall schon jetzt entschieden, daß Deutschland nach wie vor den Vortheilen einer unbedingten Einheit zu entsagen hat, und sich in eine Reihe bloß äußerlich verbundener kleiner Staaten auflösen wird. Darüber zu klagen wäre wahrlich unüberlegt und

ungerecht. Denn wenn man nicht die überspannte Forderung machen will, daß alle andern Völker, im unbedingten Vertrauen auf die Rechtlichkeit unsrer Regierung, alle menschlichen Nebenrücksichten dem Abstracten opfernd, bloß im Interesse der Deutschen handeln sollen, so erscheint jene Vereinzelung und Zerstückelung als fast nothwendig; auch verspricht sie auf den möglichen Fall so viele bedeutende Vortheile, daß schwerlich ein Politiker im Stande seyn wird, zu beweisen, die volle Einheit nutze den Deutschen mehr, als jene Vereinzelung. Der Zustand großer Staaten ist immer eine Art unnatürlicher Spannung und Erschöpfung. Ein warmes Leben nur an Einem Punkt; ein einförmiges Streben nur zu Einem Ziele; ein stetes Unterdrücken des Individuellen, Mannigfaltigen einer einzigen gemeinen Sache wegen; und im Grunde keine ganz innige Verbindung[8] zwischen dem Regenten und Unterthanen! In einem Bunde kleiner Staaten hat dagegen die Eigenthümlichkeit des Einzelnen freyen Spielraum, das Mannigfaltige kann sich ins Unendliche ausbilden, und die Verbindung zwischen dem Volk und Regenten ist weit inniger und lebendiger. Auch lege man nicht zu viel Gewicht darauf, daß große einfache Staaten den kriegerischen Muth des Einzelnen besonders heben. Denn wenn ein kleines Volk sittlich erzogen, weise regiert, und seiner Verfassung geneigt gemacht ward, so hat es sich immer durch kriegerische Rüstigkeit und Kraft ganz vorzüglich ausgezeichnet, und die überwiegende Macht großer Staaten lag dann immer nur in der Ueberzahl ihrer Streitenden. Ohnehin dürfen die Deutschen nicht vergessen, wie sehr jene Zersplitterung ihrem Character anpaßt, wenigstens wie jetzt die Nation sich ausgebildet hat. Ueberall widerstreitende Elemente, welche verbunden sich aufreiben könnten, aber neben einander gestellt sich wetteifernd zu dem Höheren treiben, und unendlich viel Mannigfaltiges, Eigenthümliches wecken und nähren werden! Mit diesem Reichthum des Mannigfaltigen[9] werden die Deutschen stets einen ausgezeichneten Platz unter den Völkern behaupten, während leicht alles zur Plattheit und Stumpfheit herabsinken könnte, wenn es der allmächtigen Hand eines Einzigen gelänge, die Deutschen Völker zu einer vollen politischen Einheit zu stimmen.

Allein wenn man auch im Ganzen über jene Vereinzelungen getröstet ist,² so darf doch nicht vergessen werden, daß dieser Zustand möglicher Weise die größten Gefahren droht, wenn unsre Regenten das Eigenthümliche ihrer Lage übersehen sollten; wenn sie die nothwendigen Uebel großer Staaten unbedachtsam nachahmten; wenn sie dem Volke durch eine sinnlose Hofpracht Achtung einzuflößen suchten, Statt sich dieselbe auf dem besseren Wege einer thätigen, milden, kräftigen Regierung zu verschaffen, und nur allein darauf ausgingen, ohne freundliche Verbindung mit den Nachbarstaaten die Erreichung großer Zwecke kümmerlich durch die kleinen Mittel abgeschiedener eigner Kräfte zu versuchen. Grade von dieser Seite drohen uns aber unendliche Gefahren, und wenn unsre Fürsten den Einflüsterungen derer trauen, welche jetzt ihrer Stimme[10] leicht das mehrste Gewicht geben könnten, so werden die rechtlichen und kräftigen Männer der Nation wenig Grund haben, mit heiterem Vertrauen der Zukunft entgegen zu sehen.

Es ist nicht meines Berufs, unsre künftigen politischen Verhältnisse von dieser Seite zu beleuchten; aber dazu bin ich lange genug thätiger Civilist gewesen, um ohne Unbescheidenheit in diesem großen, verhängnisvollen Augenblick meine Wünsche über unsre künftigen bürgerlichen Verhältnisse äußern zu dürfen. Und in der That ist dieß auch die Seite, welche am mehrsten hervorgehoben zu werden verdient. Denn in Beziehung auf politische Organisationen³ ist schon so viel vorgearbeitet, daß die Wahl des Zweckmäßigen mehr nur noch von dem guten Willen, als der Anstrengung des Verstandes abhängt; aber in bürgerlicher, privat-rechtlicher Hinsicht thut es Noth, daß über die frostigen herrschenden Ansichten ein warmer Hauch gehe, um das Erstarrte aufzulösen, und alles in das Leben hervorzurufen, was unter den Händen gewöhnlicher Staatskünstler wie eine todte Masse auf den heiligsten Verhältnissen des Bürgers lastet.

[11] Mehrere Zeichen der Zeit zwingen mich fast, die folgenden Wünsche schnell zu äußern. Die Deutschen sind in dem letzten Jahre aus einem langen Schlummer erwacht. Alle Stände haben der guten Sache mit einer Kraft und Eintracht gedient, welche fast beyspiellos genannt werden kann, und unsre Fürsten haben ein Uebermaß von Gründen erhalten, um sich zu überzeugen, daß die Deutschen ein edles, kräftiges, hochherziges Volk sind, welches nicht bloß auf die Gerechtigkeit, sondern auch auf die Dankbarkeit seiner Regierungen lauten Anspruch machen darf, also auch darauf, daß man diesen herrlichen Augenblick benutze, um endlich alte Mißbräuche zu zerstören, und durch neue weise bürgerliche Einrichtungen das Glück des Einzelnen fest zu begründen. Aber grade in diesem Augenblick, und nachdem die zahllosen Gebrechen unsrer früheren bürgerlichen Verfassung von vielen unsrer ersten Rechtsgelehrten längst anerkannt waren, grade in diesem Augenblick hat man an vielen Orten nichts eiliger zu thun gehabt, als das krause Gemisch des alten Wirrwarrs gegen das eingeführte neueste Recht mit einem schneidenden Machtwort[12] wieder herzustellen, jeden kleinen Staat zu organisiren, als ob er mit der ganzen Welt durch keinen Faden zusammen hänge, und den kleinen eignen Kräften unbesorgt das Unglaubliche zuzutrauen. Die Theorie ist dabey denn auch nicht müßig geblieben, und aus dem Munde eines geistvollen, edeln Schriftstellers haben wir laut vernehmen müssen, daß es genüge, wenn man den Deutschen zu seinen alten Gewohnheiten zurückführe, und

sich allenfalls da und dort eine Besserung im Einzelnen vorbehalte.

Ich bin dagegen der Meynung, daß unser bürgerliches Recht (worunter ich hier stets das Privat- und Criminal-Recht, und den Proceß verstehen werde) eine gänzliche schnelle Umänderung bedarf, und daß die Deutschen nicht anders in ihren bürgerlichen Verhältnissen glücklich werden können, als wenn alle Deutschen Regierungen mit vereinten Kräften die Abfassung eines, der Willkühr der einzelnen Regierungen entzogenen, für ganz Deutschland erlassenen Gesetzbuchs zu bewirken suchen.

Man kann und muß an jede Gesetzgebung zwey Forderungen machen: daß sie formell und[13] materiell vollkommen sey; also daß sie ihre Bestimmungen klar, unzweydeutig und erschöpfend aufstelle, und daß sie die bürgerlichen Einrichtungen weise und zweckmäßig, ganz nach den Bedürfnissen der Unterthanen, anordne. Leider gibt es aber kein einziges Deutsches Reichsland, wo auch nur Eine dieser Forderungen halb befriedigt ist. Unsre altdeutschen Gesetzbücher, deren es in vielen Ländern noch wieder ein buntes Allerley gibt, sprechen wohl da und dort den einfachen germanischen Sinn kräftig aus, und ließen sich insofern für einzelne Rechtsfragen bey einer neuen Gesetzgebung sehr gut benutzen. Allein daß sie häufig den Bedürfnissen unsrer Zeit nicht entsprechen, überall die Spuren alter Rohheit und Kurzsichtigkeit an sich tragen, und in keinem Fall als allgemeine, umfassende Gesetzbücher gelten können, darüber war und ist unter den Kennern nur Eine Stimme. Was sich sonst noch von einheimischen Particular-Gesetzen an sie schließt – die Landesherrlichen Verordnungen, – hat zwar häufig über diese oder jene einzelne Einrichtung etwas Gutes nachgetragen; aber alles ist doch in der Regel ein furchtsames Bessern im[14] Kleinen, und die ganze verwirrte Masse wird mehrentheils durch sich selbst erdrückt. Von unsern alten durchsichtigen

Reichsgesetzen läßt sich höchstens nur behaupten, daß sie wenige zweckmäßige Anordnungen, z. B. für Vormundschaften und den Proceß enthalten; aber eigentliche Gesetzbücher sind sie nicht, die einzige Carolina abgerechnet, deren Unzweckmäßigkeit für die jetzige Zeit so anerkannt ist, daß selbst die Freunde des Unwandelbaren die unbedingte Nothwendigkeit neuer Criminal-Gesetze zugeben mußten. So ist also unser ganzes einheimisches Recht ein endloser Wust einander widerstreitender, vernichtender, buntschäckiger Bestimmungen, ganz dazu geartet, die Deutschen von einander zu trennen, und den Richtern und Anwälden die gründliche Kenntniß des Rechts unmöglich zu machen. Aber auch eine vollendete Kenntniß dieses chaotischen Allerley führt nicht weit. Denn unser ganzes einheimisches Recht ist so unvollständig und leer, daß von hundert Rechtsfragen immer wenigstens neunzig aus den recipirten fremden Gesetzbüchern, dem Kanonischen und Römischen Recht, entschieden werden müssen. Grade hier erreicht aber[15] das Ungemach den höchsten Gipfel. Das Kanonische Recht, so weit es nicht auf die Katholische Kirchenverfassung, sondern auf andre bürgerliche Einrichtungen geht, ist nicht des Nennens werth; ein Haufen dunkler, verstümmelter, unvollständiger Bestimmungen, zum Theil durch schlechte Ansichten der alten Ausleger des Römischen Rechts veranlaßt, und so despotisch in Ansehung des Einflusses der geistlichen Macht auf weltliche Angelegenheiten, daß kein weiser Regent sich ganz demselben fügen kann. Die letzte und hauptsächlichste Rechtsquelle bleibt daher für uns das Römische Gesetzbuch, also das Werk einer uns sehr ungleichen fremden Nation aus der Periode des tiefsten Verfalls derselben, die Spuren dieses Verfalls auf jeder Seite an sich tragend! Man muß ganz in leidenschaftlicher Einseitigkeit verfangen seyn, wenn man die Deutschen wegen der Annahme dieses mißrathenen Werkes glücklich preist, und dessen fernere Beybehaltung im

Ernst anempfiehlt. Unendlich vollständig ist es zwar, aber etwa in eben dem Sinne, wie man die Deutschen unendlich reich nennen kann, weil ihnen alle Schätze unter ihrem Boden bis zum[16] Mittelpunkt der Erde gehören. Wenn sich nur alles ohne Kosten ausgraben ließe: da liegt die leidige Schwierigkeit! Und so denn auch bey dem Römischen Recht! Es läßt sich nicht bezweifeln, daß tief gelehrte, scharfsinnige, unermüdete Juristen über jede Theorie etwas Erschöpfendes aus den zerrissenen Fragmenten dieses Gesetzbuchs zusammentragen können, und daß wir vielleicht nach tausend Jahren so glücklich sind, über jede der tausend wichtigen Lehren, welche noch zur Zeit im Dunkeln liegen, ein classisches, erschöpfendes Werk zu erhalten. Allein den Unterthanen liegt nichts daran, daß gute Ideen sicher in gedruckten Werken aufbewahrt werden, sondern daß das Recht lebendig in den Köpfen der Richter und Anwälde wohne, und daß es diesen möglich sey, sich umfassende Rechtskenntnisse zu erwerben. Dieß wird aber bey dem Römischen Recht stets unmöglich bleiben. Die ganze Compilation ist zu dunkel, zu flüchtig gearbeitet, und der wahre Schlüssel dazu wird uns ewig fehlen. Denn wir besitzen nicht die Römischen Volks-Ideen, welche den Römern unendlich vieles leicht verständlich machen mußten, was uns ein Räthsel[17] ist; etwa wie neuerlich viele seichte Französische Juristen mit Leichtigkeit den Code von der rechten Seite ansahen, wo die Deutsche Gründlichkeit mit schwerfälliger Arbeit immer das Ziel verfehlte. Wir müssen folglich überall auf einen tüchtigen gelehrten Apparat bedacht seyn, und da werden denn, bey der Mannigfaltigkeit und Dürftigkeit der historischen Quellen, die Erörterungen so weitschichtig, verwickelt, und mehrentheils so gewagt, daß kein Practiker im Stande ist, sich die entdeckten Schätze gehörig anzueignen. Gibt es doch sogar keinen Professor der Pandekten in ganz Deutschland, welcher sich nachrühmen könnte, daß es ihm möglich gewesen sey, alle einzelnen Lehren seines beschränkten Fachs historisch-dogmatisch aus den Quellen zu studieren, oder vollständig zu durchdenken. Aber laßt uns auch nur noch offenherzig gestehen: das Römische Recht wird nie zur vollen Klarheit und Gewißheit erhoben werden. Denn die Erklärungsquellen fehlen uns bey jeder Gelegenheit, und der ganze Wust jämmerlich zerstückelter Fragmente führt in ein solches Labyrinth gewagter, schwankender Voraussetzungen, daß der Ausleger selten einen ganz festen[18] Boden gewinnen kann, der nächste beste Ausleger also immer wieder angelockt wird, neue Ideen zu versuchen, und die bisherigen umzuwerfen. Wir haben ja darüber recht grüne Erfahrungen an einigen neueren trefflichen Werken, welche schwerlich so bald wieder ihres Gleichen finden werden, und doch auf der Stelle den lebhaftesten Angriffen ausgesetzt waren, ohne sich in der gemeinen Meynung eines vollständigen Sieges erfreuen zu können. Was aber vor allem dem Römischen Recht entgegensteht, ist die innere Schlechtigkeit seiner mehrsten Bestimmungen, besonders in Beziehung auf Deutschland. Zwar hat Leibnitz durch seine fast leidenschaftlichen Aeußerungen über das Genie der Römischen Juristen ein heiliges Staunen bey Vielen veranlaßt; allein jene Aeußerungen gingen mehr nur auf das Formelle, und beziehen sich keineswegs auf das ganze Gesetzbuch. In jener Hinsicht sind sie freylich wahr, treffen aber auch insofern nicht das vorhin Gesagte. Denn alles, was man den classischen Juristen zugestehen kann und muß, ist eine hohe Consequenz, und eine ungemeine Leichtigkeit in der Anwendung allgemeiner[19] positiver Rechtssätze auf die feinsten, verwickeltsten Einzelnheiten. Allein zu leugnen ist es auch nicht, daß sie später immer mehr in eine schwankende Billigkeit geriethen, und daß ihr Scharfsinn im Grunde der wahren Rechtsweisheit eben so viel schadete, als nutzte. Denn überall standen sie unter dem

Zwange positiver Grundlagen aus der Periode der Barbarey, und da ward dann durch folgerechte Auslegung das Uebel nicht gemindert, sondern gemehrt. So kann man z. B. die Theorie der Classiker über väterliche Gewalt und Erbrecht ein Meisterstück juristischer Consequenz und Zergliederungskunst nennen; aber man muß auch hinzusetzen: wehe der Nation, wo die Juristen dazu verurtheilt sind, an solchen rohen, einseitigen Grundlagen ihren Scharfsinn zu üben! Und was hilft uns auch alle Weisheit der Classiker, da ihre Ideen nicht rein auf uns gekommen sind; da die späteren Kaiserlichen Constitutionen fast jede einzelne Rechtslehre mißhandelt und verbildet haben; und da nun das Ganze als ein wahrhaft gräßliches Gemisch kluger und toller, consequenter und inconsequenter Bestimmungen vor uns liegt! Dieß trifft nicht[20] bloß eine zahllose Menge kleiner Rechtssätze, sondern große Rechtsmassen, welche als die Grundsteine des ganzen bürgerlichen Rechts gelten können, namentlich die Lehre von der elterlichen Gewalt, der Sicherheit des Eigenthums, dem Hypotheken-Wesen, dem Erbrecht, und der Verjährung.[4]

Wären aber auch alle diese Vorwürfe ungegründet, so bleibt doch noch immer der, alles denkbare Schlechte übertreffende Umstand übrig, daß wir – unglaublicher Weise – in dem Römischen Recht ein Gesetzbuch haben, dessen Text wir nicht besitzen, und dessen Inhalt insofern einem Irrlicht zu vergleichen ist. Kein authentischer oder patentisirter Text ist aufgenommen, sondern das ideale Recht, wie man es nennen möchte, welches sich in den, ganz verschieden lautenden vorhandenen zahllosen Handschriften vorfindet. Die Masse dieser Varianten ist nun aber ungeheuer. Bloß in der Gebauerschen Ausgabe nimmt ihr Abdruck so viel Raum ein, als ein Viertheil des Textes; und doch ist es bekannt genug, daß bey dieser Ausgabe nicht der hundertste Theil der unentbehrlichen Hülfsmittel[21] benutzt ist. Wie ein

Gelehrter nur ein Paar Wochen lang gute Handschriften oder Ausgaben vergleicht, entdecken sich immer neue überraschende Varianten, und es läßt sich gar nicht bezweifeln, daß ein guter Theil herkömmlicher Rechtsansichten über den Haufen geworfen werden müßte, wenn unsre Cramer und Savigny so glücklich wären, zehn Jahre zu Rom an der Stelle zu sitzen, wo Brenkmann nach dem Maaß seiner Kräfte der guten Sache zu dienen suchte. Also hängt das Glück unsrer Bürger davon ab, ob unsre Gelehrten in Rom und Paris liberal behandelt werden, und fleißig sammeln, oder nicht![5] Und wenn wir denn endlich das ersehnte Ziel erreicht hätten, wenn die Varianten aller Handschriften und Ausgaben zu Einem großen Berge zusammengefahren wären, was würde dann der Erfolg seyn? Die geschickte Auswahl aus verschiedenen Lesarten hängt in der Regel vom bloßen Gefühl ab, und die Wahl läßt sich selten streng rechtfertigen. Da werden also die critischen Zänkereyen bis ins Unendliche vervielfältigt werden, zumal da wir guten Rechtsgelehrten nichts so sehr lieben, als die Meynungen Andrer, eben weil sie von Andern herrühren,[22] außerordentlich bedenklich zu finden, und zu der Eröffnung einer neuen Instanz alle Kräfte aufzubieten. Die Praktiker müssen aber bey solchen hochgelehrten Streitigkeiten, wie Buridans geduldiges Thier zwischen seinen beyden Heubündeln, mit unbewegtem Kopf in der Mitte stehen bleiben, oder sich entschließen, ihre Richter so in Bewegung zu setzen, wie jener Franzose den lieben Gott, indem er für den Deutschen Gott in Hannover ein Deutsches A B C kaufte, und es mit der Bitte gen Himmel hielt: mach dir selbst ein Vater unser daraus! – Wäre dieß alles nicht, wie würde es dann auch möglich gewesen seyn, daß edle Deutsche Rechtsgelehrte es über sich hätten erhalten können, in den Zeiten der Schmach und Unterdrückung dennoch ihrem Vaterlande die Annahme des Neu-Französischen Civil-Rechts in vollem Ernste zu empfehlen?

Freylich ist es nicht zu leugnen, daß die Einführung des Römischen Rechts unserm gelehrten Treiben vielfach sehr förderlich war, besonders dem Studio der Philologie und Geschichte, und daß die ganze große räthselhafte Masse dem Scharfsinn und der Combinations-Gabe der Juristen immer[23] viel Gelegenheit gab, und geben wird, sich zu üben und zu verherrlichen. Allein der Bürger wird immer darauf bestehen dürfen, daß er nun einmal nicht für den Juristen geschaffen ist, so wenig als für die Lehrer der Chirurgie, um an sich lebendigen Leibes anatomische Versuche anstellen zu lassen. Alle eure Gelehrsamkeit, alle eure Varianten und Conjecturen, – alles dieß hat die friedliche Sicherheit des Bürgers tausendfältig gestört, und nur den Anwälden die Taschen gefüllt. Das Bürgerglück frägt nicht nach gelehrten Advocaten, und wir würden dem Himmel inbrünstig zu danken haben, wenn es durch einfache Gesetze herausgebracht würde, daß unsre Anwälde ganz der Gelehrsamkeit entrathen könnten, wie wir auch allen Grund hätten, überselig zu seyn, wenn unsre Aerzte mit sechs Universal-Arzeneyen alle Krankheiten mechanisch zu heilen vermöchten. Für wahre wissenschaftliche Thätigkeit giebt es immer so viele Gegenstände, daß man nie genöthigt seyn wird, Knoten zu schürzen, um sie nachher lösen zu können. Aber ich behaupte noch mehr: eure beste Gelehrsamkeit hat für das bürgerliche Wesen den wahren ächten juristischen Sinn von jeher nicht[24] belebt, sondern getödtet. Die Masse des Positiven und Historischen ist zu ungeheuer. Der gewöhnliche Jurist, dem doch das Glück der Bürger in der Regel überlassen bleibt, kann diese Massen nur nothdürftig mit dem Gedächtniß festhalten, aber nie geistvoll verarbeiten. Daraus entsteht denn eine Hölzernheit und Aengstlichkeit, welche Erbarmen erregt, und am Ende liegt immer ein alter Tröster im Hintergrunde, woraus mechanisch der nöthige Rath geschöpft wird. Man vergleiche nur die Anwälde in England, wo man durch Römische Alterthümer und Varianten wenig geängstigt wird, mit unsern belobten Rechtsfreunden. Dort ist alles Leben und frische Eigenthümlichkeit, während bey uns in den mehrsten Ländern alles auf hölzerne Füße gestellt ist, und so matt und pedantisch einherschleicht, daß man am Ende kaum umhin kann, den Rabulisten, welche vom Positiven und Gelehrten nichts kennen, aber lustig in das weite Meer hinaussteuren, vorzugsweise geneigt zu werden.

Nehmen wir nun dieß alles zusammen, so muß jedem Vaterlandsfreunde der Wunsch sich aufdrängen, daß ein einfaches Gesetzbuch, das[25] Werk eigner Kraft und Thätigkeit, endlich unsern bürgerlichen Zustand, den Bedürfnissen des Volks gemäß, gehörig begründen und befestigen möge, und daß ein patriotischer Verein aller Deutschen Regierungen dem ganzen Reich die Wohlthaten einer gleichen bürgerlichen Verfassung auf ewige Zeiten angedeihen lasse. Ich will versuchen, zuerst die Vortheile dieser großen Neuerung anschaulich zu machen, und dann dasjenige zu beseitigen, was man etwa gegen ihre Ausführbarkeit einwenden könnte.

Zuerst, den Gelehrten zu gefallen, die Sache nur von der wissenschaftlichen Seite betrachtet: welcher unendliche Gewinn für die wahre, höhere Bildung der Diener des Rechts, der Lehrer und Lernenden! Bisher war es unmöglich, daß irgend Jemand, und wäre er auch der fleißigste Theoretiker gewesen, das ganze Recht übersehen, und mit Geist gründlich durchdringen konnte. Jeder hatte höchstens nur seine starken Seiten; an tausend Orten Nacht und Finsterniß! Von den unschätzbaren Vortheilen des Uebersehens der Wechselwirkung aller einzelnen Glieder der Rechtswissenschaft ist uns nichts zu Theil geworden. Ein[26] einfaches National-Gesetzbuch, mit Deutscher Kraft im Deutschen Geist gearbeitet, wird dagegen jedem auch nur mittelmäßigen Kopfe in allen seinen Theilen zugänglich seyn, und unsre Anwälde und Richter werden dadurch endlich in die Lage kommen, daß ihnen für jeden Fall das Recht lebendig gegenwärtig ist. Auch läßt sich nur bey einem solchen Gesetzbuch eine wahre Fortbildung der Rechtsansichten als möglich denken. Mit unsern bisherigen gelehrten Erörterungen haben wir uns zwar immer tiefer in Philologie und Geschichte hineingewühlt, aber der kräftige Sinn für Recht und Unrecht, für die Bedürfnisse des Volks, für ehrwürdige Einfalt und Strenge der Gesetze, ist bey diesem mühseligen Treiben immer stumpfer geworden. Was hätte sich auch für jene Fortbildung thun lassen, da die mehrsten Theile unsres positiven Rechts durch und durch verdorben sind, da wir ihre Gründe selten genau kennen, und da so auf der einen Seite keine Hoffnung der Besserung, und auf der andern Seite wenig Gelegenheit zu belebenden Erörterungen war! Wäre dagegen ein kräftiges einheimisches Gesetzbuch das Gemeingut Aller, wäre es von anerkannt bedeutenden[27] Staatsmännern und Gelehrten verfaßt, nach reifer Prüfung und voller Benutzung des öffentlichen Urtheils, und wären dann auch dessen Gründe mit unbedingter Offenheit zur allgemeinen Kenntniß gebracht, so würde nun die wahre Rechtswissenschaft, d. h. die philosophirende, sich leicht und frey bewegen können, und Jeder würde Gelegenheit und Hoffnung haben, zur fernern Vervollkommnung dieses großen Nationalwerks mitzuwirken. Auch wäre es unschätzbar, daß nun alle Deutschen Rechtsgelehrten einen gleichen Gegenstand ihrer Untersuchungen hätten, und durch stete Mittheilung ihrer Ideen über dasselbe Werk sich wechselseitig heben und unterstützen könnten, daß also die trostlosen Winkelpfuschereyen, unter denen bisher unsre zahllosen Particular-Gesetze daniederlagen, im Wesentlichen ganz aufhörten.

Sieht man aber auf den academischen Unterricht, so ist der Gewinn ebenfalls unermeßlich. Bisher war das, doch immer höchst wichtige Particular-Recht nirgend der Gegenstand gründlicher Vorträge auf den Academien, konnte es nicht seyn, und wird es nie werden. Denn unsre Academien bleiben gewiß, wie es heiß zu wünschen ist, allgemeine[28] Bildungsanstalten für ganz Deutschland, und werden nie zu bloßen Landesanstalten herabsinken, wo alles unter der Abgeschiedenheit und Kleinlichkeit verkümmern muß. Wie kann aber hier jemals ein wahrer Eifer der Lehrer für das einheimische Landrecht entstehen, da sie immer bey Vorträgen über allgemeineres Recht auf ein weit größeres Publicum rechnen können, besonders insofern, als sie schriftstellerische Arbeiten unternehmen? Auch wird sich jeder Lehrer besserer Art die goldene Aussicht erhalten wollen, in andern Freyhäfen eine freundliche Aufnahme zu finden, wenn seine bisherige Stelle ihm mißfällt, also nicht zu viel aufladen, was die Freyzügigkeit beschwerlich machen könnte. So hat denn bisher über dem Particular-Recht in wissenschaftlicher Hinsicht eine schwarze Nacht gelegen, und der junge Practiker mußte sich darin immer durch eigne Kraft zu orientiren suchen; ein unglückliches Geschäft, welches selten gerieth, da die Particular-Gesetze zu zerstreut und mannigfaltig sind, und da selten in einem Lande auch nur zehn practische Juristen das Glück haben, eine vollständige Sammlung jener Gesetze zusammenbringen[29] zu können. So schloß sich denn in der Regel an die vornehme academische Bildung eine ungeheure Lücke, welche nur nach mannigfaltigem Wagen und Umhertappen einigermaßen ausgefüllt werden konnte. Mit einem allgemeinen Gesetzbuch wären dagegen Theorie und Praxis in die unmittelbarste Verbindung gebracht, und die gelehrten academischen Juristen würden unter den Practikern ein Wort mitreden dürfen, während sie jetzt überall mit ihrem gemeinen Recht in der Luft hängen.

Aber auch noch von einer andern Seite würde ein solches einfaches National-Gesetzbuch dazu beytragen, daß der, so wichtige practische Sinn unsrer Lernenden mehr geschärft werden könnte. Jetzt erschöpft sich alles im Auswendiglernen zahlloser verwirrter Gesetze, Definitionen, Distinctionen, und historischer Notizen. Für Wohlredenheit, für Gewandtheit im Angreifen und Vertheidigen, für Ausbildung des Talents, einer Rechtssache gleich vom Anfange an den besten Wurf zu geben, für die Kunst, Geschäfte vorsichtig einzurichten, für dialektische Schärfe und Schnellkraft, – für das alles geschieht mehrentheils nichts, und kann bey der gelehrten Ueberfüllung nichts[30] Genügendes geschehen. So werden daher unsre Entlassenen in die Welt hinaus gestoßen, um selbst durch Fallen das Gehen zu lernen; und so muß man noch dem Himmel danken, wenn nur nachher in einer langen Reihe von Jahren die Hälfte desjenigen, was ein geschickter academischer Unterricht in kurzer Zeit leicht mittheilen könnte, mühselig errungen wird. Wodurch sind auch die classischen Juristen der Römer so groß geworden? Nicht durch endlose Ableitung dunkler Rechtssätze aus Griechischen und Römischen Alterthümern; sondern dadurch, daß einfache vaterländische Gesetze die Grundlage ihrer Auslegungen waren, und daß so ungehindert für volle Gewandtheit des Geistes alles Mögliche geschehen konnte. Auf jeder der Rechtsschulen zu Rom, Berytus und Constantinopel gab es nur zwey ordentliche Professoren des Rechts, aber eine Menge von Griechischen und Römischen Rhetoren und Grammatikern; und wenn damals Staatswissenschaften und Naturrecht schon so durchgearbeitet gewesen wären, wie jetzt, so würden wir gewiß, Statt Eines Professors der Philosophie, weit mehrere den Juristen beygegeben finden.⁶

[31] Mehr als Alles ist es aber in Beziehung auf die wissenschaftliche Bildung, daß mit der Einführung eines neuen weisen National-Gesetzbuchs der academische Rechtsunterricht in allen Theilen geistvoll werden kann.

Jetzt ist nur zu vieles todt und abschreckend. Die schlechte Beschaffenheit unsrer bisherigen Gesetze hat die Folge gehabt, daß Niemand im gemeinen Leben den gangbaren Rechtszustand mit Gefallen betrachten, und sich dabey verweilen mag. Man läßt das krause Unwesen fortlaufen, wie es Gott gefällt, und bekümmert sich nicht darum. So betreten denn unsre Anfänger die Academien, ohne je über Gegenstände ihres Fachs auch nur entfernt nachgedacht zu haben, und die Lehrer des Rechts sind nie so glücklich, wie die Lehrer der Theologie und Medizin, daß sie ihre Vorträge an eine warme natürliche Vorstellungsart, und lebhafte gemeine Begriffe anknüpfen können. Unsre Naturrechte sind nicht dazu geschaffen, den civilistischen Verstand aufzuschließen und groß zu bereichern; und wären sie auch ganz, was sie seyn sollten, so würden sie doch das Interesse für das Positive nicht heben. Denn dieß schwarze, unübersehbare Allerley läßt sich[32] nur in einzelnen kleinen Theilen aufhellen, und mit der Philosophie in Eintracht bringen. Das Mehrste muß mit dem bloßen Gedächtniß aufgefaßt, und knechtisch angenommen werden, weil es nun einmal so ist; und daher führt hier die gespannteste Unverdrossenheit den Studierenden nie zu dem regen Eifer, und der innigen Anhänglichkeit an sein Fach, wodurch sich tüchtig gebildete Aerzte, Theologen und Physiker so oft auszeichnen. Wären wir dagegen so glücklich, ein gut gerathenes Gesetzbuch zu besitzen, welches wir mit gerechtem Stolz das Werk unsrer eignen Kraft nennen könnten, und dessen Segen sich in der Erfahrung klar erkennen ließe: so würde der Anfänger mit fruchtbaren Begriffen des gemeinen Lebens die Academie betreten, und die philosophischen und positiv-rechtlichen Vorträge würden, Statt sich einander zu zerstören, in steter wohlthätiger Wechselwirkung erhalten werden können.[z]

Sehen wir nun ferner auf das Glück der Bürger, so kann es gar keinen Zweifel leiden, daß ein solches einfaches

Gesetzbuch für ganz Deutschland die schönste Gabe des Himmels genannt zu werden verdiente. Schon die bloße Einheit wäre[33] unschätzbar. Wenn auch eine politische Trennung Statt finden muß und soll, so sind doch die Deutschen hoch dabey interessirt, daß ein brüderlicher gleicher Sinn sie ewig verbinde, und daß nie wieder eine fremde Macht den einen Theil Deutschlands gegen den andern mißbrauche. Gleiche Gesetze erzeugen aber gleiche Sitten und Gewohnheiten, und diese Gleichheit hat immer zauberischen Einfluß auf Völkerliebe und Völkertreue gehabt. Außerdem macht der bürgerliche Verkehr jene Einheit fast zu einer schreyenden Nothwendigkeit. Unsre Deutschen Länder können allein durch einen lebhaften, inneren, wechselseitigen Verkehr ihren Wohlstand erhalten, und von dem schneidenden Volks-Egoismus, den der Französische Code ausspricht, darf bey uns durchaus nichts gehört werden. Ist also keine Gleichheit des Rechts, so entsteht das fürchterliche Unwesen der Collision der Gesetze, wobey denn noch wieder der leidige Umstand eintritt, daß es, nach Hert, wenigstens hundert und drey und dreyßig Streitfragen über jene Collision gibt, die armen Unterthanen also bey ihrem Verkehr in solche ewige Stockungen gerathen, und in ein solches Labyrinth von Unsicherheit[34] und Schwanken verstrickt werden, daß ihr ärgster Feind sie nicht übler berathen könnte. Die Einheit des Rechts würde dagegen den Weg des Bürgers von dem einen Lande in das andre eben und sicher machen, und schlechte Anwälde würden nicht mehr Gelegenheit finden, bey dem Verkauf ihrer Rechtsgeheimnisse die armen Ausländer schändlich auszusaugen und zu mißhandeln.

Betrachten wir nun aber noch das Recht in seinem innern Seyn und Wesen, so muß sich dem Unpartheyischen von selbst die Ueberzeugung aufdringen, daß ein weises, tief durchdachtes, einfaches und geistvolles Gesetzbuch grade dasjenige ist, was der Deutsche Bürger zu seiner Stärkung und Erhebung unentbehrlich bedarf, damit die politische Zersplitterung, und die mit derselben unzertrennlich verknüpften Kleinlichkeiten ein tüchtiges Gegengewicht erhalten; und daß in der Regel kein einzelner Regent im Stande seyn wird, ein solches Gesetzbuch durch seine Diener entwerfen zu lassen. Es ist wahr, wir haben in Deutschland viele treffliche, geübte, erfahrene Beamte; aber fast immer nur für das, was im weiteren Sinne **Verwaltung** zu nennen ist,[35] also für Anwendung bestehender Gesetze. Männer, welche der Gesetzgebung, und insbesondere der allgemeinen, abstracten Gesetzgebung gewachsen sind, gibt es sehr wenige, selbst im gelehrten Stande. Dieß darf auch nicht befremden, und ist kein Vorwurf, welcher irgend eine Bitterkeit mit sich führt. Denn eine gute Gesetzgebung ist das schwerste unter allen Geschäften. Es gehört dazu ein reiner, großer, männlicher, edler Sinn; eine unbedingte Festigkeit, damit man sich nicht durch falsches Erbarmen und kleinliche Nebenrücksichten überraschen lasse, und eine unendliche Umsicht und Mannigfaltigkeit der Kenntnisse. Wo solche Bedingungen gefordert werden, da darf ein Einzelner, da dürfen Wenige Einzelne sich nicht anmaßen, daß sie die Weisheit für alle Andern besitzen, sondern die Kräfte vieler der Ersten müssen vereinigt werden, damit durch eine große Wechselwirkung etwas Gediegenes und Geründetes vollbracht werde. Kein Deutsches Justiz-Ministerium wird, wenn es mit bescheidener Wahrhaftigkeit reden will, behaupten mögen, daß ihm die Fähigkeit beywohne, auch nur eine einzige der vielen Hauptlehren des bürgerlichen[36] Rechts so untadelhaft zu bearbeiten, daß das Werk kühn, nicht etwa den Advocaten und Richtern dieses Landes, sondern öffentlich den besseren Deutschen Rechtsgelehrten zur Prüfung vorgelegt werden dürfte. Auch der Geschickteste versuche, nur über Kleinigkeiten ein Gesetz zu entwerfen. Die Umfrage bey Andern, wie die spätere

Erfahrung, wird immer seine Begriffe mannigfaltig berichtigen; und wer hier allein, oder nur mit wenigen Gehülfen wirkt, den wird sein Werk nach kurzer Zeit immer wieder zum Theil gereuen.

Aber es muß noch hinzugesetzt werden: die Begriffe über Gesetzgebung sind bey vielen Deutschen Staatsbeamten allmählig, und besonders in der letzter Zeit der Auflösung und Umkehrung, vielfach im höchsten Grade schief und despotisch geworden; und dieses Uebel wird eher zu- als abnehmen, wenn die Particular-Gesetzgebungen, welche als solche von der öffentlichen Stimme wenig zu fürchten haben, auch fernerhin an den unglücklichen Bürgern leichtsinnig ihre Versuche im Dunkeln anstellen. Ich brauche nur das Beyspiel eines bedeutenden verstorbenen Staatsmannes[37] anzuführen, welcher unlängst in einem Deutschen Lande im Fach der Gesetzgebung kräftig wirkte. Er war ein Mann von festem Sinn, vieler Rechtlichkeit, großem Scharfblick, arbeitsam über alle Begriffe, und reich an Landeskenntnissen wie Wenige. In einem großen Collegio, als thätiger Gehülfe Vieler, aber auch nur auf seine Stimme beschränkt, würde er der Segen des Landes gewesen seyn. Allein er überhob sich seiner Kräfte, wollte für Viele und über Viele hinüber den rechten Verstand haben;[8] und da erfolgte denn ein Rechts-Jammer, worunter das ganze Land tief gebeugt ward. Ewige Neuerungen und Umwälzungen; reine Unwahrheiten in sogenannten authentischen Auslegungen; Erklärungen, welche als Muster der Dunkelheit gelten können; so wie, der ungehinderten Kühnheit wegen, eine Menge ganz verkehrter Ansichten und Grundsätze! Als von der Möglichkeit der Einführung des Code Napoleon die Rede war, stellte ich ihm einmal vor: er möge einen bekannten schändlichen Artikel über uneheliche Kinder nicht durchlassen; ferner den Art. 1649, wonach bey öffentlichen Auctionen die heimlichen Mängel[38] ungestraft mit in den Kauf gehen, als das

Product eines groben Mißverstandes streichen; und endlich nicht mit dem Art. 1139 verordnen, daß bey der Verabredung einer bestimmten Zahlungszeit der Verzug doch nicht anders angenommen werden solle, als wenn namentlich ausgemacht sey, das Nichtzahlen solle als Verzug gelten, indem sich dieß ja von selbst verstehe, und der Bürger nie durch willkührliche, unnütze Formen geplagt werden dürfe. Allein die Antwort war: ad 1) Gottes Weltordnung sey auch unvollkommen; ad 2) das werde zu viel Ueberlauf in den Gerichten machen; und ad 3) wenn der Unterthan das neue Gesetzbuch gehörig einlerne, so wisse er ja, was er zu thun und zu lassen habe. Man denke sich einen Gesetzgeber nur mit diesen drey Grundsätzen: wir können ohne Noth zerstören, weil dieß auch Blitze und Erdbeben unter Gottes Augen thun; wir können den Betrogenen verderben lassen, wenn auf diese Art die Gerichte mehr Ruhe haben; und wir können dem Bürger muthwillig Lasten aufladen, weil er sie aus dem (mühseligen, und oft unmöglichen) Studio der Gesetze kennen lernen kann: man denke sich einen[39] Gesetzgeber nur mit diesen drey Grundsätzen thätig wirkend; welches Elend und Verderben an allen Enden! Und solchen Jammer haben wir neuerlich viel erdulden müssen, nicht durch den Willen unsrer guten Fürsten, welche außer Stande sind, die Verwickelungen der bürgerlichen Verhältnisse ganz zu durchschauen, sondern durch die Selbstsucht und die Halsstarrigkeit landesherrlicher Diener; und dieß in einer Zeit, wo man Gottes Engel vom Himmel hätte rufen mögen, um die Millionen Thränen zu trocknen, welche Noth und Elend, Schmach und Schande den rechtlichen Deutschen, vom Höchsten bis zum Niedrigsten, auspreßten!

Und wer wagt es zu sagen: es gibt unter uns nur wenige Staatsmänner mit solchen verkehrten Grundsätzen, mit dieser Beschränktheit, Eigenwilligkeit, diesem unglücklichen, verzehrenden Dünkel? Ihre Zahl ist wahrlich nicht klein, und daneben gibt es noch so viele Unwissenheit, so viele muthwillige Verstocktheit in alten Vorurtheilen, so viele Lahmheit und Schlaffheit, daß es ein seltenes Glück seyn wird, wenn ein Deutscher Fürst sich sagen darf: ich kann mich für das[40] große Fach der Gesetzgebung meinen Räthen sicher anvertrauen; und dieß um so mehr, da bey der Vereinigung der Diener eines einzigen Herrn gar zu leicht das Ansehn des Einen die übrigen zur Nachgiebigkeit verführt, und so in der Regel an keine volle Freyheit der Stimmen zu denken ist. Diese Freyheit, und eine durchdringende Allseitigkeit der Ueberlegung wird erst durch die Vereinigung Vieler aus allen Ländern erwirkt werden können; und dann mag auch ein verkehrter Kopf, oder ein sittlich Verdorbener mit unter laufen. Denn das ist grade der himmlische Segen großer collegialischer Verhandlungen: die Schaam, diese große Schutzwehr menschlicher Freyheit, wodurch auch der Hebel der Publicität so allmächtig wirkt, bändigt hier immer die Schlechtigkeit des Einzelnen. Alle werden durch die Kräfte Aller unglaublich ermuntert und gehoben; und durch ein geduldiges Erwägen aller Bedenken und Einwürfe schleifen sich am Ende die sämmtlichen Ecken so glatt herunter, daß das vollendete Werk in der Regel und im Ganzen (und auf mehr als dieses: im Ganzen darf man nie Anspruch machen!) den Beyfall jedes einzelnen Stimmenden haben wird.[2]

[41] Uebrigens bedarf es kaum einer Erinnerung, daß ein solches Gesetzbuch, wie es durch gemeinsames Wirken entstand, auch nur durch eben ein solches nachher erforderlichen Falls gebessert werden darf. Denn ohne dieß würde natürlich die beabsichtigte Einheit nur kurze Zeit bestehen, und der böse Wille würde sich überall durch schnelles Niederreißen zu rächen suchen. Die Sache müßte also wie ein Völkervertrag unter feyerlicher Garantie der auswärtigen großen alliirten Mächte behandelt werden.

Man braucht auch nicht zu fürchten, daß die künftige Bewirkung nothwendiger Aenderungen eben so viele Weitläuftigkeiten veranlassen werde, als die jetzige Abfassung des Gesetzbuchs. Denn die Haupttheile des Gesetzbuchs werden in der Regel unangetastet bleiben, und die nöthigen Aenderungen im Zweifel immer aus der Praxis, oder wissenschaftlichen Arbeiten so klar hervorgehen, daß darüber nicht viel zu rechten seyn kann.[10]

Inzwischen ist mit Sicherheit darauf zu zählen, daß die bisher entwickelten Gedanken da und dort großen Widerspruch finden werden. Ich muß mich daher auf die möglichen Haupteinwürfe etwas[42] näher einlassen,[11] wobey ich jedoch die schwierigen Seelen sich selbst überlassen muß, welche gegen alles bloß deswegen zu warnen pflegen, weil es Diesem oder Jenem mißfallen könnte. Denn dieses theilweise Mißfallen ist nun einmal bey jedem Dinge unabwendlich, und würde nicht zu vermeiden seyn, auch wenn ein Engel alles eingerichtet hätte. Auf die Mehrzahl, und auf den besseren, gediegenen Theil der Nation kommt es hier also an; und dieser wird gewiß nicht dadurch im Guten wankend gemacht werden, weil nicht alles gleich idealisch werden, oder nicht unbedingt einem Jeden gefallen will. Es geht hier, wie mit den Beschlüssen der Majorität eines Collegii. In der Regel wird dadurch gewiß das Bessere getroffen; und daher ist der Ueberstimmte ein Verräther an der guten Sache, und wird dafür gehalten, wenn er sich nicht fügen will, oder hinterrückisch durch heimliche Verbindungen zu hintertreiben sucht, was er auf dem graden Wege der Rechtlichkeit anzugreifen hat, oder auf sich beruhen lassen soll.

Jene Haupteinwendungen nun möchte ich in heimliche und öffentliche eintheilen. Unter den letzten verstehe ich die, welche man als rechtlicher[43] Mann ohne Erröthen vor aller Welt aussprechen darf; unter den ersten aber diejenigen, deren man sich vielleicht hin und wieder im Finstern bedienen möchte, um die Fürsten zu täuschen, und von der Wahrheit abzulenken, welche aber, laut ausgesprochen, den Warnenden der allgemeinen Verachtung aller Rechtlichen preiß geben.

Die heimlichen Einwendungen sind nun: ein solches Gesetzbuch lähme die Macht, und hemme die Freyheit des einzelnen Landesfürsten; man müsse sich jetzt in diesen schweren Zeiten aller Neuerungen enthalten; jede Umwälzung der Rechtsverfassung rege das wilde Gemüth des Volks auf, könne leicht Aufstand veranlassen, und am Ende Deutschland in eben den Strudel hineinziehen, woraus sich Frankreich in diesem Augenblick kaum gerettet habe.

Mit dem ersten Bedenken ist nun wohl ganz leicht fertig zu werden. Denn edeln Deutschen Fürsten ist es nie darauf angekommen, daß die Unterthanen von Woche zu Woche so recht weidlich herumregiert werden, und immer Sporn und Zügel des schlechten Reiters fühlen; sondern daß sie sich unter weisen, festen Gesetzen der verdienten[44] Ruhe erfreuen, und wo möglich ungehindert und ungeschüttelt ihr Wesen treu, ehrlich, und altherkömmlich für sich treiben. So werden denn edle Fürsten dem Schöpfer danken, wenn ihrem Lande ein bürgerliches Gesetzbuch zu Theil werden kann, welches daurende Ruhe und Sicherheit, und gute Verhältnisse zu den Nachbarn verspricht. Auch bleibt ja für die Regiersucht, wenn dieß Ungethüm wohl gepflegt fortleben soll, noch genug Thätigkeit übrig, theils in Beziehung auf die ganze Verwaltung, theils insofern nach den obigen Vorschlägen den Landesregenten, und etwa mitregierenden Ständen, die ganze Gesetzgebung im Fach der Finanzen, der Oekonomie, und der allgemeinen und besonderen Polizey ungekränkt verbleibt. Und wäre es auch eine Art von Herabsetzung, daß der Regent nach jenem Plan nicht grade alles kann, was ihm seine Willkühr eingibt, so läßt sich diese Herabsetzung für gute Fürsten gar nicht abwenden, und sie selbst werden dieselbe herbeywünschen. Denn der rechtliche Fürst beugt sich gern unter die Gesetze der Zweckmäßigkeit, und würde sich für den Glücklichsten halten, wenn in keinem Zweige der Verwaltung etwas mehr zu[45] ändern übrig wäre. Der kleinlichen Räthe, welche sich gar zu gern hervorthun, und ihre beschränkten Ansichten recht oft in anima vili (an den Unterthanen) probiren möchten, wird es zwar immer genug geben; aber gegen sie kann das Volk den Fürsten selbst, wenn er seine wahre Hoheit erkennt, getrost zu Hülfe rufen.

Die übrigen Einwendungen sind bedenklicher, weil sie tückisch sind, und in diesen Zeiten überstandener, und doch zum Theil wieder drohender wilder Stürme ein erschrecktes, unerfahrnes Gemüth leicht ergreifen könnten, auch der Verläumder fast immer darauf rechnen kann, daß dieß und jenes hängen bleibt. Tückisch sind aber jene Einwendungen mit Rücksicht auf Deutschland im höchsten Grade. Kein Volk der Erde gibt es, welches so geneigt ist, seiner althergebrachten Verfassung willfährig anzuhängen, und seinen Fürsten getreu zu bleiben, als das biedere Volk der Deutschen. Ein Deutscher Fürst braucht, man möchte sagen, nur halb seine Pflicht zu thun, nur von Zeit zu Zeit dem Volk redlich seine Theilnahme zu beweisen, nur im Ganzen Recht und Gerechtigkeit gut zu handhaben, um der allgemeinen Liebe[46] und Anhänglichkeit gewiß zu seyn. Der erhabene Fürst, dessen frisches Grab Badens Einwohner als die Ruhestätte eines Heiligen verehren, und dessen Andenken nie unter ihnen erlöschen wird, stand ruhig und unbesorgt, von den wildesten Volksstürmen umgeben, als angebeteter Freund unter seinen Unterthanen; und es hätte nicht einmal seiner unübertrefflichen, weisen Regierung bedurft, um auf die Treue des Volks bauen zu können. Der Deutsche weiß zu gut, was er von jeher seinen Fürsten zu danken hatte, und kennt die Gründe, warum er ihnen ferner vertrauen, und sie in Ehren halten soll. Unsre Fürsten werden im freundlichen Wohlstande gebohren und erzogen; keine der Reibungen verfinstert ihr Gemüth, wodurch der Unterthan, und besonders der Staatsdiener, im Gedränge des mühvollen Lebens so tausendfältig ergriffen, abgestumpft, verbittert, und in seinen Grundsätzen wankend gemacht wird. Jeder von ihnen kann sich durch die erhebende Rückerinnerung an die Thaten großer Ahnherrn im Guten bestärken, und überall aus der Geschichte seines eignen Landes lernen, welchen Segen ein guter Fürst durch Mäßigkeit, Kraft, Klugheit[47] und Gerechtigkeit über sein Volk verbreitet. Daher ist denn auch bey uns das Volk tief von dem lebendigen Glauben durchdrungen, daß wahrer Adel, Lauterkeit der Denkart, und das, was Vornehmheit im edleren Sinne genannt zu werden verdient, also Wohlwollen gegen Jedermann, Verachtung alles Kleinlichen, Unbestechlichkeit und Parteylosigkeit das Gemüth seiner Fürsten über alle Gemeinheit hinweghebe; und daher hat das Volk immer mit freudigem Herzen Gut und Blut geopfert, um die Ehre seiner Fürsten zu behaupten, und Schaden von ihnen abzuwenden.[12] Und wo geschah dieß mehr, als grade in diesem Augenblick heldenmüthiger Volksanstrengung, und allgemeiner Ergebung? Es gehört mehr als Bosheit dazu, wenn man selbst noch in solchen Zeiten den Fürsten von seinem Volke abwendig zu machen, ihn mit Mißtrauen und Besorgniß zu erfüllen sucht. Aber grade dieß haben wir jetzt am mehrsten zu fürchten. Denn – es muß laut gesagt werden! – die Verdorbenheit und Kleinlichkeit eines Theils der Staatsdiener mancher Länder nimmt immer mehr überhand. Nur zu gern möchte das lose Gesindel die zeitlichen Segnungen[48] des Regierens an sich reißen, die Kraft des Fürsten lähmen, und so wie der Sturmwind im Lande umherfahren; unbewacht an allen Enden herrschen und quälen, und eigner Gemeinheit, Eitelkeit, und Habsucht alle Zügel schießen lassen. Da muß denn die reine

Seele des Fürsten durch Mißtrauen vergiftet werden; da muß man alles aufbieten, daß schlechte Umgebungen die Einwirkung der Edeln des Volks unmöglich machen; und es muß künstlich darauf angelegt werden, daß sich der Herr des Landes in Prunk und Tand, in Sinnlichkeit und Trägheit ersäufe, damit nun andre im Stillen das Ruder des Staats ergreifen, und mit ihrer Sippschaft von oben nach unten das Land durchfegen können, wie es ihnen gefällt. Das ist es, was unsre Fürsten zu fürchten haben, und mehr als je! Denn nicht so viel ist es zu beklagen, daß jüngst ein eisernes Geschick uns Freunde, Väter und Kinder raubte, und die Blüthe unsres Wohlstandes zerstörte, als vielmehr, daß uns bis auf das Mark ein verzehrendes Gift eingeflößt ward, welches alles zu vernichten drohet, wenn nicht kräftige Gegenmittel schnell angewandt werden. Nicht haben sie es verstanden, die Schlechten[49] und Eiteln, dem unbändigen Weltzerstörer seine guten Eigenschaften abzulernen, seine Thatkraft, seine Besonnenheit, und seinen Ernst; aber das gelang ihnen meisterhaft, durch die Betrachtung seiner Fehler, und unverständige Nachahmungssucht, alles Verderbliche und Ehrlose in sich aufzuregen, und zu befestigen. Daher diese herbe Menschenverachtung; dieses pöbelhafte Reiben an den gebeugten höheren Ständen; diese frostige, rücksichtslose Behandlung des[13] Unterthanen; diese Hudeleyen verdienter Beamten; diese Schonung und Emporhebung der Schlechten, als brauchbarer Werkzeuge zu beliebigen Zwecken; diese wechselseitige Gönnerschaft unter allen denen, welche auf den möglichen Fall durch ihre Bosheit einander möchten schaden können; und vor allen Dingen dieses heillose Bestreben, alle Regierungsmaßregeln des Schrecklichen nachzuahmen, welche nur insofern zu rechtfertigen waren, als ein Mensch ohne sittliche Haltung, ohne wahre Größe, und ohne ererbten Namen das Wagstück zu bestehen suchte, eine eitle, untreue, verwilderte Nation zu bändigen, und zum sklavischen

Werkzeuge seiner[50] tobenden Laune zu machen. Unter diesen Menschen, und unter ihnen allein,[14] haben unsre Fürsten ihre Feinde zu suchen. Nur daher jener vielfach nicht zu verkennende Mißmuth, und jene Freudenlosigkeit vieler im Volke, genährt durch die beklemmende Nebenbetrachtung, daß die Schamlosen, welche bisher bey uns dem fremden Unwesen laut huldigten, sich nun heuchlerisch in Unschuld waschen, ihr Brandmal verdeckend überall wieder einschleichen, und dann den Treuen und Rechtlichen durch schnöde Zurücksetzung und Mißhandlung den irdischen Lohn der Tugend reichlich zutheilen werden. Aber Gottes Allmacht wird es geben, daß unsre Fürsten bald ganz die Netze gewahren, welche man ihnen zu legen sucht. Auf die Biederkeit des Volks können sie dann, wie auf einen Felsen, bauen, und jede weise Neuerung wird nur noch dazu beytragen, die Unterthanen in den Gesinnungen der Treue und inniger Fürstenliebe zu befestigen.

Unter den Einwendungen, welche sich von rechtlichen Männern erwarten lassen, möchte vielleicht[51] die scheinbarste diese seyn: das Recht müsse sich nach dem besondern Geist des Volks, nach Zeit, Ort und Umständen richten, und insofern führe ein allgemeines bürgerliches Gesetzbuch für alle Deutschen zu einem verderblichen, unnatürlichen Zwange. Für diese Einwendung lassen sich freylich viele Gewährsmänner nennen. Wie oft haben wir nicht seit Montesquieu davon reden gehört, daß das Recht klüglich nach den Umständen, nach dem Boden, dem Clima, dem Character der Nation, so wie nach tausend andern Dingen zu modificiren sey? Ist man ja sogar mit diesen vorsichtigen Berücksichtigungen wohl dahin gekommen, am Ende alles Denkbare für so eben recht, oder nicht eben für Unrecht zu erklären, weil es sich finden will, daß auch das Tollste da und dort seine Anhänger hatte. Allein, – man verzeihe mir die Stärke des Ausdrucks! – ich kann in solchen Ansichten fast nur Verkehrtheit, und Mangel tiefer rechtlicher Gefühle entdecken. Das Mehrste dabey ist nichts, als reine Vermengung gewöhnlicher Folgen einer Erscheinung mit dem, was nach[52] der Vernunft seyn kann, und seyn sollte. Folgt der Mensch seinen Launen, seiner Beschränktheit, und jedem ersten leisen Anstoß, wie es gewöhnlich ist, und erwachsen daraus am Ende Grundsätze und Einrichtungen, so erklärt sich der Erfolg zwar recht leicht; aber damit ist er nicht gerechtfertigt. Die vier Haupt-Temperamente, welche man nach unsern Seelenlehren unterscheiden soll, führen, ungeleitet und ungehemmt, auch zu ganz verschiedenen Handlungsweisen; aber keine Sittenlehre wird sich dadurch in der ehrwürdigen Einfalt ihrer Vorschriften stören lassen. Wenn auch dem Cholerischen die Vermeidung des Zorns schwerer wird, als dem Phlegmatiker, so muß er doch seinen Kopf brechen lernen, und der Phlegmatiker alle Kräfte aufbieten, um die muntre Thätigkeit des Sanguinikers nachzuahmen. So soll auch das äußere Recht darauf angelegt seyn, die Menschen zu vereinigen, und sie nicht in ihren schlaffen Angewohnheiten zu befestigen, oder ihren Schlechtigkeiten zu schmeicheln, sondern sie zur vollen Besonnenheit zu bringen, und aus dem Pfuhl elender Selbstischkeit[53] und Kleinlichkeit herauszureißen. Wenn daher auch in einer despotischen Verfassung die Diener ebenfalls geneigt werden, den Unterthanen zu mißhandeln, und deswegen bey einer solchen Verfassung selbst der bürgerliche Proceß leicht in das Willkührliche geht; wenn kleinliche Menschen gekräuselte Gesetze lieben, und die sittenlosen Männer einer benachbarten Nation sich nicht anders beglückt fühlen, als wenn sie einen gesetzlichen Freybrief zur Unzucht haben: so kann das ernste Recht nur darüber trauren, daß es Hindernisse findet; aber es muß, der Vernunft wegen, durchgreifen, und wird sich nicht in seinen nothwendigen Einrichtungen stören lassen. Zwar können besondere Umstände besondere Gesetze erheischen, wie es namentlich in Betreff der ökonomischen, und der Polizey-Gesetze oft der Fall ist. Allein die bürgerlichen Gesetze, im Ganzen nur auf das menschliche Herz, auf Verstand und Vernunft gegründet, werden sehr selten in der Lage seyn, daß sie sich nach den Umständen beugen müssen; und wenn auch da und dort kleine Unbequemlichkeiten aus der Einheit entstehen sollten,[54] so wiegen die zahllosen Vortheile dieser Einheit alle jene Beschwerden überreichlich wieder auf. Man überdenke nur die einzelnen Theile des bürgerlichen Rechts! Viele derselben sind so zu sagen nur eine Art reiner juristischer Mathematik, worauf keine Localität irgend einen entscheidenden Einfluß haben kann, wie die Lehre vom Eigenthum, dem Erbrecht, den Hypotheken, den Verträgen, und was zum allgemeinen Theil der Rechtswissenschaft gehört. Und selbst in den Lehren, worauf schon mehr die menschliche Individualität einzuwirken scheint, wird man in der Regel immer finden, daß Eine Ansicht die bessere ist, sofern man nicht in kahlen formellen Demonstrationen, sondern, wie es seyn soll, in einer weisen Abwägung aller Gründe des Zweckmäßigen und Zuträglichen die gesetzgebende Thätigkeit zu erhalten sucht. So kann z. B. über die Grenzen der Ehescheidungen und der väterlichen Gewalt viel hin und her gestritten werden; aber Niemand wird doch am Ende behaupten mögen, daß es darüber verschiedene Systeme geben müsse, wenn auch Dieser und Jener hier in Zweifeln hängen bleiben, und es[55] nicht wagen mag, sich grade unbedingt und um jeden Preis für die Eine Ansicht zu erklären. Mit einem, bloß die Deutschen betreffenden Gesetzbuch hat es in dieser Hinsicht ohnehin wenig Noth. Denn wenn auch politische Interessen gewisse Scheidungen hervorgebracht haben, so ist doch der Stamm überall derselbe; überall der gleiche treue Sinn; überall unter den Besseren gleicher Abscheu gegen Verzerrung, Ziererey und Falschheit; und die kräftigen, freundlichen Nord-Deutschen werden gewiß stets die brüderliche Liebe zu rühmen wissen, womit sie überall das tüchtige, heitere Volk der Süd-Deutschen in den letzten Zeiten an seinem Heerde empfangen hat.

 Es muß aber die Sache noch weiter getrieben werden. Die belobten Rechtsverschiedenheiten, worauf die Bedenklichen so vieles Gewicht legen, sind nicht einmal Folgen natürlicher Anlagen und örtlicher Verhältnisse, sondern die Folgen unkluger Abgeschiedenheit und unüberlegter Willkühr, wenigstens in unzähligen Fällen. Wie man den Schritt in Deutschland etwas zu weit macht, so[56] steht man auf anderem Rechtsboden; das ist wahr, und schon von Voltaire bemerkt. Allein wo liegt der Grund? Doch wohl nicht darin, daß auf dieser Seite eines Bachs die Sonne ganz anders scheint, als auf der andern; sondern darin, daß kein Gesetzverfasser mit dem Nachbarn zu Rath gesessen, und Jeder fein sittlich und bürgerlich seine eigne Wirthschaft für sich im Stillen getrieben hat. Damit haben wir denn ein endloses Rechtsgewirr bekommen, wie uns auch eben daher der Segen hundert verschiedener Ellen und Wagengleise zu Theil geworden ist. So ist z. B. die Lehre von der Intestaterbfolge die einfachste von der Welt, im Ganzen von keinen Oertlichkeiten abhängig, sondern von dem einfachen Gedanken, daß der Gesetzgeber an der Stelle des Verstorbenen so theilen soll, wie dieser theilen durfte, und wahrscheinlich selbst würde getheilt haben. Und dennoch haben wir darüber in unserm Vaterlande wenigstens tausend verschiedene Local-Rechte. Bloß in den Herzogthümern Schleswig und Holstein gibt es in dieser Hinsicht so viele abweichende Statute und Gewohnheiten, daß in Kiel ein eignes bedeutendes[57] Collegium darüber gelesen werden muß, während das Oesterreichische Gesetzbuch mit seiner schönen Gediegenheit und Einfalt die ganze Sache für ein weites Reich mit wenig klaren Artikeln ins Reine gebracht hat. Jeder Tag giebt davon neue Beweise. Ueber die zweckmäßige Einrichtung eines Leihhauses vereinigten sich die verständigen Männer der Nation wohl sehr leicht Eines Beschlusses; aber man hat neuerlich auch darüber die wohlweisen Stadträthe nur so in Gottes Namen für sich handeln lassen, und damit sind denn gleich mehr als tausend, vielfach sehr schlechte Variationen über dasselbe Thema erfolgt.

Freylich wird es nicht abzuwenden seyn, daß in den einzelnen Ländern da und dort eine Besonderheit als solche beyzubehalten ist, z. B. in Ansehung der Bauergüter, gewisser Grunddienstbarkeiten, u. dgl.; allein daraus folgt nichts, als daß man sie beybehalten mag, keineswegs aber, daß das große Werk dadurch in seinem Lauf gehemmt werden muß. Solche Dinge lassen sich gar leicht ausscheiden, wenn man nur ehrlich und männlich[58] zu Werke geht, und nicht, wie auf den alten hochseligen Reichstagen, durch ewige Häckeleyen und engherzige Zweifelsucht alles muthwillig zu trüben und zu verwirren bemüht ist.

Ein zweyter, von vielen Seiten zu erwartender Haupteinwand wird die Heiligkeit des Herkömmlichen zur Grundlage nehmen. Man muß möglichst alle Umwälzungen vermeiden; das Bestehende ehren, weil es dem Bürger geläufig, und in sofern werth geworden ist; und selbst die anerkannten Vorurtheile des Bürgers schonen, weil es einmal außer der menschlichen Macht liegt, sie ganz zu überwältigen! So wird es von vielen Seiten her lauten, und ich bin auch gar nicht gemeynt, im Allgemeinen solche Ansichten zu bestreiten; aber ich behaupte, daß sie dermalen wenig oder gar nicht passen, und daß sich unter jene patriarchalische Rechtsweisheit mehrentheils viel Unlauteres und Unverständiges zu verstecken pflegt.

Leichtsinnige Aenderungen sind immer verderblich, und der Character des Volks gewinnt an Kraft und Gediegenheit über die Maaße, wenn[59] die Nachkommen fest und ehrbar auf eben dem Wege einhergehen, worauf ihre Ahnen Glück und Zufriedenheit fanden. Das ist wahr, und verdiente recht oft wiederholt zu werden, wenn nicht in den neueren Zeiten schon ohne alle wissenschaftlichen Ermahnungen so viele blutige Thränen darüber geflossen wären, daß Niemand heute wußte, wem er morgen angehören, und was ihm der Wirbelwind der Gesetzmachereyen am folgenden Tage lassen, oder rauben werde. Allein grade jene Unwandelbarkeit, jene segenvolle Stimmung des Volks zur Ehrfurcht gegen das Alterthum, kann erst durch ein allgemeines Gesetzbuch erreicht werden, welches aus der ganzen Nationalkraft hervorging, und ein Ehrenwerk genannt zu werden verdient. Läßt man uns dagegen jetzt bey dem bisherigen Recht, so bleibt uns das Schlechte, Unnatürliche, unsrer Eigenthümlichkeit vielfach Widerstreitende; und die Flickereyen von Jahr zu Jahr werden kein Ende nehmen. Gebt uns also ein solches gediegenes Ehrenwerk, und vor Allem in dieser Zeit, wo die Gemüther für das Große mehr wie je aufgeregt[60] sind; wo jeder rechtliche Bürger die Neigung hat, treu zu dulden und zu handeln, um doch wenigstens den Nachkommen ein gutes Erbe zu hinterlassen. Ein solches Werk, in solcher Zeit geschaffen, wird unsern Kindern und Kindeskindern ein Heiligthum werden, und so, aber auch nur so allein, wird es endlich gelingen, unserm Volke die Stetigkeit und feste Haltung zu geben, welche ihm in jeder Hinsicht so sehr anpaßt.

Man thue aber bey dem Verehren des Herkömmlichen der Sache nicht zu viel! Die wuchernden Ortsgebräuche und Gewohnheiten sind nur zu oft bloße Rechtsfaulheit, wobey es eines leisen Anstoßes bedarf, damit der Schritt zu einem andern Ziel gelenkt werde, und wobey der bessernde Gesetzgeber auf eben den Dank rechnen kann, der dem Wundarzt zu Theil wird, wenn er den Furchtsamen nach langem Sträuben durch einen leichten Schnitt von fressenden Qualen befreyte. Das sapere aude! gilt auch hier, und vielleicht mehr, als irgendwo. Der gewöhnliche[61] Unterthan kann das Rechtsgewirr, dessen Gründe, Vortheile und Nachtheile, nicht übersehen, oder mag sich zu dem Ende nicht anstrengen. Er sucht daher in allen bedeutenden Fällen die Hülfe eines Rechtsfreundes; und ein solcher muß es ja wohl so recht eigentlich verstehen! Diesem wird dann blindlings gefolgt, wie sauer es auch dem Berathenen ankommen mag; und in der Art schleppt man sich von einem Tage zum andern. Was aber so wohl recht passen, und den Bedürfnissen des Einzelnen am besten zusagen möchte, darauf sieht die vorsehende Praxis nicht gern, sondern mehr auf schnelle Abfertigung des Rathbedürftigen, und auf ein einfaches Formular für Jedermann, damit der Rathende ja nicht genöthigt werde, viel von seinen Verstandeskräften abzureiben, und nahrhafte Kunden über der Vielheit fahren zu lassen. Man kann in dieser Hinsicht Cicero's Spöttereyen in der Rede pro Murena als lautere Wahrheiten[15] gelten lassen. Noch kürzlich ist mir ein Fall der Art vorgekommen, daß über zweyhundert Ehepaare in Betreff ihrer, vertragsmäßig zu bestimmenden Güterrechte[62] eintönig nach demselben Formular bedient wurden. Zwar wollte es da und dort nicht recht einleuchten, daß z. B. eine reiche, feine Frau mit einem rohen Verschwender in die engste Gütergemeinschaft gebracht wurde; aber der bedachtsame Rechtshelfer hatte nun einmal von nichts Anderm wissen wollen, und so mußte es ja doch wohl das Beste seyn. So ging jedes Paar mit seinem, anständig eingelösten Bogen davon, und konnte sich am Ende doch wenigstens damit trösten, daß alles Getränk eine besondere Güte hat, wenn man recht etwas Ordentliches dafür bezahlen mußte.

Freylich wird es nun auch wohl hier oder dort der Fall seyn, daß einzelnen Gewohnheitssündern das herkömmliche Schlechte gar zu lieb und bequem geworden ist, besonders insofern bedenkliche Rechtskenner vom alten Schlage ihnen mit weisem Rath zur Seite stehen. Allein darauf muß man nun einmal in unserm lieben Vaterlande rechnen, daß einzelne Originale solcher Art niemals aussterben. Das Uebel hebt sich[63] indeß leicht, wenn man den Ton des Amtmanns in Gellerts Fabeln zu treffen weiß. Und dazu hat man jetzt ein doppeltes Recht. Als man,[16] den Degen halb gezogen, die Deutschen liebreich ermahnte, den Französischen Code anzunehmen, da wußten sich die altdeutschen, ehrwürdigen, heilsamen Einrichtungen nicht schnell genug zurückzuziehen, als ob sie nie da gewesen wären, und von Widerbellern ward wenig gehört. Die Stimme einheimischer Vernunft kann also jetzt wenigstens so viel Achtung und Folgsamkeit verlangen, als die fremde Unverschämtheit, und es würde unserm Volke zur ewigen Schande gereichen, wenn der verständige, wohlwollende Vaterlandsfreund nicht durchsetzen könnte, was dem, bloß listigen, tückischen Ausländer ohne große Mühe gelang.[17]

Noch könnte man vielleicht ferner einwenden: die

Abfassung eines solchen Gesetzbuchs über Privat-, Criminal- und Proceß-Recht durch eine so große Versammlung, wozu jedes Land wenigstens einige Mitglieder zu ernennen habe, müsse[64] höchst langwierig und kostbar werden. Allein nur die Kleingeistigkeit kann einen solchen Einwand machen. Die Summe der Kraft, welche auf ein solches Werk zu verwenden ist, beträgt nicht ein Tausendtheil dessen, was man zusetzen muß, wenn ferner in jedem Lande, wie bisher, ein neues Gesetz das andre verdrängt, und damit sogar noch die bloße Rechtsanwendung grenzenlos schwierig und kostbar gemacht wird. Auch läßt sich darauf rechnen, daß die Vollendung des Werks in zwey, drey, vier Jahren geschehen kann, da wir in dem Preussischen und Oesterreichischen Gesetzbuch, dem Französischen Code, und in dem, was neuerlich in Sachsen und Bayern vollbracht ist, so höchst lehrreiche Vorarbeiten haben, daß Vieles schon jetzt als abgethan angesehen werden kann. Die Kosten sind aber wohl nicht des Nennens werth, und werden für jedes Land schwerlich mehr betragen, als der Unterhalt einiger berühmten Schauspieler und Schauspielerinnen. Sollte indeß irgend ein Oberrechner darauf beharren, daß seine Casse zu solchen Zwecken nichts hergeben könne, so werden die Richter[65] und Anwälde des Landes, wenn sie ihren wahren Vortheil verstehen, gern bereit seyn, die kleine Ausgabe aus dem Ihrigen zu bestreiten. Denn wie unendlich war der geschickte practische Jurist bisher dadurch beschränkt, daß er mit seinem Wissen in andern Ländern nichts anfangen konnte, und daher oft lebenslänglich gebückt und gedrückt auf der Erdscholle stehen bleiben mußte, wo ihn das Schicksal auf die Welt geworfen hatte! Ein gleiches bürgerliches Deutsches Recht würde auch diese Beschwerde heben, den Fürsten die Wahl brauchbarer Diener erleichtern, und verdiente Männer gegen die Mißhandlungen des Nepotismus und der Aristocratie in die gehörige Sicherheit setzen.

Eine sehr große Schwierigkeit bleibt indeß auf jeden Fall in der, schon lange herkömmlichen Widerspenstigkeit der Beschränkten und Selbstsüchtigen grade bey solchen Gelegenheiten, wo davon die Rede ist, daß etwas Tüchtiges und Großes ins Werk gerichtet werden müsse. Wie weit es Deutsche Schwäche in dieser Hinsicht getrieben[66] hat, und treiben konnte, zeigen die alten Reichstagsverhandlungen, welche fast nur an die Polnischen Reichstage erinnern. Inzwischen darf man nicht vergessen, wie eigenthümlich grade der jetzige Augenblick ist, und wie viele Gründe es gibt, wenigstens dießmal auf etwas Außerordentliches zu rechnen. Alle Völker Deutscher Abkunft haben sich in diesen Zeiten mit herzlicher Liebe vereinigt, und wo man hinblickt, da findet man unter ihnen die Feinde versöhnt, und die Freunde inniger als je verbunden. Durch ihren Muth und ihre Ausdauer ist glücklich gelungen, was noch vor einem Jahr unglaublich schien, und Jeden beseelt der Wunsch, daß dieser große Augenblick über alle Deutschen Brüder für viele Jahre seinen Segen verbreite. Unsre Regenten können daher den letzten Act nicht so kahl enden, daß sie dem Volk die Ehre lassen, alle alten Schlechtigkeiten durch grenzenlose Opfer wieder erlangt zu haben. Es muß, – nicht mit tändelnder Ziererey, welche sich an der Schale erschöpft, sondern mit Mannskraft, welche das Wesen zu durchdringen vermag, – etwas Großes, Edles, Erhebendes geschehen, damit[67] den Kämpfern ein würdiger Lohn ihrer Arbeit zu Theil werde; damit sie ferner ihren Fürsten als Männern vertrauen. Die Volksstimme wird sich in dieser Hinsicht nicht beschwichtigen lassen, und die Gewalt der Zeit wird unwiderstehlich von unten nach oben wirken, wenn es in den Köpfen beschränkter Räthe nicht von selbst aufthauen will. Auch können die edeln Deutschen Fürsten und Staatsmänner, denen ungebührliche Schwierigkeiten gemacht werden, sicher auf den Schutz der großen

Monarchen rechnen, welche jetzt der Welt den Frieden gegeben haben, und schon insofern, als sie für das Glück der Urheber alles Uebels mit seltener Großmuth das Aeußerste thaten, gewiß nicht unterlassen werden, unser edles Volk, dem sie einen wesentlichen Theil ihrer Fortschritte verdanken, mit Rath und That kräftig zu unterstützen.[18]

Vom
Beruf unsrer Zeit
für
Gesetzgebung
und
Rechtswissenschaft.

Von

D. Friedrich Carl von Savigny,

ordentl. Professor der Rechte an der Königl. Universität zu Berlin,
und ordentl. Mitglied der Königl. Akademie der
Wissenschaften daselbst.

Heidelberg,
bey Mohr und Zimmer.
1814.

Inhalt.

		Seite
1) Einleitung	(1)	72
2) Entstehung des positiven Rechts	(8)	75
3) Gesetze und Rechtsbücher	(16)	80
4) Römisches Recht	(27)	87
5) Bürgerliches Recht in Deutschland	(37)	92
6) Unser Beruf zur Gesetzgebung	(45)	97
7) Die drey neuen Gesetzbücher	(54)	102

8) Was wir thun sollen wo keine Gesetzbücher sind	(111)	136
9) Was bey vorhandenen Gesetzbüchern zu thun ist	(135)	150
10) Das Gemeinsame	(151)	160
11) Thibauts Vorschlag	(155)	162
12) Schluß	(161)	166

1.
Einleitung.

[1]

In vielen deutschen Ländern hat jetzt ein äußeres Bedürfniß die Frage nach der besten Einrichtung des bürgerlichen Rechts angeregt, und so ist diese Frage, welche unsere Staaten lange Zeit auf sich beruhen lassen konnten, zur gemeinsamen Berathung der Staatsmänner und der Gelehrten gediehen. Aber noch ein edlerer Grund als das bloße Bedürfniß hat zu dieser öffentlichen Berathung gewirkt: das Gefühl, daß in der abgewendeten Unterdrückung der deutschen Nation eine dringende Aufforderung an jede lebendige Kraft liegt, sich dieser Zeit nicht unwerth zu zeigen. Darum ist es nicht Anmaaßung, sondern recht und gut, wenn jeder, der ein Herz hat für seinen Beruf, und eine klare Anschauung von demselben, diese Anschauung öffentlich mittheilt, und[2] die Rechtsgelehrten dürfen darin am wenigsten zurück bleiben. Denn gerade im bürgerlichen Rechte ist der Unterschied der gegenwärtigen und der vergangenen Zeit recht augenscheinlich. Ohne Zweifel kann auch hierin im einzelnen noch viel Verkehrtes geschehen aus Unverstand oder bösem Willen. Aber die erste Frage darf doch wieder seyn: was ist recht und gut? Die Sache trägt doch wieder ihren Zweck und ihre Bestimmung in sich selbst, die Fürsten können wieder thun nach ihrer Ueberzeugung, und ihre Ehre setzen in das gemeine Wohl. Das wird von der vergangenen Zeit niemand behaupten. Als der Code in Deutschland eindrang, und krebsartig immer weiter fraß, war von inneren Gründen nicht die Rede, kaum hie und da in leeren Phrasen: ein äußerer Zweck bestimmte alles, dem eigenen Werthe des Gesetzbuchs völlig fremd, ein an sich selbst heilloses Verhältniß, selbst abgesehen davon, daß es der verderblichste unter allen Zwecken war. Darum war es bis jetzt fruchtlos darüber zu reden. Die in dieser Zeit geredet haben, waren theils eigennützig der schlechten Sache hingegeben, theils in unbegreiflicher Gutmüthigkeit von ihr bethört, die meisten blos zur Ausführung mitwirkend als Geschäftsmänner, ohne sich in ein Urtheil einzulassen: einzelne ehrenwerthe Stimmen ließen sich hören, strafend und warnend, andere andeutend und winkend, an Erfolg aber konnte keiner denken. Daß wieder eine Verschiedenheit der Meynungen[3] wirksam werden, daß wieder Streit und Zweifel entstehen kann über die Entscheidung, gehört zu den Wohlthaten, womit uns jetzt Gott gesegnet hat, denn nur aus dieser Entzweyung kann eine lebendige und feste Einheit hervorgehen, die Einheit der Ueberzeugung, nach welcher wir in allen geistigen Dingen zu streben durch unsre Natur gedrungen sind.

Aber es giebt einen zweyfachen Streit, einen feindlichen und einen friedlichen. Jenen führen wir, wo wir Ziel und Zweck verwerflich finden, diesen wo wir Mittel suchen zu gemeinsamen löblichen Zwecken. Jener wäre auch jetzt noch, da nicht mehr vom Code die Rede ist, an seiner Stelle, denn Einer behaupten wollte, jetzt sey die rechte Zeit, wo alle einzelne Staaten in Deutschland sich fest abschließen müßten: dazu sey auch das Recht gut zu gebrauchen, und jede Regierung müsse für ein recht eigenthümliches Gesetzbuch sorgen, um auch hierin alles gemeinsame aufzuheben, was an den Zusammenhang der Nation erinnern könnte. Diese Ansicht ist nichts weniger als willkührlich ersonnen, vielmehr sind ihr manche Regierungen offenbar günstig: wohl aber hindert eine gewisse Scheu, sie jetzt laut werden zu lassen, und ich wüßte nicht, daß sie in Schriften für das bürgerliche Recht benutzt worden wäre. Ganz anders ist es mit den Vorschlägen, die bis jetzt für dieses kund geworden sind, denn mit ihnen ist, wo wir[4] nicht übereinstimmen, ein friedlicher Streit möglich, und ein solcher führt, wo nicht zur Vereinigung der Streitenden, doch zu besserer Einsicht im Ganzen.

Von zwey Meynungen über die Einrichtung des bürgerlichen Rechts, die mir bekannt geworden sind, geht die eine auf Herstellung des alten Zustandes[1], die zweyte auf Annahme eines gemeinschaftlichen Gesetzbuches für die Deutschen Staaten[2]. Zur Erläuterung dieser zweyten Meynung sind gleich hier einige Bemerkungen nöthig, indem sie in einem doppelten historischen Zusammenhang betrachtet werden muß.

Erstens nämlich steht sie in Verbindung mit vielen ähnlichen Vorschlägen und Versuchen seit der Mitte des achtzehnten Jahrhunderts. In dieser Zeit hatte sich durch ganz Europa ein völlig unerleuchteter Bildungstrieb geregt. Sinn und Gefühl für die Größe und Eigenthümlichkeit anderer Zeiten, so wie für die naturgemäße Entwicklung der Völker und Verfassungen, also alles was die Geschichte heilsam und fruchtbar machen muß, war verloren: an die Stelle getreten war eine gränzenlose Erwartung von der[5] gegenwärtigen Zeit, die man keinesweges zu etwas geringerem berufen glaubte, als zur wirklichen Darstellung einer absoluten Vollkommenheit. Dieser Trieb äußerte sich nach allen Richtungen: was er in Religion und

Staatsverfassung gewirkt hat, ist bekannt, und es ist unverkennbar, wie er hier durch eine natürliche Gegenwirkung aller Orten einer neuen, lebendigeren Liebe die Stäte bereiten mußte. Auch im bürgerlichen Rechte war er thätig. Man verlangte neue Gesetzbücher, die durch ihre Vollständigkeit der Rechtspflege eine mechanische Sicherheit gewähren sollten, indem der Richter, alles eigenen Urtheils überhoben, blos auf die buchstäbliche Anwendung beschränkt wäre: zugleich sollten sie sich aller historischen Eigenthümlichkeit enthalten, und in reiner Abstraction für alle Völker und alle Zeiten gleiche Brauchbarkeit haben. Es würde sehr irrig seyn, jenen Trieb und diese Anwendungen desselben einzelnen Irrlehrern zuzuschreiben: es war, nur mit sehr achtungswerten Ausnahmen, die Meynung der Völker. Darum stand es nicht in der Macht der Regierungen, allen Anwendungen auszuweichen, und die bloße Milderung und Beschränkung derselben konnte oft schon als sehr verdienstlich und als Beweis innerer Kraft gelten. Vergleichen wir mit diesen vergangenen Zuständen die gegenwärtige Zeit, so dürfen wir uns freuen. Geschichtlicher Sinn ist überall erwacht, und neben diesem hat jener bodenlose Hochmuth[6] keinen Raum. Und wenn auch angehende Schriftsteller oft noch einen ähnlichen Anlauf nehmen, so ist es doch gar nicht mehr herrschender Geist. Auch in den oben genannten Vorschlägen von Gesetzbüchern ist zum Theil diese erfreuliche Vergleichung bewährt. Frey von jenen übertriebenen Ansprüchen gehen sie auf ein bestimmtes praktisches Ziel, und auch ihre Motive stehen auf festem Boden. Das Durchlaufen jener Periode aber gewährt uns den großen Vortheil, daß wir ihre Erfahrungen zu Rathe ziehen können. Aus den Ansichten derselben sind nach einander Gesetzbücher für drey große Staaten hervor gegangen. Diese, und zum Theil ihre Wirkungen, liegen vor uns, und es würde unverzeihlich seyn, die Lehre zu verschmähen, die sie uns aufmunternd oder warnend geben können.

Zweytens stehen jene Vorschläge in Verbindung mit einer allgemeinen Ansicht von der Entstehung alles positiven Rechts, die von jeher bey der großen Mehrzahl der deutschen Juristen herrschend war. Nach ihr entsteht im normalen Zustande alles Recht aus Gesetzen, d. h. ausdrücklichen Vorschriften der höchsten Staatsgewalt. Die Rechtswissenschaft hat lediglich den Inhalt der Gesetze zum Gegenstand. Demnach ist die Gesetzgebung selbst, so wie die Rechtswissenschaft, von ganz zufälligem, wechselndem Inhalt, und es ist sehr möglich, daß das Recht von morgen dem von heute gar nicht ähnlich sieht. Ein[7] vollständiges Gesetzbuch ist demnach das höchste Bedürfniß, und nur bey einem lückenhaften Zustande desselben kann man in die traurige Nothwendigkeit kommen, sich mit Gewohnheitsrecht, als einer schwankenden Ergänzung, behelfen zu müssen. Diese Ansicht ist viel älter als die oben dargestellte, beide haben sich auf manchen Punkten feindlich berührt, weit öfter aber sehr gut vertragen. Als Vermittlung diente häufig die Ueberzeugung, daß es ein praktisches Naturrecht oder Vernunftrecht gebe, eine ideale Gesetzgebung für alle Zeiten und alle Fälle gültig, die wir nur zu entdecken brauchten, um das positive Recht für immer zu vollenden.

Ob diese Ansicht von der Entstehung des positiven Rechts Realität habe, wird sich aus der folgenden Untersuchung ergeben.

2.
Entstehung des positiven Rechts.

[8]

Wir befragen zuerst die Geschichte, wie sich bey Völkern edler Stämme das Recht wirklich entwickelt hat: dem Urtheil, was hieran gut, vielleicht nothwendig, oder aber tadelnswerth seyn möge, ist damit keinesweges vorgegriffen.

Wo wir zuerst urkundliche Geschichte finden, hat das bürgerliche Recht schon einen bestimmten Character, dem Volk eigenthümlich, so wie seine Sprache, Sitte, Verfassung. Ja diese Erscheinungen haben kein abgesondertes Daseyn, es sind nur einzelne Kräfte und Thätigkeiten des einen Volkes, in der Natur untrennbar verbunden, und nur unsrer Betrachtung als besondere Eigenschaften erscheinend. Was sie zu einem Ganzen verknüpft, ist die gemeinsame Ueberzeugung des Volkes, das gleiche Gefühl innerer Nothwendigkeit, welches allen Gedanken an zufällige und willkührliche Entstehung ausschließt.

Wie diese eigenthümlichen Functionen der Völker, wodurch sie selbst erst zu Individuen werden, entstanden sind, diese Frage ist auf geschichtlichem Wege nicht zu beantworten. In neueren Zeiten ist die Ansicht herrschend gewesen, daß alles zuerst in[9] einem thierähnlichen Zustand gelebt habe, und von da durch allmähliche Entwicklung zu einem leidlichen Daseyn, bis endlich zu der Höhe gekommen sey, auf welcher wir jetzt stehen. Wir können diese Ansicht unberührt lassen, und uns auf die Thatsache jenes ersten urkundlichen Zustandes des bürgerlichen Rechts beschränken. Wir wollen versuchen, einige allgemeine Züge dieser Periode darzustellen, in welcher das Recht wie die Sprache im Bewußtseyn des Volkes lebt.

Diese Jugendzeit der Völker ist arm an Begriffen, aber sie genießt ein klares Bewußtseyn ihrer Zustände und Verhältnisse, sie fühlt und durchlebt diese ganz und vollständig, während wir, in unsrem künstlich verwickelten

Daseyn, von unserm eigenen Reichthum überwältigt sind, anstatt ihn zu genießen und zu beherrschen. Jener klare, naturgemäße Zustand bewährt sich vorzüglich auch im bürgerlichen Rechte, und so wie für jeden einzelnen Menschen seine Familienverhältnisse und sein Grundbesitz durch eigene Würdigung bedeutender werden, so ist aus gleichem Grunde möglich, daß die Regeln des Privatrechts selbst zu den Gegenständen des Volksglaubens gehören. Allein jene geistigen Functionen bedürfen eines körperlichen Daseyns, um festgehalten zu werden. Ein solcher Körper ist für die Sprache ihre stete, ununterbrochene Uebung, für die Verfassung sind es die sichtbaren öffentlichen Gewalten, was vertritt aber diese Stelle[10] bey dem bürgerlichen Rechte? In unsren Zeiten sind es ausgesprochene Grundsätze, durch Schrift und mündliche Rede mitgetheilt. Diese Art der Festhaltung aber setzt eine bedeutende Abstraction voraus, und ist darum in jener jugendlichen Zeit nicht möglich. Dagegen finden wir hier überall symbolische Handlungen, wo Rechtsverhältnisse entstehen oder untergehen sollen. Die sinnliche Anschaulichkeit dieser Handlungen ist es, was äußerlich das Recht in bestimmter Gestalt festhält, und ihr Ernst und ihre Würde entspricht der Bedeutsamkeit der Rechtsverhältnisse selbst, welche schon als dieser Periode eigenthümlich bemerkt worden ist. In dem ausgedehnten Gebrauch solcher förmlichen Handlungen kommen z. B. die germanischen Stämme mit den altitalischen überein, nur daß bey diesen letzten die Formen selbst bestimmter und geregelter erscheinen, was mit den städtischen Verfassungen zusammen hangen kann. Man kann diese förmlichen Handlungen als die eigentliche Grammatik des Rechts in dieser Periode betrachten, und es ist sehr bedeutend, daß das Hauptgeschäft der älteren Römischen Juristen in der Erhaltung und genauen Anwendung derselben bestand. Wir in neueren Zeiten haben sie häufig als Barbarey und Aberglauben verachtet, und uns sehr groß damit gedünkt, daß wir sie nicht haben, ohne zu bedenken, daß auch wir überall mit juristischen Formen versorgt sind, denen nur gerade die Hauptvortheile der alten Formen abgehen,[11] die Anschaulichkeit nämlich und der allgemeine Volksglaube, während die unsrigen von jedem als etwas willkührliches und darum als eine Last empfunden werden. In solchen einseitigen Betrachtungen früher Zeiten sind wir den Reisenden ähnlich, die in Frankreich mit großer Verwunderung bemerken, daß kleine Kinder, ja ganz gemeine Leute, recht fertig französisch reden.

Aber dieser organische Zusammenhang des Rechts mit dem Wesen und Character des Volkes bewährt sich auch im Fortgang der Zeiten, und auch hierin ist es der Sprache zu vergleichen. So wie für diese, giebt es auch für das Recht keinen Augenblick eines absoluten Stillstandes, es ist derselben Bewegung und Entwicklung unterworfen, wie jede andere Richtung des Volkes, und auch diese Entwicklung steht unter demselben Gesetz innerer Nothwendigkeit, wie jene früheste Erscheinung. Das Recht wächst also mit dem Volke fort, bildet sich aus mit diesem, und stirbt endlich ab, so wie das Volk seine Eigenthümlichkeit verliert. Allein diese innere Fortbildung auch in der Zeit der Cultur hat für die Betrachtung eine große Schwierigkeit. Es ist nämlich oben behauptet worden, daß der eigentliche Sitz des Rechts das gemeinsame Bewußtseyn des Volkes sey. Dieses läßt sich z. B. im Römischen Rechte für die Grundzüge desselben, die allgemeine Natur der Ehe, des Eigenthums u. s. w. recht wohl denken, aber für das unermeßliche[12] Detail, wovon wir in den Pandekten einen Auszug besitzen, muß es jeder für ganz unmöglich erkennen. Diese Schwierigkeit führt uns auf eine neue Ansicht der Entwicklung des Rechts. Bey steigender Cultur nämlich sondern sich alle Thätigkeiten des Volkes immer mehr, und was sonst gemeinschaftlich betrieben wurde, fällt jetzt einzelnen Ständen anheim. Als ein solcher abgesonderter Stand erscheinen nunmehr auch die Juristen. Das Recht bildet sich nunmehr in der Sprache aus, es nimmt eine wissenschaftlich Richtung, und wie es vorher im Bewußtseyn des gesammten Volkes lebte, so fällt es jetzt dem Bewußtseyn der Juristen anheim, von welchen das Volk nunmehr in dieser Function repräsentirt wird. Das Daseyn des Rechts ist von nun an künstlicher und verwickelter, indem es ein doppeltes Leben hat, einmal als Theil des ganzen Volkslebens, was es zu seyn nicht aufhört, dann als besondere Wissenschaft in den Händen der Juristen. Aus dem Zusammenwirken dieses doppelten Lebensprincips erklären sich alle spätere Erscheinungen, und es ist nunmehr begreiflich, wie auch jenes ungeheure Detail ganz auf organische Weise, ohne eigentliche Willkühr und Absicht, entstehen konnte. Der Kürze wegen nennen wir künftig den Zusammenhang des Rechts mit dem allgemeinen Volksleben das politische Element, das abgesonderte wissenschaftliche Leben des Rechts aber das technische Element desselben.

[13]In verschiedenen Zeiten also wird bey demselben Volke das Recht natürliches Recht (in einem andern Sinn als unser Naturrecht) oder gelehrtes Recht seyn, je nachdem das eine oder das andere Princip überwiegt, wobey eine scharfe Gränzbestimmung von selbst als unmöglich erscheint. Bey republikanischer Verfassung wird das politische Princip länger als in monarchischen Staaten unmittelbaren Einfluß behalten können, und besonders in der Römischen Republik wirkten viele Gründe zusammen, diesen Einfluß noch bey steigender Cultur lebendig zu erhalten. Aber in allen Zeiten und Verfassungen zeigt sich dieser Einfluß noch in einzelnen Anwendungen, da wo in engeren Kreisen ein oft wiederkehrendes gleiches Bedürfniß auch ein gemeinsames Bewußtseyn des Volkes selbst möglich macht. So wird sich in den meisten Städten für Dienstboten und Miethwohnungen ein besonderes Recht bilden und erhalten,

gleich unabhängig von ausdrücklichen Gesetzen und von wissenschaftlicher Jurisprudenz: es sind dieses einzelne Ueberreste der früheren allgemeinen Rechtsbildung. Vor der großen Umwälzung fast aller Verfassungen, die wir erlebt haben, waren in kleineren Deutschen Staaten diese Fälle weit häufiger als jetzt, indem sich Stücke altgermanischer Verfassungen häufig durch alle Revolutionen hindurch gerettet hatten.

Die Summe dieser Ansicht also ist, daß alles Recht auf die Weise entsteht, welche der herrschende,[14] nicht ganz passende, Sprachgebrauch als Gewohnheitsrecht bezeichnet, d. h. daß es erst durch Sitte und Volksglaube, dann durch Jurisprudenz erzeugt wird, überall also durch innere, stillwirkende Kräfte, nicht durch die Willkühr eines Gesetzgebers. Dieser Zustand ist bis jetzt nur historisch aufgestellt worden, ob er löblich und wünschenswerth ist, wird die folgende Untersuchung zeigen. Aber auch als historische Ansicht bedarf dieser Zustand noch einiger näheren Bestimmungen. Zuerst ist dabey eine ganz ungestörte einheimische Entwicklung vorausgesetzt worden; der Einfluß früher Berührung mit fremdem Rechte wird weiter unten an dem Beyspiel von Deutschland klar werden. Eben so wird sich zeigen, daß allerdings ein theilweiser Einfluß der Gesetzgebung auf bürgerliches Recht, bald löblich, bald tadelnswerth, statt finden kann. Endlich finden sich große Verschiedenheiten in den Gränzen der Gültigkeit und Anwendung des Rechts. Wie nämlich dasselbe Volk sich in viele Stämme verzweigt, Staaten sich vereinigen oder zerfallen, so muß bald dasselbe Recht mehreren unabhängigen Staaten gemein seyn, bald in verschiedenen Theilen desselben Staates, neben gleichen Grundzügen des Rechts, eine große Mannichfaltigkeit einzelner Bestimmungen gelten.

Unter den Deutschen Juristen hat Hugo das große Verdienst, in den meisten seiner Schriften die herrschenden

Ansichten gründlich bekämpft zu haben[3].[15] Hohe Ehre gebührt auch hierin dem Andenken Mösers, der mit großartigem Sinn überall die Geschichte zu deuten suchte, oft auch in Beziehung auf bürgerliches Recht; daß dieses Beyspiel den Juristen größtentheils unbemerkt geblieben ist, war zu erwarten, da er nicht zünftig war und weder Vorlesungen gehalten, noch Lehrbücher geschrieben hat.

3.
Gesetze und Rechtsbücher.

[16]

Der Einfluß eigentlicher Gesetzgebung auf bürgerliches Recht ist in einzelnen Stücken desselben nicht selten, aber die Gründe dieses Einflusses sind sehr verschiedener Art. Zunächst kann nämlich gerade die Abänderung des bestehenden Rechts Absicht des Gesetzgebers seyn, weil höhere politische Zwecke dieses fordern. Wenn in unsren Tagen Nichtjuristen von dem Bedürfniß neuer Gesetzgebung sprechen, so ist gewöhnlich blos dieses gemeynt, wovon die Bestimmung der gutsherrlichen Rechte eines der wichtigsten Beispiele ist. Auch die Geschichte des Römischen Rechts liefert Beyspiele dieser Art, wenige aus der freyen Republik, unter August die wichtige Lex Iulia et Papia Poppaea, seit den christlichen Kaisern eine große Anzahl. Daß die Gesetze dieser Art leicht eine fruchtlose Corruption des Rechts sind, und daß gerade in ihnen die höchste Sparsamkeit nöthig ist, wird jedem einleuchten, der die Geschichte zu Rathe zieht. Die technische Seite des Rechts wird bey ihnen bloß für die Form, und für den Zusammenhang mit dem ganzen übrigen Rechte in Anspruch genommen, welcher Zusammenhang diesen Theil der[17] Gesetzgebung schwieriger macht, als er gewöhnlich gedacht zu werden pflegt. Weit unbedenklicher ist ein zweyter Einfluß der Gesetzgebung auf das bürgerliche Recht. Einzelne Rechtssätze nämlich können zweifelhaft seyn, oder sie können ihrer Natur nach schwankende, unbestimmte Gränzen haben, wie z. B. alle Verjährung, während die Rechtspflege durchaus scharfe Gränzen fodert. Hier kann allerdings eine Art von Gesetzgebung eintreten, welche der Gewohnheit zu Hülfe kommt, jene Zweifel und diese Unbestimmtheiten entfernt, und so das wirkliche Recht, den eigentlichen Willen des Volks, zu Tage fördert, und rein erhält. Die Römische Verfassung hatte für diesen Zweck eine treffliche Einrichtung in den Edicten der Prätoren, eine Einrichtung, welche auch in monarchischen Staaten unter gewissen Bedingungen statt finden könnte.

Aber diese Arten eines theilweisen Einflusses sind gar nicht gemeynt, wenn so wie in unsern Tagen von dem Bedürfniß allgemeiner Gesetzbücher die Rede ist. Hier ist vielmehr folgendes gemeynt. Der Staat soll seinen gesammten Rechtsvorrath untersuchen und schriftlich aufzeichnen lassen, so daß dieses Buch nunmehr als einzige Rechtsquelle gelte, alles andere aber, was bisher etwa gegolten hat, nicht mehr gelte. Zuvörderst läßt sich fragen, woher diesem Gesetzbuch der Inhalt kommen solle. Nach einer oben dargestellten Ansicht ist von vielen behauptet worden, das allgemeine[18] Vernunftrecht, ohne Rücksicht auf etwas bestehendes, solle diesen Inhalt bestimmen. Die aber mit der Ausführung zu thun hatten, oder sonst das Recht praktisch kannten, haben sich dieser großsprechenden, völlig hohlen Ansicht leicht enthalten, und man ist darüber einig gewesen, das ohnehin bestehende Recht solle hier aufgezeichnet werden, nur mit den Abänderungen und Verbesserungen, welche aus politischen Gründen nöthig seyn möchten. Daß dieses gerade bei den neueren Gesetzbüchern die herrschende Ansicht war, wird sich unten zeigen. Demnach hätte das Gesetzbuch einen doppelten Inhalt: theils das bisherige Recht, theils neue Gesetze. Was diese letzten betrifft, so ist es offenbar zufällig, daß sie bey Gelegenheit des Gesetzbuchs vorkommen, sie könnten auch zu jeder anderen Zeit einzeln gegeben werden, und eben so könnte zur Zeit des Gesetzbuchs kein Bedürfniß derselben vorhanden seyn. In Deutschland besonders würden diese neuen Gesetze oft nur scheinbar vorkommen, da das, was einem Lande neu wäre, in einem andern meist schon gegolten haben würde, so daß nicht von neuem, sondern von schon bestehendem Rechte verwandter Stämme die Rede wäre, nur mit veränderten Gränzen der Anwendung. Um also unsere Untersuchung nicht zu verwirren, wollen wir die neuen Gesetze ganz bey Seite setzen, und blos auf den wesentlichen und Hauptinhalt des Gesetzbuchs sehen. Demnach müssen wir das Gesetzbuch als Aufzeichnung[19] des gesammten bestehenden Rechts denken, mit ausschließender Gültigkeit vom Staate selbst versehen.

Daß wir dieses letzte als wesentlich bey einer Unternehmung dieser Art voraussetzen, ist in unsren schreibthätigen Zeiten natürlich, da bey der Menge von Schriftstellern und dem schnellen Wechsel der Bücher und ihres Ansehens, kein einzelnes Buch einen überwiegenden und dauernden Einfluß anders als durch die Gewalt des Staates erhalten kann. An sich aber läßt es sich gar wohl denken, daß diese Arbeit ohne Aufforderung und ohne Bestätigung des Staates von einzelnen Rechtsgelehrten vollbracht würde. Im altgermanischen Rechte war dieses häufig der Fall, und wir würden viele Mühe gehabt haben, unsren Vorfahren den Unterschied eines Rechtsbuchs als einer Privatarbeit von einem wahren Gesetzbuche deutlich zu machen, den wir uns als so natürlich und wesentlich denken. Wir bleiben aber jetzt bey dem Begriffe stehen, welcher unsren Zeiten angemessen ist. Jedoch ist es klar, daß der Unterschied lediglich in der Veranlassung und Bestätigung von Seiten des Staates liegt, nicht in der Natur der Arbeit selbst, denn diese ist auf jeden Fall ganz technisch und fällt als solche den Juristen anheim, indem bey dem Inhalte des Gesetzbuchs, den wir voraussetzen, das politische Element des Rechts längst ausgewirkt hat, und blos diese Wirkung zu erkennen und auszusprechen[20] ist, welches Geschäft zur juristischen Technik gehört.

Die Forderungen an ein solches Gesetzbuch und die Erwartungen von demselben sind von zweyerley Art. Für den innern Zustand des Rechts soll dadurch die höchste Rechtsgewißheit entstehen, und damit die höchste Sicherheit gleichförmiger Anwendung. Die äußeren Gränzen der Gültigkeit sollen dadurch gebessert und berichtigt werden, indem an die Stelle verschiedener Localrechte ein allgemeines Nationalrecht treten soll. Wir beschränken uns hier noch auf den ersten Vortheil, indem von dem zweyten besser unten in besonderer Anwendung auf Deutschland geredet werden wird.

Daß jener innere Vortheil von der Vortrefflichkeit der Ausführung abhange, leuchtet jedem sogleich ein, und es ist also von dieser Seite eben so viel zu verlieren als zu gewinnen möglich. Sehr merkwürdig ist, was Baco aus der Fülle seines Geistes und seiner Erfahrung über diese Arbeit sagt[4]. Er will, daß sie nicht ohne dringendes Bedürfniß geschehe, dann aber mit besonderer Sorgfalt für die bisher gültigen Rechtsquellen: zunächst durch wörtliche Aufnahme alles anwendbaren aus ihnen, dann indem sie im Ganzen aufbewahrt und fortwährend zu Rathe[21] gezogen werden. Vorzüglich aber soll diese Arbeit nur in solchen Zeiten unternommen werden, die an Bildung und Sachkenntniß höher stehen, als die vorhergehenden, denn es sey sehr traurig, wenn durch die Unkunde der gegenwärtigen Zeit die Werke der Vorzeit verstümmelt werden sollten[5]. Worauf es dabey ankommt, ist nicht schwer zu sagen: das vorhandene, was nicht geändert, sondern beybehalten werden soll, muß gründlich erkannt und richtig ausgesprochen werden. Jenes betrifft den Stoff, dieses die Form.

In Ansehung des Stoffs ist die wichtigste und schwierigste Aufgabe die Vollständigkeit des Gesetzbuchs, und es kommt nur darauf an, diese Aufgabe, worin Alle einstimmen, recht zu verstehen. Das Gesetzbuch nämlich soll, da es einzige Rechtsquelle zu seyn bestimmt ist, auch in der That für jeden vorkommenden Fall im voraus die Entscheidung enthalten. Dieses hat man häufig so gedacht, als ob es möglich und gut wäre, die einzelnen Fälle als solche durch Erfahrung vollständig kennen zu lernen, und dann jeden durch eine entsprechende Stelle des Gesetzbuchs zu entscheiden. Allein wer mit Aufmerksamkeit[22] Rechtsfälle beobachtet hat, wird leicht einsehen, daß dieses Unternehmen deshalb fruchtlos bleiben muß, weil es für die Erzeugung der Verschiedenheiten wirklicher Fälle schlechthin keine Gränze giebt. Auch hat man gerade in den allerneuesten Gesetzbüchern allen Schein eines Bestrebens nach dieser materiellen Vollständigkeit völlig aufgegeben, ohne jedoch etwas anderes an die Stelle derselben zu setzen. Allein es giebt allerdings eine solche Vollständigkeit in anderer Art, wie sich durch einen Kunstausdruck der Geometrie klar machen läßt. In jedem Dreyeck nämlich giebt es gewisse Bestimmungen, aus deren Verbindung zugleich alle übrige mit Nothwendigkeit folgen: durch diese, z. B. durch zwey Seiten und den zwischenliegenden Winkel, ist das Dreyeck gegeben. Auf ähnliche Weise hat jeder Theil unsres Rechts solche Stücke, wodurch die übrigen gegeben sind: wir können sie die leitenden Grundsätze nennen. Diese heraus zu fühlen, und von ihnen ausgehend den innern Zusammenhang und die Art der Verwandtschaft aller juristischen Begriffe und Sätze zu erkennen, gehört eben zu den schwersten Aufgaben unsrer Wissenschaft, ja es ist eigentlich dasjenige, was unsrer Arbeit den wissenschaftlichen Character giebt. Entsteht nun das Gesetzbuch in einer Zeit, welche dieser Kunst nicht mächtig ist, so sind folgende Uebel ganz unvermeidlich. Die Rechtspflege wird scheinbar durch das Gesetzbuch, in der That aber durch etwas anderes,[23] was außer dem Gesetzbuch liegt, als der wahrhaft regierenden Rechtsquelle, beherrscht werden. Dieser falsche Schein aber ist höchst verderblich. Denn das Gesetzbuch wird unfehlbar durch seine Neuheit, seine Verwandtschaft mit herrschenden Begriffen der Zeit, und sein äußeres Gewicht alle Aufmerksamkeit auf sich und von der wahren Rechtsquelle ablenken, so daß diese in dunklem, unbemerktem Daseyn gerade der geistigen Kräfte der Nation entbehren wird, wodurch sie allein in einen löblichen Zustand kommen könnte. Daß diese Gefahr nicht grundlos ist, wird unten aus der Betrachtung der neuen Gesetzbücher klar werden, und es wird sich zeigen, daß nicht blos der einzelne Inhalt, sondern selbst der Begriff und die allgemeine Natur dieser eigentlich regierenden Rechtsquelle verkannt wird, wie sie denn unter den verschiedensten Namen, bald als Naturrecht, bald als jurisprudence, bald als Rechtsanalogie vorkommt. Kommt nun zu dieser mangelnden Erkenntniß der leitenden Grundsätze das oben beschriebene Bestreben nach materieller Vollständigkeit hinzu, so werden sich sehr häufig die einzelnen Entscheidungen, den Verfassern unbemerkt, durchkreuzen und widersprechen, was erst allmählich durch die Anwendung, und bey gedankenlosem Zustand der Rechtspflege auch hier nicht, offenbar werden wird[6]. Dieser Erfolg ist gleich[24] für die Gegenwart unvermeidlich, wenn auf diese Weise ein Zeitalter ohne innern Beruf seine Ansicht des Rechts durch das Ansehen der Gesetzgebung fixirt; eben so nachtheilig aber ist die Wirkung auf die folgende Zeit. Denn wenn in dieser günstigere Bedingungen für die Behandlung des Rechts eintreten, so ist nichts förderlicher, als die vielseitige Berührung mit früheren einsichtsvollen Zeiten: das Gesetzbuch aber steht nun in der Mitte und hemmt und erschwert diese Berührung auf allen Seiten. Ohnehin liegt in der einseitigen Beschäftigung mit einem gegebenen positiven Rechte die Gefahr, von dem bloßen Buchstaben überwältigt zu werden[z], und jedes Erfrischungsmittel muß dagegen sehr willkommen seyn: das mittelmäßige Gesetzbuch aber muß mehr als alles andere diese Herrschaft einer unlebendigen Ansicht des Rechts befestigen.

Außer dem Stoff muß aber auch die Form des Gesetzbuchs in Erwägung gezogen werden, denn der Verfasser des Gesetzbuchs kann das Recht, welches er bearbeitet, völlig durchdrungen haben, und seine Arbeit wird dennoch ihren Zweck verfehlen, wenn er nicht[25] zugleich die Fähigkeit der Darstellung hat. Wie diese Darstellung beschaffen seyn müsse, läßt sich leichter in gelungenen oder verfehlten Anwendungen fühlen, als durch allgemeine Regeln aussprechen. Gewöhnlich fordert man, daß sich die Sprache der Gesetze durch besondere Kürze auszeichne. Allerdings kann Kürze große Wirkung thun, wie sich durch das Beyspiel Römischer Volksschlüsse und des Römischen Edicts anschaulich machen läßt. Allein es giebt auch eine trockene, nichtssagende Kürze, zu welcher derjenige kommt, der die Sprache als Werkzeug nicht zu führen versteht, und die durchaus ohne Wirkung bleibt; in den Gesetzen und Urkunden des Mittelalters finden sich davon Beyspiele in Menge. Auf der andern Seite kann Weitläufigkeit in Rechtsquellen völlig verwerflich, ja ganz unerträglich seyn, wie in vielen Constitutionen von Justinian und in den meisten Novellen des Theodosischen Codex: allein es giebt auch eine geistvolle und sehr wirksame Weitläufigkeit, und in vielen Stellen der Pandekten ist diese unverkennbar.

Fassen wir dasjenige, was hier über die Bedingungen eines vortrefflichen Gesetzbuchs gesagt worden ist, zusammen, so ist es klar, daß nur in sehr wenigen Zeiten die Fähigkeit dazu vorhanden seyn wird. Bey jugendlichen Völkern findet sich zwar die bestimmteste Anschauung ihres Rechts, aber den Gesetzbüchern fehlt es an Sprache und logischer Kunst, und[26] das Beste können sie meist nicht sagen, so daß sie oft kein individuelles Bild geben, während ihr Stoff höchst individuell ist. Beyspiele sind die schon angeführten Gesetze des Mittelalters, und wenn wir die zwölf Tafeln ganz vor uns hätten, würden wir vielleicht nur in geringerem Grade etwas ähnliches empfinden. In sinkenden Zeiten dagegen fehlt es meist an allem, an Kenntniß des Stoffs wie an Sprache. Also bleibt nur eine mittlere Zeit übrig, diejenige, welche gerade für das Recht, obgleich nicht nothwendig auch in anderer Rücksicht, als Gipfel der Bildung gelten kann. Allein eine solche Zeit hat für sich selbst nicht das Bedürfniß eines Gesetzbuchs; sie würde es nur veranstalten können für eine folgende schlechtere Zeit, gleichsam Wintervorräthe sammlend. Zu einer solchen Vorsorge aber für Kinder und Enkel ist selten ein Zeitalter aufgelegt.

4.
Römisches Recht.

[27]

Diese allgemeinen Ansichten von Entstehung des Rechts und von Gesetzbüchern werden durch die Anwendung auf Römisches Recht und auf das Recht in Deutschland klarer und überzeugender werden.

Die Vertheidiger des Römischen Rechts haben nicht selten den Werth desselben darin gesetzt, daß es die ewigen Regeln der Gerechtigkeit in vorzüglicher Reinheit enthalte, und so gleichsam selbst als ein sanctionirtes Naturrecht zu betrachten sey. Erkundigt man sich genauer, so wird freylich wieder der größte Theil als Beschränktheit und Spitzfindigkeit aufgegeben, und die Bewunderung bleibt meist auf der Theorie der Contracte haften: wenn man hier die Stipulationen und einigen andern Aberglauben abrechne, so sey im übrigen die Billigkeit dieses Rechts über die Maaßen groß, ja es sey zu nennen l'expression des sentimens mis par Dieu même dans le coeur des hommes[g]. Allein gerade dieses übrig bleibende materielle des Römischen Rechts, was man so für seine wahre Vortrefflichkeit ausgiebt, ist so allgemeiner Natur, daß es meist schon[28] durch gesunden Verstand ohne alle juristische Bildung gefunden werden könnte, und um einen so leichten Gewinn lohnt es sich nicht, Gesetze und Juristen von zweytausend Jahren her zu unsrer Hülfe zu bemühen. Wir wollen versuchen, das eigenthümliche des Römischen Rechts etwas genauer ins Auge zu fassen. Daß es damit eine andere als die hier angedeutete Bedeutung habe, läßt sich im Voraus schon darum vermuthen, weil es das einzige Recht eines großen, lange bestehenden Volkes ist, welches eine ganz nationale, ungestörte Entwicklung gehabt hat, und zugleich in allen Perioden dieses Volkes mit vorzüglicher Liebe gepflegt worden ist.

Betrachten wir zuerst die Justinianischen Rechtsbücher, also diejenige Form, in welcher das Römische Recht zu den neueren Staaten in Europa gekommen ist, so ist in ihnen eine Zeit des Verfalls nicht zu verkennen. Der Mittelpunkt dieser Rechtsbücher ist eine Compilation aus Schriften einer classischen Zeit, die als verloren und jetzt unerreichbar dasteht, und Justinian selbst hat dessen kein Hehl. Diese classische Zeit also, die des Papinian und Ulpian ist es, worauf wir unsre Blicke zu richten haben, und wir wollen versuchen, von der Art und Weise dieser Juristen ein Bild zu entwerfen.

Es ist oben (S. 22) gezeigt worden, daß in unsrer

Wissenschaft aller Erfolg auf dem Besitz der leitenden Grundsätze beruhe, und gerade dieser Besitz[29] ist es, der die Größe der Römischen Juristen begründet. Die Begriffe und Sätze ihrer Wissenschaft erscheinen ihnen nicht wie durch ihre Willkühr hervorgebracht, es sind wirkliche Wesen, deren Daseyn und deren Genealogie ihnen durch langen vertrauten Umgang bekannt geworden ist. Darum eben hat ihr ganzes Verfahren eine Sicherheit, wie sie sich sonst außer der Mathematik nicht findet, und man kann ohne Uebertreibung sagen, daß sie mit ihren Begriffen rechnen. Diese Methode aber ist keinesweges das ausschließende Eigenthum eines oder weniger großen Schriftsteller, sie ist vielmehr Gemeingut Aller, und obgleich unter sie ein sehr verschiedenes Maaß glücklicher Anwendung vertheilt war, so ist doch die Methode überall dieselbe. Selbst wenn wir ihre Schriften vollständig vor uns hätten, würden wir darin weit weniger Individualität finden, als in irgend einer andern Literatur, sie alle arbeiten gewissermaaßen an einem und demselben großen Werke, und die Idee, welche der Compilation der Pandekten zum Grunde liegt, ist darum nicht völlig zu verwerfen. Wie tief bey den Römischen Juristen diese Gemeinschaft des wissenschaftlichen Besitzes gegründet ist, zeigt sich auch darin, daß sie auf die äußeren Mittel dieser Gemeinschaft geringen Werth legen; so z. B. sind ihre Definitionen größtentheils sehr unvollkommen, ohne daß die Schärfe und Sicherheit der Begriffe im geringsten darunter leidet. Dagegen steht ihnen[30] ein viel wichtigeres, mehr unwillkührliches Mittel zu Gebot, eine treffliche Kunstsprache, die mit der Wissenschaft so zusammenfällt, daß beide ein unauflösliches Ganze zu bilden scheinen. Mit diesen Vorzügen aber könnte sich eine schneidende Einseitigkeit sehr wohl vertragen. Das Recht nämlich hat kein Daseyn für sich, sein Wesen vielmehr ist das Leben der Menschen selbst, von einer besondern Seite angesehen.

Wenn sich nun die Wissenschaft des Rechts von diesem ihrem Objecte ablöst, so wird die wissenschaftliche Thätigkeit ihren einseitigen Weg fortgehen können, ohne von einer entsprechenden Anschauung der Rechtsverhältnisse selbst begleitet zu seyn; die Wissenschaft wird alsdann einen hohen Grad formeller Ausbildung erlangen können, und doch alle eigentliche Realität entbehren. Aber gerade von dieser Seite erscheint die Methode der Römischen Juristen am vortrefflichsten. Haben sie einen Rechtsfall zu beurtheilen, so gehen sie von der lebendigsten Anschauung desselben aus, und wir sehen vor unsern Augen das ganze Verhältniß Schritt vor Schritt entstehen und sich verändern. Es ist nun, als ob dieser Fall der Anfangspunkt der ganzen Wissenschaft wäre, welche von hier aus erfunden werden sollte. So ist ihnen Theorie und Praxis eigentlich gar nicht verschieden, ihre Theorie ist bis zur unmittelbarsten Anwendung durchgebildet, und ihre Praxis wird stets durch wissenschaftliche Behandlung geadelt. In jedem[31] Grundsatz sehen sie zugleich einen Fall der Anwendung, in jedem Rechtsfall zugleich die Regel, wodurch er bestimmt wird, und in der Leichtigkeit, womit sie so vom allgemeinen zum besondern und vom besondern zum allgemeinen übergehen, ist ihre Meisterschaft unverkennbar. Und in dieser Methode, das Recht zu finden und zu weisen, haben sie ihren eigenthümlichsten Werth, darin den germanischen Schöffen unähnlich, daß ihre Kunst zugleich zu wissenschaftlicher Erkenntniß und Mittheilung ausgebildet ist, doch ohne die Anschaulichkeit und Lebendigkeit einzubüßen, welche früheren Zeitaltern eigen zu seyn pflegen.

Diese hohe Bildung der Rechtswissenschaft bey den Römern im Anfang des dritten Jahrhunderts christlicher Zeitrechnung ist etwas so merkwürdiges, daß wir auch die Geschichte derselben in Betracht ziehen müssen. Es würde sehr irrig seyn, wenn man dieselbe als die reine Erfindung eines sehr begünstigten Zeitalters, ohne Zusammenhang mit der Vorzeit, halten wollte. Vielmehr war der Stoff ihrer Wissenschaft den Juristen dieser Zeit schon gegeben, größtentheils noch aus der Zeit der freyen Republik. Aber nicht blos dieser Stoff, sondern auch jene bewundernswürdige Methode selbst hatte ihre Wurzel in der Zeit der Freyheit. Was nämlich Rom groß gemacht hat, war der rege, lebendige, politische Sinn, womit dieses Volk die Formen seiner Verfassung stets[32] auf solche Weise zu verjüngen bereit war, daß das neue blos zur Entwicklung des alten diente, dieses richtige Ebenmaaß der beharrlichen und der fortbewegenden Kräfte. Dieser Sinn war in der Verfassung wie im bürgerlichen Rechte wirksam, aber dort war er schon vor dem Ende der Republik erloschen, während er hier noch Jahrhunderte lang fortwirken konnte, weil hier nicht dieselben Gründe der Corruption statt fanden wie in der Verfassung. Also auch im bürgerlichen Rechte war der allgemeine Römische Character sichtbar, das Festhalten am Herkömmlichen, ohne sich durch dasselbe zu binden, wenn es einer neuen, volksmäßig herrschenden Ansicht nicht mehr entsprach. Darum zeigt die Geschichte des Römischen Rechts bis zur classischen Zeit überall allmähliche, völlig organische Entwicklung. Entsteht eine neue Rechtsform, so wird dieselbe unmittelbar an eine alte, bestehende angeknüpft, und ihr so die Bestimmtheit und Ausbildung derselben zugewendet. Dieses ist der Begriff der Fiction, für die Entwicklung des Römischen Rechts höchst wichtig und von den Neueren oft lächerlich verkannt: so die bonorum possessio neben der hereditas, die publiciana actio neben der rei vindicatio, die actiones utiles neben den directae. Und indem auf diese Weise das juristische Denken von der größten Einfachheit zur mannichfaltigsten Ausbildung ganz stetig und ohne äußere Störung oder Unterbrechung fortschritt, wurde[33] den Römischen Juristen auch in der späteren Zeit die vollendete Herrschaft über ihren Stoff möglich, die wir an ihnen bewundern. So wie nun oben bemerkt worden ist, daß die Rechtswissenschaft in ihrer classischen Zeit Gemeingut der Juristen war, so erkennen wir jetzt auch eine ähnliche Gemeinschaft zwischen den verschiedensten Zeitaltern, und wir sind genöthigt, das juristische Genie, wodurch die Trefflichkeit des Römischen Rechts bestimmt worden ist, nicht einem einzelnen Zeitalter, sondern der Nation überhaupt zuzuschreiben. Allein wenn wir auf die literarische Ausbildung sehen, durch welche allein dem Römischen Recht eine bleibende Wirkung auf andere Völker und Zeiten gesichert werden konnte, so müssen wir das Zeitalter des Papinian und Ulpian als das vornehmste erkennen, und wenn wir juristische Bücher aus der Zeit des Cicero oder des August übrig hätten, so würden wir schwerlich die Unvollkommenheit derselben neben jenem Zeitalter verkennen können, so wichtig sie auch für unsere Kenntniß seyn müßten.

Aus dieser Darstellung ist von selbst klar, daß das Römische Recht sich fast ganz von innen heraus, als Gewohnheitsrecht, gebildet hat, und die genauere Geschichte desselben lehrt, wie gering im Ganzen der Einfluß eigentlicher Gesetze geblieben ist, so lange das Recht in einem lebendigen Zustande war. Auch für[34] dasjenige, was oben über das Bedürfniß eines Gesetzbuchs gesagt wurde, ist die Geschichte des Römischen Rechts sehr lehrreich. So lange das Recht in lebendigem Fortschreiten war, wurde kein Gesetzbuch nöthig gefunden, selbst da nicht, als die Umstände dafür am günstigsten waren. Nämlich zur Zeit der classischen Juristen hätte es keine Schwierigkeit gemacht, ein treffliches Gesetzbuch zu verfassen. Auch waren die drey berühmtesten Juristen, Papinian, Ulpian und Paulus praefecti praetorio; diesen fehlte es sicher weder an Interesse für das Recht, noch an Macht, ein Gesetzbuch zu veranlassen, wenn sie es gut oder nöthig fanden: dennoch sehen wir keine Spur von einem solchen Versuche. Aber als früher Cäsar im Gefühl seiner Kraft und der Schlechtigkeit des Zeitalters nur seinen Willen in Rom gelten lassen wollte, soll er auch auf ein Gesetzbuch in unserm Sinne bedacht gewesen seyn?. Und als im sechsten Jahrhundert alles geistige Leben erstorben war, suchte man Trümmer aus besseren Zeiten zusammen, um dem Bedürfniß des Augenblicks abzuhelfen. So entstanden in einem kurzen Zeitraum verschiedene Römische Gesetzbücher: das Edict des Theoderich, das Westgothische Breviarium[35], der sogenannte Papian, und die Rechtsbücher von Justinian. Schwerlich hätten sich Bücher über Römisches Recht erhalten, wenn nicht diese Gesetzbücher gewesen wären, und schwerlich hätte Römisches Recht im neueren Europa Eingang gefunden, wären nicht unter diesen Gesetzbüchern die von Justinian gewesen, in welchen unter jenen allein der Geist des Römischen Rechts erkennbar ist. Der Gedanke zu diesen Gesetzbüchern aber ist augenscheinlich nur durch den äußersten Verfall des Rechts herbeygeführt worden.

Ueber den materiellen Werth des Römischen Rechts können die Meynungen sehr verschieden seyn, aber über die hier dargestellte Meisterschaft in der juristischen Methode sind ohne Zweifel alle einig, welche hierin eine Stimme haben. Eine solche Stimme aber kann offenbar nur denjenigen zukommen, welche unbefangen und mit literarischem Sinn die Quellen des Römischen Rechts lesen. Die es blos aus Compendien oder Vorlesungen kennen, also von Hörensagen, selbst wenn sie einzelne Beweisstellen nachgeschlagen haben mögen, haben keine Stimme: für sie ist jegliche Ansicht möglich, unter andern die eines trefflichen Französischen Redners. Dieser behauptet, das Römische Recht habe zur Zeit der alten Juristen aus einer unzählbaren Menge einzelner Entscheidungen und Regeln bestanden, die ein Menschenleben nicht habe erfassen können: unter Justinian [36] aber »la législation romaine sortit du chaos,« und sein Werk war das am wenigsten unvollkommene, bis in dem Code Napoleon ein ganz vollkommenes erschien[10].

5.
Bürgerliches Recht in Deutschland.

[37]

Bishr neue Zeiten war in ganz Deutschland ein gleichförmiges bürgerliches Recht unter dem Namen des gemeinen Rechts in Uebung, durch Landesrechte mehr oder weniger modificirt, aber nirgends in allen seinen Theilen außer Kraft gesetzt. Die Hauptquelle dieses gemeinen Rechts waren die Rechtsbücher von Justinian, deren bloße Anwendung auf Deutschland indessen von selbst schon wichtige Modificationen herbeigeführt hatte. Diesem gemeinen Rechte war von jeher die wissenschaftliche Thätigkeit der deutschen Juristen größtentheils zugewendet. Aber eben über dieses fremde Element unsers Rechts sind auch schon längst bittere Klagen erhoben worden. Das Römische Recht soll uns unsre Nationalität entzogen haben, und nur die ausschließende Beschäftigung unsrer Juristen mit demselben soll das einheimische Recht gehindert haben, eine eben so selbstständige und wissenschaftliche Ausbildung zu erlangen. Beschwerden dieser Art haben schon darin etwas leeres und grundloses, daß sie als zufällig und willkührlich voraussetzen, was ohne innere Nothwendigkeit nimmermehr geschehen oder doch nicht bleibend geworden wäre. Auch liegt überhaupt eine abgeschlossene[38] nationale Entwicklung, wie die der Alten, nicht auf dem Wege, welchen die Natur den neueren Völkern angewiesen hat; wie ihre Religion nicht Eigenthum der Völker ist, ihre Literatur eben so wenig frey von den mächtigsten äußeren Einflüssen, so scheint ihnen auch ein fremdes und gemeinsames bürgerliches Recht nicht unnatürlich. Ja sogar nicht blos fremd überhaupt war dieser Einfluß auf Bildung und Literatur, sondern größtentheils Römisch, eben so Römisch als jener Einfluß auf unser Recht. Allein in diesem Falle liegt noch ein besonderer Irrthum bey jener Ansicht zum Grunde. Nämlich auch ohne Einmischung des Römischen wäre eine ungestörte Ausbildung des Deutschen Rechts dennoch unmöglich gewesen, indem alle die Bedingungen fehlten, welche in Rom das bürgerliche Recht so sehr begünstigt hatten. Dahin gehörte zuerst die unverrückte Localität, indem Rom, ursprünglich der Staat selbst, bis zum Untergang des westlichen Reichs der Mittelpunkt desselben blieb, während die Deutschen Stämme auswanderten, unterjochten und unterjocht wurden, so daß das Recht unter alle vertheilt war, aber nirgends eine unverrückte Stelle, noch weniger einen einzelnen Mittelpunkt fand. Dann haben schon sehr frühe die Deutschen Stämme Revolutionen erfahren von so durchgreifender Art, wie sie die ganze Römische Geschichte nicht kennt. Denn selbst die Aenderungen der Verfassung unter August und unter[39] Constantin wirkten auf das bürgerliche Recht nicht unmittelbar und ließen selbst Grundbegriffe des öffentlichen Rechts, wie z. B. den der Civität, unberührt. In Deutschland dagegen, als das Lehenwesen ganz ausgebildet war, blieb von der alten Nation eigentlich nichts mehr übrig, alles bis auf Formen und Namen war von Grund aus verändert, und diese gänzliche Umwälzung war schon entschieden, als das Römische Recht Eingang fand.

Im vorigen Abschnitt ist gezeigt worden, wie wichtig das

Römische Recht als Muster juristischer Methode sey: für Deutschland ist es nun auch historisch, durch sein Verhältniß zum gemeinen Recht, von großer Wichtigkeit. Es ist ganz falsch, wenn man diese historische Wichtigkeit des Römischen Rechts auf die Fälle einschränken wollte, welche unmittelbar aus demselben entschieden werden. Nicht nur ist in den Landesrechten selbst sehr vieles blos Römisches Recht und nur in seinem ursprünglichen Römischen Zusammenhang verständlich, sondern auch da, wo man absichtlich seine Bestimmungen verlassen hat, hat es häufig die Richtung und Ansicht des neu eingeführten Rechts bestimmt, so daß die Aufgabe, die durch dieses neue Recht gelöst werden soll, ohne Römisches Recht gar nicht verstanden werden kann. Diese historische Wichtigkeit aber theilt mit dem Römischen Recht das Deutsche, welches überall in den Landesrechten erhalten ist, so daß diese ohne Zurückführung[40] auf die gemeinsame Quelle unverständlich bleiben müssen.

Gegen diesen nicht wenig verwickelten Zustand der Rechtsquellen in Deutschland, wie er aus der Verbindung des schon an sich sehr zusammen gesetzten gemeinen Rechts mit den Landesrechten hervorgieng, sind die größten Klagen geführt worden. Diejenigen, welche das Studium betreffen, werden besser unten ihre Stelle finden: einige aber betreffen die Rechtspflege selbst.

Erstlich soll dadurch die übermäßig lange Dauer der Prozesse in vielen Deutschen Ländern bewirkt worden seyn. Dieses Uebel selbst wird niemand abläugnen oder für unbedeutend erklären können, aber man thut den Richtern in solchen Ländern in der That zu viel Ehre an, wenn man glaubt, auf das ängstliche Grübeln über der schweren Theorie werde so viele Zeit verwendet. Ueber diese Theorie hilft das erste Compendium oder Handbuch hinweg, welches zur Hand ist: schlecht vielleicht, aber gewiß mit nicht mehr Aufwand von Zeit als das vortrefflichste

Gesetzbuch. Jenes Uebel entspringt vorzüglich aus der heillosen Prozeßform vieler Länder, und deren Reform gehört allerdings zu den dringendsten Bedürfnissen: die Quellen des bürgerlichen Rechts sind daran schuldlos. Daß dem so ist, wird jeder Unbefangene zugeben, welcher Acten aufmerksam gelesen hat. Auch die Erfahrung einzelner Länder spricht dafür, so z. B. war[41] schon längst in Hessen die Rechtspflege gut und schnell, obgleich da gerade in demselben Verhältniß gemeines Recht und Landesrecht galt, wie in den Ländern, in welchen die Prozesse nicht zu Ende gehen.

Zweytens klagt man über die große Verschiedenheit der Landesrechte, und diese Klage geht noch weiter als auf das Verhältniß verschiedener Deutscher Länder, da häufig auch in demselben Lande Provinzen und Städte wiederum besonderes Recht haben. Daß durch diese Verschiedenheit die Rechtspflege selbst leide und der Verkehr erschwert werde, hat man häufig gesagt, aber keine Erfahrung spricht dafür, und der wahre Grund ist wohl meist ein anderer. Er besteht in der unbeschreiblichen Gewalt, welche die bloße Idee der Gleichförmigkeit nach allen Richtungen nun schon so lange in Europa ausübt: eine Gewalt, gegen deren Mißbrauch schon Montesquieu warnt[1]. Es lohnt wohl der Mühe, diese Gleichförmigkeit in dieser besondern Anwendung näher zu betrachten. Das wichtigste, was man für die Gleichförmigkeit des Rechts sagt, ist dieses: die Liebe zum gemeinsamen Vaterland werde durch sie erhöht, durch die Mannichfaltigkeit der Particularrechte aber geschwächt. Ist diese Voraussetzung[42] wahr, so wird jeder wohlgesinnte Deutsche wünschen, daß Deutschland in allen seinen Theilen gleiches Recht genießen möge. Aber eben diese Voraussetzung ist nun der Gegenstand unsrer Prüfung.

In jedem organischen Wesen, also auch im Staate, beruht die Gesundheit darauf, daß beides, das Ganze und jeder Theil, im Gleichgewicht stehe, daß jedem sein Recht widerfahre. Daß ein Bürger, eine Stadt, eine Provinz den Staat vergessen, dem sie angehören, ist eine sehr gewöhnliche Erscheinung, und jeder wird diesen Zustand für unnatürlich und krankhaft erkennen. Aber eben so kann die lebendige Liebe zum Ganzen blos aus der lebendigen Theilnahme an allen einzelnen Verhältnissen hervorgehen, und nur wer seinem Hause tüchtig vorsteht, wird ein trefflicher Bürger seyn. Darum ist es ein Irrthum, zu glauben, das Allgemeine werde an Leben gewinnen durch die Vernichtung aller individuellen Verhältnisse. Könnte in jedem Stande, in jeder Stadt, ja in jedem Dorfe ein eigenthümliches Selbstgefühl erzeugt werden, so würde aus diesem erhöhten und vervielfältigten individuellen Leben auch das Ganze neue Kraft gewinnen. Darum, wenn von dem Einfluß des bürgerlichen Rechts auf das Vaterlandsgefühl die Rede ist, so darf nicht geradezu das besondere Recht einzelner Provinzen und Städte für nachtheilig gehalten werden. Lob in dieser Beziehung[43] verdient das bürgerliche Recht, insoferne es das Gefühl und Bewußtseyn des Volkes berührt oder zu berühren fähig ist: Tadel, wenn es als etwas fremdartiges, aus Willkühr entstandenes, das Volk ohne Theilnahme läßt. Jenes aber wird öfter und leichter bey besonderen Rechten einzelner Landstriche der Fall seyn, obgleich gewiß nicht jedes Stadtrecht etwas wahrhaft volksmäßiges seyn wird. Ja für diesen politischen Zweck scheint kein Zustand des bürgerlichen Rechts günstiger, als der, welcher vormals in Deutschland allgemein war: große Mannichfaltigkeit und Eigenthümlichkeit im einzelnen, aber als Grundlage überall das gemeine Recht, welches alle Deutschen Volksstämme stets an ihre unauflösliche Einheit erinnerte. Das verderblichste aber von diesem Standpuncte aus ist leichte und willkührliche Aenderung des bürgerlichen Rechts, und selbst wenn durch dieselbe für Einfachheit und Bequemlichkeit gut gesorgt wäre, so könnte dieser Gewinn gegen jenen politischen Nachtheil nicht in Betracht kommen. Was so vor unsern Augen von Menschenhänden gemacht ist, wird im Gefühl des Volkes stets von demjenigen unterschieden werden, dessen Entstehung nicht eben so sichtbar und greiflich ist, und wenn wir in unserm löblichen Eifer diese Unterscheidung ein blindes Vorurtheil schelten, so sollten wir nicht vergessen, daß aller Glaube und alles Gefühl für das was nicht[44] unsres gleichen ist, sondern höher als wir, auf einer ähnlichen Sinnesart beruht. Eine solche Verwandtschaft könnte uns über die Verwerflichkeit jener Unterscheidung wohl zweifelhaft machen[12].

6.
Unser Beruf zur Gesetzgebung.

[45]

Von den Gründen, auf welche das Bedürfniß eines Gesetzbuchs für Deutschland gebaut zu werden pflegt, ist im vorigen Abschnitt gesprochen worden: wir haben jetzt die Fähigkeit zu dieser Arbeit zu untersuchen. Sollte es an dieser fehlen, so müßte durch ein Gesetzbuch unser Zustand, den wir bessern wollen, nothwendig verschlimmert werden.

Baco forderte, daß die Zeit, in welcher ein Gesetzbuch gemacht werde, an Einsicht die vorhergehenden Zeiten übertreffe, wovon die nothwendige Folge ist, daß manchem Zeitalter, welches in anderer Rücksicht für gebildet gelten mag, gerade diese Fähigkeit abgesprochen werden muß. In den neuesten Zeiten haben sich besonders die Gegner des Römischen Rechts über solche Ansichten nicht selten entrüstet: denn die Vernunft sey allen Völkern und allen Zeiten gemein, und da wir überdem die Erfahrung voriger Zeiten benutzen können, so müsse unfehlbar, was wir verfertigen, besser als alles vorige werden. Aber eben diese Meynung, daß jedes Zeitalter zu allem berufen sey, ist das verderblichste Vorurtheil. In den schönen Künsten müssen wir wohl das Gegentheil anerkennen,[46] warum wollen wir uns nicht dasselbe gefallen lassen, wo von Bildung des Staates und des Rechts die Rede ist?

Sehen wir auf die Erwartungen der Nichtjuristen von einem Gesetzbuch, so sind diese sehr verschieden nach den verschiedenen Gegenständen des Rechts, und auch hierin zeigt sich das zweyfache Element alles Rechts, welches ich oben das politische und das technische genannt habe. An einigen Gegenständen nehmen sie unmittelbar lebhaften Antheil, andere werden als gleichgültig der juristischen Technik allein überlassen: jenes ist mehr im Familienrecht, dieses mehr im Vermögensrecht der Fall, am meisten in den allgemeinen Grundlagen desselben[13]. Wir wollen als Repräsentanten dieser verschiedenartigen Gegenstände die Ehe und das Eigenthum wählen, was aber von ihnen gesagt werden wird, soll zugleich für die ganze Classe gelten, wozu sie gehören.

Die Ehe gehört nur zur Hälfte dem Rechte an, zur Hälfte aber der Sitte, und jedes Eherecht ist unverständlich, welches nicht in Verbindung mit dieser seiner nothwendigen Ergänzung betrachtet wird. Nun ist in neueren Zeiten aus[47] Gründen, die mit der Geschichte der christlichen Kirche zusammenhangen, die nichtjuristische Ansicht dieses Verhältnisses theils flach, theils im höchsten Grade schwankend und unbestimmt geworden, und jene Flachheit, wie dieses Schwanken, haben sich dem Recht der Ehe mitgetheilt. Wer die Gesetzgebung und das practische

Recht in Ehesachen aufmerksam betrachtet, wird darüber keinen Zweifel haben. Diejenigen nun, welche glauben, daß jedes Uebel nur auf ein abhelfendes Gesetz warte, um dann auf der Stelle zu verschwinden, werden diesen traurigen Zustand gern anerkennen, um dadurch das Bedürfniß einer kräftigen, durchgreifenden Gesetzgebung in helles Licht zu setzen. Aber eben die Hoffnung, die sie hierin auf Gesetze bauen, halte ich für ganz grundlos. Ist einmal in der allgemeinen Ansicht eine bestimmte und löbliche Richtung sichtbar, so kann diese durch Gesetzgebung kräftig unterstützt werden, aber hervorgebracht wird sie durch diese nicht, und wo sie gänzlich fehlt, wird jeder Versuch einer erschöpfenden Gesetzgebung den gegenwärtigen Zustand nur noch schwankender machen und die Heilung erschweren.

Wir betrachten ferner diejenigen Gegenstände, welche (wie das Eigenthum) im nichtjuristischen Publikum mit Gleichgültigkeit betrachtet werden, und wovon selbst Juristen urtheilen, daß sie unter allen Umständen dieselben seyn können[14], so daß sie lediglich[48] der juristischen Technik anheim fallen. Daß wir diese Ansicht von ihnen haben, ist eigentlich selbst schon Zeichen eines öffentlichen Zustandes, welchem die rechtsbildende Kraft fehlt; denn wo diese lebendig ist, werden alle diese Verhältnisse nichts weniger als gleichgültig, sondern vielmehr ganz eigenthümlich und nothwendig seyn, wie die Geschichte jedes ursprünglichen Rechts beweist. Jenen Zustand aber als den unsrigen vorausgesetzt, wird unsre Fähigkeit zur Gesetzgebung von dem Werthe und der Ausbildung unsrer juristischen Technik abhangen, und auf diese muß demnach unsre Untersuchung zunächst gerichtet seyn.

Unglücklicherweise nun ist das ganze achtzehnte Jahrhundert in Deutschland sehr arm an großen Juristen gewesen. Fleißige Männer zwar fanden sich in Menge, von welchen sehr schätzbare Vorarbeiten gethan wurden, aber weiter als zu Vorarbeiten kam es selten. Ein zweyfacher Sinn ist dem Juristen unentbehrlich: der historische, um das eigenthümliche jedes Zeitalters und jeder Rechtsform scharf aufzufassen, und der systematische, um jeden Begriff und jeden Satz in lebendiger Verbindung und Wechselwirkung mit dem Ganzen anzusehen, d. h. in dem Verhältniß, welches das allein wahre und natürliche ist. Dieser zweyfache wissenschaftliche Sinn findet sich ungemein wenig in den Juristen des achtzehenten Jahrhunderts, und vorzüglich ein vielfältiges flaches Bestreben in der Philosophie wirkte sehr ungünstig. Ueber[49] die Zeit, in welcher man selbst lebt, ist ein sicheres Urtheil sehr schwer: doch, wenn nicht alle Zeichen trügen, ist ein lebendiger Geist in unsre Wissenschaft gekommen, der sie künftig wieder zu einer eigenthümlichen Bildung erheben kann. Nur fertig geworden ist von dieser Bildung noch sehr wenig, und aus diesem Grunde läugne ich unsre Fähigkeit, ein löbliches Gesetzbuch hervorzubringen. Viele mögen dieses Urtheil für übertrieben halten, aber diese fordere ich auf, mir unter der nicht geringen Zahl von Systemen des Römisch-Deutschen Rechts eines zu zeigen, welches nicht etwa blos zu diesem oder jenem besondern Zwecke nützlich dienen könne, denn deren haben wir viele, sondern welches als Buch vortrefflich sey; dieses Lob aber wird nur dann gelten können, wenn die Darstellung eine eigene, selbstständige Form hat, und zugleich den Stoff zu lebendiger Anschauung bringt. So z. B. im Römischen Rechte würde es darauf ankommen, daß die Methode der alten Juristen, der Geist, der in den Pandekten lebt, erkennbar wäre, und ich würde mich sehr freuen, dasjenige unsrer Systeme kennen zu lernen, worin dieses der Fall seyn möchte. Hat nun diese Arbeit bey vielem Fleiße und guten Talenten bis jetzt nicht gelingen wollen, so behaupte ich, daß in unsrer Zeit ein gutes Gesetzbuch noch nicht möglich ist, denn für dieses ist die Arbeit nicht anders, nur schwerer.

Es giebt noch eine andere Probe für unsre Fähigkeit: vergleichen wir unsre[50] juristische Literatur mit der literarischen Bildung der Deutschen überhaupt, und sehen wir zu, ob jene mit dieser gleichen Schritt gehalten hat, das Urtheil wird nicht günstig ausfallen, und wir werden ein ganz anderes Verhältniß finden, als das der Römischen Juristen zur Literatur der Römer. In dieser Ansicht liegt keine Herabsetzung, denn unsre Aufgabe ist in der That sehr groß, ohne Vergleichung schwerer als die der Römischen Juristen war. Aber eben die Größe dieser Aufgabe sollen wir nicht verkennen aus Bequemlichkeit oder Eigendünkel, wir sollen nicht am Ziel zu seyn glauben, wenn wir noch weit davon entfernt sind.

Haben wir nun in der That nicht was nöthig ist, damit ein gutes Gesetzbuch entstehe, so dürfen wir nicht glauben, daß das wirkliche Unternehmen eben nichts weiter seyn würde, als eine fehlgeschlagene Hoffnung, die uns im schlimmsten Fall nur nicht weiter gebracht hätte. Von der großen Gefahr, die unvermeidlich eintritt, wenn der Zustand einer sehr mangelhaften unbegründeten Kenntniß durch äußere Autorität fixiert wird, ist schon oben (S. 22) gesprochen worden, und diese Gefahr würde hier um so größer seyn, je allgemeiner die Unternehmung wäre und je mehr sie mit dem erwachenden Nationalinteresse in Verbindung gebracht würde. Nahe liegende Beyspiele geben in solchen Dingen oft ein weniger deutliches Bild: ich will also, um anschaulich[51] zu machen, was auf solche Weise entstehen kann, an die Zeit nach der Auflösung des weströmischen Reichs erinnern, wo eben so ein unvollkommner Zustand der Rechtskenntniß fixirt worden ist (S. 34). Der einzige Fall, der hier eine Vergleichung darbietet, ist das Edict des Ostgothischen Theoderich, weil hier allein das vorhandene Recht in einer eigenen, neuen Form dargestellt werden sollte. Ich bin weit entfernt zu glauben, daß, was wir hervorbringen könnten, diesem Edict völlig gleich sehen würde, denn der

Unterschied der Zeiten ist in der That sehr groß: die Römer im Jahr 500 hatten Mühe zu sagen was sie dachten, wir verstehen gewissermaaßen zu schreiben: ferner gab es damals gar keine juristische Schriftsteller, wir haben daran keinen Mangel. Allein darin ist die Aehnlichkeit unverkennbar, daß dort ein historischer Stoff dargestellt werden sollte, den man nicht übersah und nicht regieren konnte, und den wir Mühe haben in dieser Darstellung wieder zu erkennen. Und darin ist der Nachteil entschieden auf unsrer Seite, daß im Jahr 500 nichts zu verderben war. In unsrer Zeit dagegen ist ein lebendiges Bestreben nicht abzuläugnen, und niemand kann wissen, wie viel besseres wir der Zukunft entziehen, indem wir gegenwärtige Mängel befestigen. Denn »ut corpora lente augescunt, cito extinguuntur; sic ingenia studiaque oppresseris facilius quam revocaveris.«[15]

[52] Ein wichtiger Punkt ist noch zu bedenken, die Sprache nämlich. Ich frage jeden, der für würdigen, angemessenen Ausdruck Sinn hat, und der die Sprache nicht als eine gemeine Geräthschaft, sondern als Kunstmittel betrachtet, ob wir eine Sprache haben, in welcher ein Gesetzbuch geschrieben werden könnte. Ich bin weit entfernt, die Kraft der edlen Deutschen Sprache selbst in Zweifel zu ziehen; aber eben daß sie jetzt nicht dazu taugt, ist mir ein Zeichen mehr, daß wir in diesem Kreise des Denkens zurück sind. Kommt nur erst unsre Wissenschaft weiter, so wird man sehen, wie unsre Sprache durch frische, ursprüngliche Lebenskraft förderlich seyn wird. Noch mehr, ich glaube wir sind in diesem Stücke noch in neueren Zeiten rückwärts gegangen. Ich kenne aus dem achtzehenten Jahrhundert kein Deutsches Gesetz, welches in Ernst und Kraft des Ausdrucks mit der peinlichen Gerichtsordnung Karls des fünften verglichen werden könnte.

Ich weiß, was man auf diese Gründe antworten kann, selbst wenn man sie alle zugiebt: die Kraft des menschlichen

Geistes sey unendlich, und bey redlichem Streben könne auch jetzt plötzlich ein Werk hervorgehen, woran von allen diesen Mängeln keiner verspürt würde. Wohl: der Versuch steht jedem frey, an Aufmerksamkeit fehlt es unsrer Zeit nicht, und es hat keine Gefahr, daß das wirkliche Gelingen übersehen werde.

[53] Ich habe bis jetzt die Fähigkeit unsrer Zeit zu einer allgemeinen Gesetzgebung untersucht, als ob dergleichen noch nicht unternommen worden wäre. Ich wende mich jetzt zu den Gesetzbüchern, welche die neueste Zeit wirklich hervorgebracht hat.

7.
Die drey neuen Gesetzbücher.

[54]

Die vollständige Kritik eines Gesetzbuchs, die von größerem Umfang seyn muß, als das Gesetzbuch selbst, kann eben deshalb in den Gränzen einer kleinen Schrift nicht versucht werden. Auch kommt es hier auf diese Gesetzbücher nicht sowohl in ihrem Werthe im einzelnen an, als in der Wahrscheinlichkeit, die sie uns für oder wider das Gelingen einer neuen Unternehmung dieser Art darbieten. Sie sind nämlich sämtlich aus demjenigen Zustande juristischer Bildung hervorgegangen, für welchen oben die Fähigkeit zur Verfertigung eines guten Gesetzbuchs verneint worden ist, und sie werden folglich historisch zur Bestätigung oder Widerlegung unsrer Behauptung dienen können. Ich stelle den Code Napoleon zuerst, weil über ihn allein ausführliche Verhandlungen bekannt gemacht sind, welche recht unmittelbar zu unsrem Zwecke führen können.[16]

[55] Bey dem Code sind die politischen Elemente der Gesetzgebung vor den technischen von Einfluß gewesen, und er hat deshalb in dem bestehenden Rechte mehr als die deutschen Gesetzbücher geändert. Die Gründe und die Natur dieses überwiegenden Einflusses sind neuerlich in einer sehr geistreichen Schrift so gründlich dargestellt worden[17], daß ich mich begnügen kann, ihre Ansichten hier kurz zusammen zu fassen. Die Revolution nämlich hatte zugleich mit der alten Verfassung auch einen großen Theil des bürgerlichen Rechts vernichtet, beides mehr aus blindem Trieb gegen das bestehende und in ausschweifenden, sinnlosen Erwartungen von einer unbestimmten Zukunft, als von dem Wahn eines bestimmten, für trefflich gehaltenen Zustandes geleitet. Als nun Bonaparte alles unter militärischen Despotismus zwang, hielt er den Theil der Revolution, der ihm diente, und die Rückkehr der alten Verfassung ausschloß, begierig fest, das übrige, was nun schon Alle anekelte, und was ihm selbst entgegen gewesen wäre, sollte verschwinden, nur war dies nicht überall möglich, da [56] die Wirkung der vergangenen Jahre auf Bildung, Sitten und Gesinnungen nicht auszulöschen war. Diese halbe Rückkehr zu den vorigen ruhigen Zuständen war allerdings wohlthätig, und sie gab dem Gesetzbuch, das in dieser Zeit entstand, seine Hauptrichtung. Aber diese Rückkehr war Ermüdung und Ueberdruß, nicht der Sieg edlerer Kräfte und Gesinnungen, auch wäre für diese in dem öffentlichen Zustand, der sich nun zur Plage von Europa bildete, kein Raum gewesen. Diese innere Bodenlosigkeit ist in den Discussionen des Staatsraths unverkennbar, und muß auf jeden aufmerksamen Leser einen trostlosen Eindruck machen. Dazu kam nun der unmittelbare Einfluß der Staatsverfassung. Diese war, als der Code gemacht wurde, der Theorie nach republikanisch im Sinn der Revolution, in der That aber neigte sich schon alles zu dem später entwickelten Despotismus. Daher entstand in den

Grundsätzen selbst Schwanken und Veränderlichkeit, so z. B. erklärte Bonaparte selbst 1803 im Staatsrathe dieselben Familienfideicommisse für schädlich, unsittlich und unvernünftig[18], welche 1806 wieder eingeführt und 1807 in den Code aufgenommen wurden. Weit gefährlicher aber für die Gesinnung war es, daß durch diesen schnellen[57] Wechsel der letzte so oft beschworene Gegenstand des Glaubens und der Verehrung wieder vernichtet wurde, und daß Ausdrücke und Formen nunmehr beständig mit den Begriffen in Widerspruch kamen, wodurch in den Meisten auch der letzte Rest von Wahrheit und sittlicher Haltung verschwinden mußte. Es würde schwer seyn, einen öffentlichen Zustand zu erfinden, welcher für die Gesetzgebung nachtheiliger als dieser wirkliche wäre. Auch blickt bey den Franzosen selbst nicht selten durch die stehenden Lobpreisungen ein Gefühl dieses unseeligen Zustandes und der Unvollkommenheit der auf denselben gegründeten Arbeit hervor[19]. Für Deutschland aber, das der Fluch dieser Revolution nicht getroffen hatte, war der Code, der Frankreich einen Theil des Weges zurück führte, vielmehr ein Schritt vorwärts in den Zustand der Revolution hinein, folglich verderblicher und heilloser als für Frankreich selbst[20]. – Doch alle diese Ansichten haben glücklicherweise für uns Deutsche nur noch ein historisches Interesse. Napoleon zwar hatte es anders gemeynt. Ihm diente der Code als ein Band mehr, die Völker zu umschlingen, und darum[58] wäre er für uns verderblich und abscheulich gewesen, selbst wenn er allen innern Werth gehabt hätte, der ihm fehlt. Von dieser Schmach sind wir erlöst, und es wird bald wenig mehr davon übrig seyn, als die Erinnerung, daß so manche Deutsche Juristen, selbst ohne allen äußeren Beruf, recht vergnügt mit diesem Instrument gespielt, und uns Heil verkündigt haben von dem was uns zu verderben bestimmt war. Jetzt hat der Code eine andere Stellung gegen Europa angenommen, und wir können ihn ruhig und unparteyisch als ein Gesetzbuch für Frankreich beurtheilen.

Wir betrachten nunmehr den technischen Theil des Code, welcher gedacht werden könnte ohne alle Revolution, indem er schon bestehendes Recht enthält[21]. Dieses bestehende Recht aber ist theils Römisches, theils Französisches (coutumes), so daß auch dieser Theil des Code in jedem einzelnen Stücke von Frankreich zur Hälfte neues Recht einführte, und nirgends willkommen war[22]; derselbe Erfolg würde bey einem ähnlichen Versuche in Deutschland unvermeidlich seyn. Davon abgesehen, wenden wir uns nun zur Arbeit selbst. Es ist selbst in Deutschland[59] nicht selten der Ernst und die Gründlichkeit gerühmt worden, womit man diese Arbeit betrieben habe[23]. Daß die vier Redactoren mit der Grundlage des ganzen (dem projet de code civil) in wenigen Monaten zu Stande kamen, war freylich nicht zu läugnen: aber alles, was hier mangeln mochte, sollte in der Discussion des Staatsraths, diesem Stolze der Französischen Administration, vollendet worden seyn. Daß in dieser Discussion öfters auch gute Gedanken vorkamen, ist wahr, aber den allgemeinen Character derselben hat Thibaut sehr richtig in oberflächliches Hin- und Herreden und Durcheinandertappen gesetzt[24]. Doch, was hier die Hauptsache ist, das eigentlich technische, wovon der wahre Werth abhieng, ist so gut als gar nicht zur Sprache gekommen. Und wie konnte es auch anders seyn! Einem sehr zahlreichen und sehr gemischten Collegium konnten wohl Fragen begreiflich gemacht werden, wie diese, ob der Vater seine Tochter ausstatten müsse, und ob der Kauf wegen großer Läsion angefochten werden könne, aber die allgemeine Theorie des Sachenrechts und der Obligationen ist nun einmal nicht ohne wissenschaftliche Vorbereitung zu verstehen, ja sie[60] konnte nicht einmal zur Sprache kommen bey einer Discussion, die den Entwurf blos nach der Reihe der einzelnen Artikel prüfte, ohne den Inhalt und die Behandlung ganzer Abschnitte zu untersuchen. So ist es denn gekommen, daß z. B. die Discussion über die Anfechtung des Kaufs wenigstens viermal so stark ist, als die über die zwey ersten Kapitel der Verträge[25]. Und doch wird mir jeder Sachkundige zugeben, daß für den Werth und die Brauchbarkeit des Gesetzbuchs überhaupt jene isolirte Fragen gegen diese allgemeinen Lehren ganz unbedeutend sind. Der Staatsrath also hat an dem Code, soweit er technisch ist, keinen Theil, und der Code ist und bleibt die sehr schnelle Arbeit der bekannten Redactoren, eigentlicher Juristen. Und wie stand nun die Rechtswissenschaft in Frankreich, als diese Männer sich bildeten? Es ist allgemein bekannt, daß für das Römische Recht Pothier der Leitstern der neuern Französischen Juristen ist, und daß seine Schriften den unmittelbarsten Einfluß auf den Code gehabt haben. Ich bin weit entfernt, Pothier gering zu schätzen, vielmehr wäre die Jurisprudenz eines Volkes, worin er einer von vielen wäre, recht gut berathen. Aber eine juristische Literatur, in welcher er allein steht,[61] und fast als Quelle verehrt und studirt wird, muß doch Mitleid erregen. Betrachten wir ferner diese juristische Gelehrsamkeit, wie sie in unläugbaren Thatsachen vor uns liegt, so ist sie in der That merkwürdig. Sehr bedeutend sind schon solche Erscheinungen wie Desquiron[26], der von einem Römischen Juristen Justus Lipsius bald nach den zwölf Tafeln und von dem berühmten Sicardus unter Theodosius II., Verfasser des Codex Theodosianus, erzählt; selbst solche Monstrositäten verstatten einen Schluß auf den mittleren Durchschnitt des wissenschaftlichen Zustandes. Allein wir wollen uns unmittelbar an die Verfasser des Gesetzbuchs wenden, an Bigot-Preameneu, Portalis und Maleville. Von den gelehrten Ansichten des ersten ist bereits oben (35) eine Probe vorgekommen. Von Portalis mag die folgende Probe genügen. Der art 6. enthält die

Regel: jus publicum privatorum pactis mutari non potest. Man hatte den Einwurf gemacht, jus publicum heiße nicht das Recht was den Staat interessirt, sondern jedes Gesetz ohne Unterschied, jedes jus publice stabilitum. Darauf antwortet Portalis[27]: im allgemeinen seyen [62] beide Bedeutungen des Worts zuzugeben, aber es frage sich, was es eben in dieser Stelle des Römischen Rechts heiße. »Or, voici comment est conçu le sommaire de la loi 31me au Digeste de pactis: contra tenorem legis privatam utilitatem continentis pacisci licet.... Ainsi, le droit public est ce qui intéresse plus directement la société que les particuliers.« Ich will nicht davon reden, daß hier jus publicum oberflächlich und schief verstanden ist, aber ich frage: was lag bey dieser allgemeinen Regel daran, wie sich die Römer eine ähnliche Regel dachten? und wenn daran etwas lag, wie war es möglich, den Sprachgebrauch der Römer aus einer Stelle des Bartolus (denn von diesem ist das summarium) darzuthun, d. h. diesen mit den Römischen Juristen für Eine Masse zu halten? Das heißt doch wohl tamquam e vinculis sermocinari! Maleville zeigt sich in seinem Buche durchaus als ein ehrenwerther und verständiger Mann: aber einige Spuren seiner juristischen Gelehrsamkeit sind um so entscheidender, da er gerade unter die Repräsentanten des Römischen Rechts bey der Redaction des Code gehörte. So z. B. giebt er eine kleine Uebersicht der Geschichte der Usucapion und der res mancipi, die einzig in ihrer Art ist[28]: so [63] lange die Römer nur kleines und nahes Landeigenthum hatten, sagt er, waren zwey Jahre zur Verjährung hinreichend, als sie aber in den Provinzen, also in großer Entfernung von Rom, Land erwarben, wurden zehen Jahre erfodert (die longi temporis praescriptio). Res mancipi hießen die Italischen Grundstücke und alle bewegliche Sachen, bey beweglichen Sachen gieng durch bloße Tradition Eigenthum über und Usucapion ging nur auf res mancipi; bey res nec mancipi aber, d. h. bey

Provinzialgrundstücken, gab es eine longi temporis praescriptio, wozu kein Titel gehörte; der Inhaber derselben hieß dominus bonitarius. An einer andern Stelle ist von der Justinianischen Usucapion die Rede: man müsse unterscheiden zwischen dem Diebe selbst und dem dritten, welcher von dem Diebe kaufe, jener brauche 30 Jahre, bey diesem komme die L. un. C. de usuc. transform. in Anwendung, also dreyjährige Verjährung[29], ganz als ob von res furtiva bey den Römern niemals die Rede gewesen wäre. Ein anderer sehr merkwürdiger Fall betrifft Portalis und Maleville zugleich. Bey der Ehescheidung nämlich wird beständig Römisches Recht mit zur Sprache gebracht, aber Portalis und Maleville gehen aus von einer Geschichte der Römischen Ehescheidung, welche nicht etwa blos falsch, [64] sondern ganz unmöglich ist; so z. B. glauben beide, die Ehe habe nicht von einem Ehegatten einseitig, sondern nur durch Uebereinkunft getrennt werden können, wodurch in der That das ganze Recht der Pandekten, ja selbst das von Justinian über diesen Gegenstand, vollkommen sinnlos wird; selbst die Scheidung durch Uebereinkunft sey bey den Römern blos eine Folge der irrigen Ansicht, daß die Ehe mit anderen Contracten auf gleicher Linie stehe[30]! Und dieses betraf hier nicht etwa eine geschichtliche Curiosität, sondern Grundsätze, welche auf die Discussion unmittelbaren Einfluß hatten, wie denn z. B. gerade das unverständigste in der ganzen Geschichte der Römischen Ehescheidung zum allgemeinen Ekel in den Art. 230 aufgenommen ist. Dieser Zustand juristischer Gelehrsamkeit aber ist nicht als Hochmuth oder Verstockung auszulegen; bey den Debatten über die Rescission des Kaufs führte einem Staatsrath der Zufall die Dissertation von Thomasius über die L. 2. C. de resc. vend. in die Hände, und es ist ordentlich rührend zu sehen, mit welchem Erstaunen diese Schrift aufgenommen, excerpirt und discutirt wird[31]. Mit ähnlicher und besserer Gelehrsamkeit[65] könnten wir freilich noch in anderen

Materien dienen! auch kann man dieser literarischen Unschuld keine nationale Parteylichkeit vorwerfen, denn bekanntlich lebten in Frankreich im 16ten Jahrhundert einige Leute, von denen man noch jetzt Römisches Recht lernen kann. Aber ich selbst habe einen juristischen Professor in Paris sagen hören, die Werke des Cujaz dürften zwar in einer sehr vollständigen Bibliothek nicht fehlen, gebraucht würden sie indessen nicht mehr, weil alles gute aus ihnen bey Pothier stehe.

So viel von dem Boden, worauf der Code gewachsen ist, nun von der Frucht selbst. Materielle Vollständigkeit lag nicht im Plane, es kam daher auf folgende drey Stücke an: Auswahl der Gegenstände, Auswahl der Bestimmungen über jeden Gegenstand, und Verhältniß zu demjenigen, was in subsidium gelten sollte, wo der Code nicht zureichen würde. – Die Auswahl der Gegenstände war für den praktisch gebildeten Juristen das leichteste, aber gerade diese ist hier so ungeschickt ausgefallen, daß für die Anwendung die fühlbarsten Lücken im großen entstehen. Nicht Erfahrung und praktischer Sinn hat sie bestimmt, sondern der Anstoß, welchen herkömmliche Lehrart gegeben hatte, und geht man weiter zurück, so wird man häufig finden, daß wichtige Gegenstände blos deswegen fehlen, weil sie auch gar nicht oder nur beyläufig in Justinians Institutionen vorkommen, die ja so vielen neueren Systemen oft unbemerkt[66] zum Grunde liegen[32]. Doch dieser Mangel kann uns gleichgültiger seyn, da er in jedem künftigen Fall leicht zu vermeiden wäre.

Weit wichtiger in dieser Rücksicht, und weit schwerer an sich, ist die Auswahl der Bestimmungen über die wirklich abgehandelten Gegenstände, also das Finden der Regel, wodurch künftig die Masse des einzelnen regiert werden soll. Hier kam es darauf an, selbst im Besitz der leitenden Grundsätze zu seyn, worauf alle Sicherheit und Wirksamkeit im Geschäft des Juristen beruht (22), und worin die Römer so groß als Muster vor uns stehen. Gerade von dieser Seite aber erscheint die Arbeit der Franzosen am allertraurigsten, wie nunmehr in einigen Beyspielen gezeigt werden soll.

Ein Hauptfehler, der überall fühlbar wird, ist dieser. Die Theorie des Vermögensrechts ist im Ganzen die Römische. Bekanntlich beruht aber das Römische Vermögensrecht auf zwey Grundbegriffen, der dinglichen Rechte nämlich und der Obligationen, und jeder weiß, wie viel die Römer mit der Schärfe und Bestimmtheit dieser Begriffe ausrichten. Diese Grundbegriffe nun sind hier nicht etwa blos nirgends definirt, was ich gar nicht tadeln wollte, sondern sie kennen sie gar nicht in dieser Allgemeinheit, und diese[67] Unkunde verbreitet über das ganze Werk mehr Dämmerung, als man glauben sollte. Allein dieser Punkt, so wichtig er ist, bleibt doch zu sehr im allgemeinen stehen; die Lehre von der Ungültigkeit juristischer Handlungen in Anwendung auf die Verträge, auf die actes de l'etat civil und auf die Ehe, wird Gelegenheit geben, mehr in das besondere einzugehen. Für die Ungültigkeit der Verträge hat das Römische Recht den bekannten Unterschied von ipso jure und per exceptionem, der im alten Recht mit der höchsten Bestimmtheit ausgebildet war, und noch im Justinianischen Recht wohl mehr, als man gewöhnlich annimmt, wirksam geblieben ist. Im Code kommt ein Gegensatz von convention nulle de plein droit und action en nullité ou en rescision vor (a. 1117). Ob die Verfasser diesen Gegensatz für einerley mit jenem Römischen gehalten haben, kann uns gleichgültig seyn: aber sehr wichtig ist es, daß die Theorie dieser indirecten Ungültigkeit (durch action en nullité) ganz unbestimmt gelassen ist. Es kommt fast nichts davon vor, als die Zeit der Verjährung (a. 1304), während sehr viele und sehr wichtige Verschiedenheiten der Wirkung gerade so noch jetzt statt finden können, wie sie bey den Römern statt fanden, also auf irgend eine Weise bestimmt werden mußten, da die Sache einmal angeregt war. – Für die actes de l'état civil ist eine Menge von Förmlichkeiten vorgeschrieben, die ihrer[68] Natur nach ganz willkührlich sind (L. 1. T. 2. Ch. 1.). Aber eben deshalb war es doppelt nöthig zu bestimmen, was für Folgen die Vernachlässigung dieser Formen haben sollte. Mehrere Gerichtshöfe machten auf diese Nothwendigkeit aufmerksam[33], dennoch enthält der Code davon gar nichts. Man sollte nun denken, in Paris sey man über die Sache selbst so sicher und einig gewesen, daß man eine ausdrückliche Bestimmung für überflüssig gehalten hätte; keinesweges. Cambaceres nimmt an, die Nichtbeobachtung jeder Form erzeuge Nullität, d. h. sie vernichte alle Beweiskraft der Urkunde. Tronchet dagegen meynt, bey Geburt und Tod komme auf die Formen gar nichts an, und Falsum allein könne entkräften: bey Ehe hingegen, lasse sich allerdings eine solche Nullität wegen fehlender Form denken.[34] Simeon aber nimmt an, die nichtbeobachtete Form entkräfte niemals den Beweis, also auch nicht bey Ehe.[35] Ist nun diese Meynung richtig, so gehörten alle diese Formen gar nicht in den Code, sondern in die bloße Instruction der Beamten, die Fassung des Code also spricht eigentlich gegen diese Meynung. Die Sache ist aber um so schlimmer, da diese Formen bey den Todtenlisten wenigstens[69] in Paris ganz unausführbar sind, und auch in den Provinzen ihre Aufrechthaltung nur gewünscht wird.[36] – Noch weit wichtiger aber ist die Lehre von der Ungültigkeit der Ehe. Das Römische Recht hatte hier einen sehr einfachen und sehr klaren Weg eingeschlagen. Fehlte eine Bedingung gültiger Ehe, so hieß es: non est matrimonium, und auf dieses Nichtdaseyn konnte sich zu jeder Zeit jeder berufen, der Lust dazu hatte; eine besondere Klage zur Aufhebung war nicht nöthig, ja nicht denkbar, also gab es auch keine Verjährung noch andere Beschränkung dieses Rechts. Diese Einfachheit genügte, weil für jeden andern Fall die einseitige Ehescheidung aushalf;

daß man in unsern Zeiten damit nicht auskam, war natürlich, und man konnte also außer den Fällen jener Nullität (welche ich die Römische Nullität nennen will) noch ein besonderes Recht auf Anfechtung aufstellen, was man (da es auf das Wort nicht ankommt) immerhin action en nullité nennen mochte. Wie verhält sich nun dazu der Code? er nimmt zweyerley Nullitäten an, absolute und relative (L. 1. T. 5. Ch. 4.). Dieses möchte man wohl gerade für den hier beschriebenen Gegensatz halten, so daß z. B. Vernachlässigung der Trauungsform eine Römische Nullität wäre. Genau so versteht es auch Portalis[37], der eben für diesen speciellen Fall[70] die wahre, ächte Nullität mit lebhaften Farben ausmahlt. Allein Maleville nimmt die Römische Nullität (das non est matrimonium) außer allen diesen Anfechtungsrechten (mariage qui peut être cassé) und verschieden von denselben an, so daß es dreyerley gäbe: 1. non est matrimonium; 2. absolute Nullität des Code; 3. relative Nullität[38]. Auch bey N. 2 läßt sich wohl etwas denken, nämlich es wäre ein Klagerecht auf Vernichtung, was jeder hätte, aber doch ein bloßes Klagerecht, so daß ohne alle Klage, und wenn z. B. ein Ehegatte gestorben wäre, die Ehe mit allen Folgen gültig bliebe; nur wäre das freylich eine überflüssige Subtilität. Aber noch verwickelter ist die Ansicht von Maleville in dem speciellen Fall, wenn die Trauungsform fehlt. Diese Ehe, sagt der Art. 191. *peut* être attaqué von jedermann; aber Art. 193. läßt merken, es werde Fälle dieser Art geben, in welchen die Ehe nicht werde aufgehoben werden, doch ohne diese Fälle zu nennen. Aus beiden Stellen zieht Maleville folgendes Resultat[39]: die Ehe peut être attaqué, d. h. man kann auf Aufhebung klagen, das Gesetz verwehrt die Klage nicht, aber was der Richter thun will, ist seine Sache, oder mit andern Worten, die Aufhebung der Ehe hangt von der[71] Willkühr des Richters ab. Das wäre folglich noch eine vierte Art der Ungültigkeit, verschieden von den drey oben angegebenen. Schwerlich giebt es einen Fall, in welchem richterliche Willkühr gefährlicher und unpassender ist als in diesem. Ob sie gilt, steht freylich dahin, denn das Gesetz sagt davon eigentlich nichts, und zwey Redactoren haben darüber, wie ich gezeigt habe, ganz entgegen gesetzte Meynungen. Aus zwey Gründen aber wird diese Ungewißheit noch besonders hart: erstlich, weil sich in Paris (und wahrscheinlich nicht bloß da) die meisten Armen der Kosten wegen gar nicht trauen lassen[40], zweytens weil die Form der Trauung selbst eine höchst schwankende Bedingung in sich faßt. Nämlich die Trauung muß nothwendig von dem officier du domicile eines der beyden Ehegatten geschehen, so daß nicht einmal Delegation zulässig ist[41]. Aber das domicile ist hier nicht das sonst gewöhnliche (Art. 102), sondern ein besonderes, für die Trauung allein erfunden, nämlich Aufenthalt von 6 Monaten (Art. 74), so daß man nicht einmal zwischen beiden Arten von domicile zu diesem Zwecke die Wahl hat[42]. Wie oft nun muß es bey manchen Gewerben zweifelhaft seyn, ob man auch bey dem besten[72] Willen den rechten Beamten getroffen hat! In jedem Falle dieser Art aber ist das ganze Schicksal einer Familie der völlig blinden Willkühr eines Gerichts überlassen, welchem bey keiner möglichen Entscheidung ein Vorwurf gemacht werden kann, da jede Entscheidung die angesehensten Autoritäten für sich hat. Und der erste Grund dieses heillosen Schwankens ist, daß man nicht von einem bestimmten, entscheidenden Begriffe ausgegangen ist, sondern sich in steter Verwirrung zwischen wahrer Nullität und Anfechtungsrecht hin und her bewegt hat, ohne jemals aus der Unklarheit heraus kommen zu können[43], wodurch die gänzliche Unnützlichkeit der Staatsrathsdiscussionen in technischen Dingen recht anschaulich wird. Bey den Römern waren solche Dinge gar nicht möglich, und es war diese Unmöglichkeit nicht etwa der Gipfel ihrer Kunst, sondern der erste Anfang: das heißt, sie waren Männer vom Fach, während diese Redactoren und Staatsräthe reden und schreiben wie Dilettanten[73], oder mit anderen Worten, jene brauchten kein Gesetzbuch, diese sollten keines machen wollen. Noch wird durch diesen Fall recht anschaulich, was oben über die Gefährlichkeit unnöthiger und unberufener Gesetzgebung gesagt worden ist. Eine Verwirrung der Begriffe, wie die hier beschriebene, kann viele Jahre da seyn, unbemerkt und unschädlich, weil sich durch Gebrauch das alles in ein gewisses leidliches Gleichgewicht gesetzt hat. Aber jetzt wird sie gesetzlich ausgesprochen, und wohl gar durch Discussionen ohne Erfolg zur allgemeinen Kenntniß gebracht, und nun wird sie gefährlich, nun wird sie in der Hand des Ungerechten ein Mittel, Andere zu bestricken und zu übervortheilen. Dieses wäre eine politische Deutung der Regel: omnis definitio in jure civili periculosa est.

Zuletzt ist noch bey dem Code über dasjenige zu sprechen, was in subsidium gelten soll, wo er nicht zureicht. Ueber den Umfang und die Wichtigkeit desselben haben sich die Franzosen nicht getäuscht, sie haben eingesehen, daß eigentlich die allerwenigsten Rechtsfälle unmittelbar durch eine Stelle des Code entschieden werden können, daß also fast überall jenes unbekannte das wahrhaft entscheidende seyn müsse[44]. Aber über die Natur desselben erklären[74] sie sich etwas mannichfaltig, sie behandeln es wie eine unbestimmte Größe, welche viele Werthe haben kann. Als solche Werthe nämlich kommen vor[45]: 1. équité naturelle, loi naturelle; 2. Römisches Recht; 3. die alten coutumes; 4. usages, exemples, décisions, jurisprudence; 5. droit commun[46]; 6. principes généraux, maximes, doctrine, science. Ueber das Verhältniß dieser sehr verschiedenen Werthe zu einander wird gar nichts gesagt, außer einmal, daß das Naturrecht nur in subsidium gelte, wenn selbst usage und doctrine nicht ausreiche[47]. Wir wollen es versuchen, bestimmte Resultate hieraus zu ziehen.

Zuvörderst ist es auffallend, daß Eine Art der Ergänzung

gar nicht vorkommt, die organische nämlich, welche von einem gegebenen Punkt (also von einem Grundsatz des Gesetzbuchs) mit wissenschaftlicher Sicherheit auf einen nicht gegebenen schließt. Unsere Juristen haben davon unter den Namen Analogie[75] und argumentum legis etwas beschränkte Begriffe, und auch bey den Franzosen findet sich einmal beyläufig eine Ahnung davon[48]. Aber daß nicht eigentlich Gebrauch davon gemacht wird, ist wohl nicht zufällig. Dieses Verfahren setzt in dem Gesetzbuch selbst eine organische Einheit voraus. An eine solche aber ist hier auch nicht entfernt zu denken, weder materiell, noch formell. Nicht materiell, denn der Code enthält blos mechanisch vermengt die Resultate der Revolution und das vorige Recht (S. 56), ja auch das vorige Recht ist in ihm nichts in sich verbundenes, da er eine transaction zwischen Römischem Recht und coutumes seyn soll, wie öfters von ihm gerühmt worden ist. Formelle Einheit würde er seyn, wenn er von den Juristen, seinen Verfassern, durch die verarbeitende Kraft des Gedankens zu einem logischen Ganzen geworden wäre, aber daß man sich nicht so hoch verstiegen hat, wird durch die bisherige Darstellung klar geworden seyn. Demnach blieb freylich nichts übrig, als eine Ergänzung von außen zu suchen.

Die oben angegebenen Ergänzungsmittel, welche[76] bey den französischen Schriftstellern selbst vorkommen, lassen sich noch sehr reduciren. Das Naturrecht ist wohl mehr zum Staat als zu ernstlichem Gebrauch mit aufgeführt; wo von besondern Anwendungen die Rede ist, wird keine Notiz davon genommen, und nur in Deutschland hat man den Zustand der Französischen Richter wegen des freyen Gebrauchs dieser Rechtsquelle glücklich gepriesen[49]; ich wünschte aber wohl gegenwärtig zu seyn, wenn ein Französisches Gericht nach dem Naturrecht entscheidet, ob eine Ehe wegen unvollkommener Form der Trauung ungültig ist. Die übrigen Stücke kommen zurück auf diese zwey: 1. bisheriges Recht; 2. wissenschaftliche Theorie. Diese sind nun einzeln zu prüfen.

Das bisherige Recht ist bekanntlich nicht blos, wo es dem Code widerspricht, sondern in allen Materien, die der Code berührt, aufgehoben (Art. 4), also so gut als überall. Indessen sind die Franzosen über die Bedeutung dieser Aufhebung mehr im klaren, als die Deutschen Juristen, welche aus Haß oder Neigung gegen das Römische Recht viel darüber gestritten haben. Jene nehmen an, das Römische Recht sowohl als die coutumes zu befolgen, sey dem Richter erlaubt, aber es sey ihm nicht geboten, und zwar habe das den Sinn, daß ein richterliches[77] Urtheil nicht deswegen cassirt werden könne, weil es diesen Rechtsquellen widerspreche[50]. Dasselbe gilt nun auch vom vormaligen Gerichtsgebrauch[51], wie denn unzähligemal die alte jurisprudence als Quelle angeführt wird. Ohne Zweifel denkt man sich das nicht so, daß jeder Richter in einem Fall, den der Code unentschieden läßt, zwischen Römischem Recht und irgend einer coutume wählen dürfe, denn sonst wäre die Willkühr zu ungeheuer, sondern jeder soll das Recht befolgen, was in dieser Gegend vormals galt, d. h. entweder Römisches Recht, durch den alten Gerichtsgebrauch modificirt, oder eine specielle coutume mit derselben Modification. Die nothwendige Folge davon wird wiederum eine große Rechtsverschiedenheit in den Sprengeln der einzelnen Appellationsgerichte seyn, und diese Verschiedenheit wird jetzt, wo sie in der Stille, gegen die Absicht des Gesetzes, und mit Verwirrung der vorigen Gränzen statt finden muß, ein wahres Uebel seyn, was sie vormals nicht war. Dabey wird aber schon der günstige Fall vorausgesetzt, daß die Gerichte auf diese regelmäßige Weise von der Erlaubniß jener entfernten Rechtsquellen Gebrauch machen wollen. Aber wer bürgt dafür, da es ihnen nicht geboten ist? Wenn also in einem[78] Rechtsfall ein Gericht vorzieht, irgend eine beliebige équité oder loi naturelle anzuwenden aus besonderer Ueberzeugung, oder als Vorwand einer Ungerechtigkeit, so kann ihm durchaus kein Vorwurf gemacht werden, denn das Gesetz läßt dieses alles gelten. Man sage nicht, das Cassationsgericht werde die künftige Praxis in Ordnung, ja sogar in Gleichförmigkeit erhalten: das Cassationsgericht soll ja blos cassiren, wo gegen ein Gesetz des Code oder ein neueres Gesetz gesprochen wird: der Spruch für oder wider loi naturelle, Römisches Recht, coutume oder jurisprudence liegt also ganz außer der Wirksamkeit jenes Gerichtshofes. Endlich ist auch noch der wichtige Umstand zu bemerken, daß in allen aus der Revolution hervorgegangenen Stücken des Code das vorige Recht gar keinen Schutz gegen die blindeste Willkühr gewährt. Auch dafür mag wiederum das oben gewählte Beyspiel von Ungültigkeit der Ehe zur Erläuterung dienen. Das zweite, was als Supplement des Code gelten kann, ist die wissenschaftliche Theorie. Portalis beschreibt diese einmal sehr prächtig: sie sey wie das Meer, die Gesetze seyen die Ufer[52]. In Frankreich hat es nun freylich mit diesem Meere nicht viel zu bedeuten, denn eine Rechtswissenschaft, die nicht auf dem Boden gründlich historischer Kenntniß ruht, [79] versieht eigentlich nur Schreibersdienst bey dem Gerichtsgebrauch. So ist es in Frankreich in der That, und eine von dem Gerichtsgebrauch verschiedene Theorie existirt da eigentlich nicht, so daß alles, was über die Unsicherheit des praktischen Rechts gesagt worden ist, auch die Theorie trifft. Die Lehranstalten allein haben ihrer Natur nach eine ganz theoretische Form: von diesen wird im folgenden Abschnitt bequemer gesprochen werden können.

Allerdings können einige Umstände eintreten, wodurch der Zustand der praktischen Rechtspflege günstiger ausfällt, als hier angedeutet worden ist. Durch Unkenntniß und Geistesträgheit kann es dahin kommen, daß einzelne Quellen und Schriftsteller in vielen Gerichten gleichförmig befolgt werden, so z. B. kann man die coutume von Paris mit ihrem Commentator Ferriere weit und breit bequem finden, auch wo sie sonst nicht gegolten hat. Auch mögen in der alten jurisprudence gar manche Sätze ziemlich allgemein angenommen gewesen seyn. Vielleicht ist es etwas der Art, was man sich unter dem oben genannten droit commun (S. 74) denkt. Ferner muß man nicht glauben, daß gerade alle hier genannte Uebel als solche empfunden werden müssen; die Römer des vierten und fünften Jahrhunderts nach Christus haben auch nicht daran gedacht, daß wir sie wegen ihres tiefen Verfalls bedauern würden. Im Ganzen aber ist doch nicht zu läugnen,[80] daß ein Zustand sehr großer Rechtsungewißheit zu befürchten ist. Dieser Zustand nun ist unerträglich; denn ob an verschiedenen Orten verschiedenes Recht gilt, daran liegt wenig, aber wenn für einen gegebenen einzelnen Fall das Recht dem Zufall und der Willkühr preis gegeben ist, so ist das schlimmste eingetreten, was für die Rechtspflege gedacht werden kann, und dieses Uebel wird gewiß von jedem empfunden.

Es verdient die rühmlichste Anerkennung, daß in Frankreich wenigstens Eine wahre und gründliche Stimme über das, was man thun wollte, gehört worden ist: aber diese Stimme ist verhallt ohne Spur einer Wirkung. Das Tribunal von Montpellier spricht über den künftigen Gerichtsgebrauch, wodurch der Code ergänzt werden soll, also[53]: »Mais quelle jurisprudence! n'ayant d'autre règle que l'arbitraire sur l'immensité d'objets à co-ordonner au systême de la législation nouvelle, à quelle unité, à quel concert faudrait-il s'attendre de la part d'une pareille jurisprudence, ouvrage de tant de juges et de tant de tribunaux, dont l'opinion ébranlée, par les secousses révolutionnaires, serait encore si diversement modifiée! quelle serait enfin le régulateur de cette jurisprudence disparate, qui devrait nécessairement se composer[81] de jugemens non sujets à cassation, puisqu'ils ne reposeraient pas sur la base fixe des lois, mais sur des principes indéterminés d'équité, sur des usages vagues, sur des idées logiciennes, et, pour tout dire en un mot, sur l'arbitraire! A un systême incomplet de législation, serait donc joint pour supplément une jurisprudence défectueuse.« Diesem Uebel zu begegnen, heißt es weiter, könne man zwey Wege einschlagen. Entweder den Code blos betrachten als Institutionen, und ihm ein zweytes, ausführlicheres Werk beygeben, was den Zweck von Justinians Pandekten und Codex hätte. Oder man könnte zweytens und besser als Regel das bisherige, verschiedene Recht bestehen lassen, und blos in einzelnen bestimmten Stücken neues und gleichförmiges Recht durch ganz Frankreich einführen, das heißt also, kein Gesetzbuch machen. Dieses ist der eigentliche Vorschlag, und die ganze Art, wie er ausgeführt und begründet wird, ist so gediegen und ächt praktisch, daß man in dieser Umgebung durch so frische Gedanken zwiefach erfreut wird.

Ich wende mich nun zum Preußischen Landrecht. Zur Geschichte desselben dienen zunächst die officiellen Bekanntmachungen über diesen Gegenstand[54], dann [82] einige Stellen aus Kleins Schriften[55], der wichtigste Beytrag aber von Simon ist erst 1811 durch folgende Veranlassung erschienen[56]. Die Materialien der gesammten neuen Gesetzgebung nämlich sind noch größtentheils vorhanden; diese zu ordnen und dadurch erst brauchbar zu machen, wurde dem eben genannten Rechtsgelehrten übertragen, und dessen Bericht über dieses Geschäft giebt eine so gründliche und vollständige Geschichte der ganzen Unternehmung, daß dagegen die bisherigen Nachrichten fragmentarisch und zum Theil unzuverlässig erscheinen. Es ist nicht möglich, in dieser trefflichen Schrift zu sehen, wie durch vereinte und stets wiederholte Arbeit der eigentlichen Redactoren, der Gesetzcommission, der Landescollegien, der ständischen Deputirten, und vieler Gelehrten und

Geschäftsmänner aus allen Theilen von Deutschland das Landrecht entstanden ist, ohne vor[83] dem Ernst und der Ausdauer, die darin bewiesen worden sind, große Achtung zu empfinden; die Seele des Ganzen aber war der geistreiche Suarez, durch welchen Einheit in der Wirksamkeit so vieler und verschiedener Mitarbeiter erhalten wurde. Gleich von dieser Seite wird kein Unbefangener den Code mit dem Landrecht vergleichen wollen: nicht blos die Gewissenhaftigkeit und Liebe zur Sache, die den besseren Deutschen natürlich ist, erklärt diesen Unterschied, sondern auch die ganz verschiedene äußere Lage, aus welcher beide Gesetzbücher hervorgiengen: der Code sollte schnell fertig seyn, um manches drückende Uebel aus der Revolution zu mildern, und um alles auf gleichen Fuß zu setzen, während das Landrecht blos mit dem Zweck und dem Gefühl, etwas trefliches zu leisten, ohne äußere Noth, die dazu drang, bearbeitet wurde. Was ich als einen zweyten großen Vorzug des Landrechts betrachte, ist das Verhältniß desselben zu den localen Quellen; es sollte blos als subsidiarisches Recht an die Stelle des »Römischen, gemeinen Sachsen- und andrer fremden subsidiarischen Rechte und Gesetze treten«[57], und alle Provincialrechte sollten fort bestehen, aber auch binnen drey Jahren zu besonderen Gesetzbüchern verarbeitet werden[58]. Andere[84] werden dieses Verhältniß vielmehr als eine Unvollkommenheit des Landrechts betrachten.

 Sehen wir aber auf die innere Entstehung des Landrechts, so wird auch dadurch unsre Ansicht bestätigt, nach welcher in dieser Zeit kein Gesetzbuch unternommen werden sollte. Der Plan, nach welchem gearbeitet wurde, liegt vor Aller Augen. Das Justinianische Recht sollte dergestalt Grundlage des Ganzen seyn, daß davon nur aus besonderen Gründen abgewichen werden sollte. Diese Gründe wurden darin gesetzt, wenn ein Satz des Römischen Rechts aus der stoischen Philosophie, oder der besondern Verfassung, z. B. der Politik der Kaiser, oder aus den spitzfindigen Fictionen und Subtilitäten der alten Juristen entstanden wäre[59]. Dadurch zerfällt das Römische Recht im Verhältniß zum Landrecht in zwey Theile, einen anwendbaren als Regel, und einen unanwendbaren als Ausnahme, und es entstand die doppelte Aufgabe, die Ausnahme gehörig abzusondern, und die Regel gründlich zu verstehen. Nämlich was in der That auf stoischer Philosophie oder[85] besonderer Verfassung beruht, und was eine verwerfliche Subtilität ist, kann offenbar nur von einer sehr gründlichen Rechtsgeschichte aus erkannt werden; dieselbe geschichtliche Kenntniß und zugleich ein lebendiges Quellenstudium ist nöthig, wenn das anwendbare recht verstanden und zu wirklicher Anwendung ersprieslich verarbeitet werden soll. Ob nun die Schulen von Nettelbladt und Darjes, in welchen gewiß die Meisten gebildet worden sind, die auf das Landrecht großen Einfluß gehabt haben, im Besitz dieser geschichtlichen Kenntnisse und dieses Quellenstudiums waren, überlasse ich jedem aus den Schriften dieser Schulen und ihrer Meister zu beurtheilen[60]. Der Anfang des Ganzen sollte ein vollständiger Auszug der Justinianischen Rechtsbücher seyn. Dazu war Anfangs an Schlosser der Antrag gemacht worden, mit welchem man aber über die Bedingungen nicht einig werden konnte[61]. Der Auszug selbst wurde nun von D. Volkmar nach einem systematischen Plane von Suarez gemacht; zur Kontrolle der Vollständigkeit verfertigte Volkmar ein Verzeichniß aller Stellen des Corpus juris nach Ordnung der Quellen, so daß bey jeder Stelle bemerkt wurde, wo sie in jenem Systeme vorkomme,[86] oder warum sie da fehle. Dieser systematische Auszug wurde dann von Volkmar und Pachaly verarbeitet, welche Verarbeitung als das erste Material der eigentlichen Redaktion anzusehen ist[62]. Dieses Material ist allerdings unglaublich oft geprüft und wieder bearbeitet worden, und gewiß ist im Landrecht davon sehr wenig unmittelbar übrig geblieben. Aber nicht blos hangt in der Richtung jedes Geschäfts von großem Umfang ungemein viel von dem ersten Anstoß ab, sondern gerade hier konnte gar vieles beynahe nur in dieser ersten Grundlage geschehen, und was von Volkmar gethan und unterlassen worden ist, muß wohl für alle nachfolgende Arbeiten sehr bestimmend gewesen seyn. Sollte dieser überwiegende Einfluß vermieden werden, so hätte ein Anderer, unabhängig von Volkmars Arbeit, und unmittelbar aus den Quellen selbst, das erste Material nochmals aufstellen müssen, und darin allein hätte eine durchgreifende Probe für Volkmars Arbeit, was die Kenntniß und den Gebrauch der Quellen betrifft, bestehen können. Dieses ist nicht geschehen, alle folgende Revisionen sind wahrscheinlich hierauf am wenigsten gerichtet gewesen, und so steht Volkmars Arbeit sehr allein, obgleich man ihn blos als Sammler betrachtet, auch nicht vorzüglich geschätzt[87] zu haben scheint[63]. Gerade für diese Stelle wäre ein Mann von Geist und Gelehrsamkeit sehr wünschenswerth gewesen, und es wäre interessant, wenn man wenigstens nach einzelnen Proben vergleichen könnte, wie Schlosser die Aufgabe gelöst haben würde. Vielleicht lag aber in dem Mechanismus des ganzen Geschäfts ein Grund, warum dieser Auftrag für einen Mann von Bedeutung und Selbstständigkeit nicht passend gewesen wäre.

Sieht man auf das Resultat, wie es vor uns liegt, so ist ein bestimmtes Urtheil schwerer als bey dem Code, weil die Verhandlungen, woraus dieses Resultat hervorgegangen ist, nicht bekannt gemacht sind. Auch scheint es, daß der Plan des Werks, so wie der ganzen Rechtspflege, die darauf gegründet werden sollte, nicht immer derselbe gewesen ist. Ursprünglich hatte unläugbar Friedrich II. die Absicht, daß das Gesetzbuch höchst einfach, populär und zugleich materiell vollständig seyn sollte, so daß das Geschäft des Richters in einer Art mechanischer Anwendung[88] bestehen könnte[64]. Diesem gemäß verbot er schlechthin alle Interpretation, und wollte, daß bey unzulänglichen oder zweifelhaften Gesetzen, in jedem einzelnen Fall bey der gesetzgebenden Gewalt angefragt würde[65]. Auch noch im Entwurf des Gesetzbuchs ist die Interpretation dem Richter eigentlich ganz untersagt, und alles an die Gesetzcommission auch für einzelne Fälle gewiesen[66]. Ganz anders nach dem Landrechte; dieses will, daß der Richter auch auf den Grund des Gesetzes sehe, vorzüglich aber, daß er jeden Fall, für welchen er kein Gesetz findet, nach den allgemeinen Grundsätzen des Gesetzbuchs und nach den Gesetzen ähnlicher Fälle entscheide[67]; die Anfrage bey der Gesetzcommission war schon dadurch äußerst beschränkt und selbst wo sie statt fand, war doch nur der anfragende Richter an den Ausspruch gebunden, und es galten Rechtsmittel[89] gegen das Urtheil[68]. In der neuesten Ausgabe des Landrechts aber ist auch diese beschränkte Anfrage aufgehoben, und die Interpretation des Richters für jede Art von Fällen gestattet[69]. Dadurch ist denn allerdings die ganze Lage des Richters anders, als Friedrich II. sie gedacht zu haben scheint, und dem ganzen Richteramte wird dadurch ein mehr wissenschaftlicher und weniger mechanischer Character zuerkannt. Dennoch ist dieses nur eine einzelne Abweichung von der Regel, es soll offenbar nur von den als selten gedachten Ausnahmen gelten, in welchen ein unmittelbar bestimmendes Gesetz fehlen würde, ja ein Fall dieser Art soll, sobald er vorkommt, angezeigt und durch ein neues Gesetz entschieden werden[70]. Die eigentliche Tendenz des bestehenden Gesetzes selbst also geht auch jetzt noch darauf, daß die einzelnen Rechtsfälle als solche vollständig aufgezählt, und einzeln entschieden werden. Und gerade darin ist die Methode des Landrechts der oben beschriebenen, welche wir in den übrig gebliebenen Schriften der Römischen Juristen finden, entgegen gesetzt; nicht zum Vortheil des Landrechts, wie es mir scheint.[90] Bey den Römern beruht alles darauf, daß der Jurist durch den lebendigen Besitz des Rechtssystems in den Stand gesetzt wird, für jeden gegebenen Fall das Recht zu finden. Dazu führt die scharfe, individuelle Anschauung der einzelnen Rechtsverhältnisse, so wie die sichere Kenntniß der leitenden Grundsätze, ihres Zusammenhangs und ihrer Unterordnung, und wo wir bey ihnen Rechtsfälle in der bedingtesten Anwendung finden, dienen sie doch stets als verkörperter Ausdruck jenes allgemeinen. Diesen Unterschied wird mir jeder zugeben, der das Landrecht unbefangen mit den Pandekten vergleicht, und eine solche Vergleichung ist hier gewiß zulässig, da ja nicht von eigenthümlicher Römischer Verfassung, sondern von allgemeiner Methode die Rede ist. Was insbesondere die scharfe, individuelle Auffassung der Begriffe betrifft, so ist der nicht seltene Mangel derselben im Landrecht weniger auffallend und fühlbar, weil eben die materielle Vollständigkeit des Details ihrer Natur nach dahin strebt, diese Lücke auszufüllen. Was aber die praktischen Regeln selbst, als den eigentlichen Zweck jedes Gesetzbuchs anlangt, so ist die Folge des hier beschriebenen Characters, daß die meisten Bestimmungen des Landrechts weder die Höhe allgemeiner, leitender Grundsätze, noch die Anschaulichkeit des individuellen erreichen, sondern zwischen beiden Endpunkten in der Mitte schweben, während die Römer beide in ihrer naturgemäßen Verknüpfung[91] besitzen. Es darf aber auch nicht übersehen werden, daß eine große, vielleicht unübersteigliche Schwierigkeit in der gegenwärtigen Stufe der deutschen Sprache lag, welche überhaupt nicht juristisch, und am wenigsten für Gesetzgebung, ausgebildet ist; wie sehr dadurch die lebendige Darstellung individueller Rechtsverhältnisse erschwert, ja unmöglich gemacht wird, kann jeder finden, der irgend einen eigenen Versuch der Art, z. B. eine Uebersetzung aus den Pandekten, unternehmen will. Ja hierin hatten sogar die Franzosen in der größeren Bestimmtheit der Formen und in der lateinischen Abstammung ihrer Sprache vor uns einen großen Vorzug: daß sie ihn nicht besser benutzt haben, erklärt sich aus dem oben dargestellten traurigen Zustand ihrer Sachkenntniß. – Man würde diese Bemerkungen sehr misverstehen, wenn man sie so deuten wollte, als ob die Verfasser des Landrechts gegen das künftige wissenschaftliche Studium desselben gleichgültig gewesen wären, was gar nicht meine Meynung ist. Sehr merkwürdig ist in dieser Rücksicht die bekannte Preisaufgabe von 1788[7], welche ein Lehrbuch in zwey Theilen forderte, deren erster ein aus dem Gesetzbuch selbst abstrahirtes Naturrecht, der zweite einen Auszug des positiven Rechts selbst enthalten sollte. Man hat diese Ansicht des[92] Naturrechts mitunter sehr vornehm angelassen und ihr damit Unrecht gethan; offenbar sollte unter diesem Namen dasjenige dargestellt werden, was der Gesetzgeber selbst in seinen Gesetzen für allgemein und nicht für positiv ansehe, eine interessante historische Aufgabe, der des Römischen jus gentium ganz ähnlich. Also gering geschätzt hatte man die wissenschaftliche Kenntniß des praktischen Rechts keinesweges, vielmehr erkennt das Landrecht in seiner neuesten Gestalt das dringende Bedürfniß dieser wissenschaftlichen Kenntniß an: aber es ist unverkennbar, daß ein innerer Widerstreit zwischen dieser Anerkennung und der Construction des Werkes selbst obwaltet, indem diese Construction selbst nach der ursprünglichen Idee von Friedrich II. hinneigt, woraus sie ja auch hervorgegangen ist.

Jede Regierung ist zu tadeln, welche die Einsichten ihres Zeitalters nicht kennt oder verschmäht. Von dieser Seite aber ist die Preussische Gesetzgebung gewiß keinem Vorwurf ausgesetzt. Die Stimme nicht blos der eigenen Geschäftsmänner, sondern aller Deutschen Gelehrten[72], ist aufgerufen und gehört worden, und jeder unbefangene Beobachter wird einräumen, daß, was gethan und unterlassen worden ist, dem Sinn und der Einsicht des Zeitalters vollkommen[93] entsprach. Selbst die bedeutendste Stimme, welche sich gleichzeitig dagegen erhoben hat[73], beweist mehr für als wider diese Behauptung. Ich verkenne nicht, wie viel treffliches in Schlossers Ansichten und Urtheilen enthalten ist, allein das beste darin betrifft den allgemeinen politischen Character unsrer Zeiten, und mit den eigenthümlichen Bedürfnissen des bürgerlichen Rechts war er selbst keineswegs im reinen. Dieses erhellt theils aus der von ihm entworfenen Einleitung eines Gesetzbuchs[74], theils und noch weit mehr aus seinem Plan, das corpus juris auf ein caput mortuum eigentlicher Gesetze von weniger als zehn Bogen zu reduciren[75]. Daß es ihm an Sinn für das rechte nicht fehlte, zeigt sein geistreicher und durchaus vortrefflicher Aufsatz über das Studium des reinen Römischen Rechts[76].

Ein vollständiges Urtheil über das technische des Landrechts würde erst dann möglich seyn, wenn die oben erwähnten Materialien verarbeitet und zur allgemeinen[94] Kenntniß gebracht würden. Alles, was für Erhaltung und Verbreitung wichtiger geschichtlicher Quellen geschieht, verdient ehrenvolle Anerkennung; so die Organisation jener Materialien, welche von dem Chef der Preussischen Justiz, dem Herrn Justizminister von Kircheisen, verfügt und dann aufs trefflichste ausgeführt worden ist. Allein noch ist zu hoffen, daß dasselbe liberale Interesse an der innern Geschichte des Landrechts auch die Bekanntmachung eines zweckmäßigen Auszugs aus denselben veranlassen wird. Zu befürchten ist dabey gewiß nichts, denn was mit solchem Ernst gethan worden ist, kann sehr ruhig jedem Urtheil entgegen sehen. Daß auf diesem Wege, selbst von dem zugegebenen Gesichtspunkte des Ganzen aus, manches einzelne als unhaltbar erkannt werden könnte, ist wahr, aber dieses würde offenbar ein sehr glücklicher Erfolg seyn, denn jeder Gesetzgebung ist ein solches Mittel zu wünschen, wodurch sie von innen heraus gereinigt werden kann. Diese Materialien müssen ungleich lehrreicher seyn als die gedruckten über den Code, denn diese betreffen doch meist nur den Uebergang vom projet zum Code, über die Entstehung des projet selbst, was bey weitem die Hauptsache ist, geben sie keine Aufschlüsse, man müßte denn die leere Declamation der meisten Reden für solche Aufschlüsse halten wollen; jene Materialien dagegen würden bis auf die erste Entstehung der Gedanken zurück führen können. Ein[95] besonderer Vortheil aber würde darin bestehen, daß das Landrecht dadurch ein geschichtliches und literarisches Leben erhalten würde, welches ihm bis jetzt ganz fehlt. Damit, daß es von einseitigen Gegnern ungerecht leiden könnte, hat es keine Noth, denn unter den geistreichen und gebildeten Männern, auf deren Anzahl die Preußische Justiz stolz seyn darf, würden sich gewiß Mehrere finden, die ein solches Unrecht abzuwehren vermöchten.

Die Geschichte des Oesterreichischen Gesetzbuchs[77] hat mit der des Preussischen Landrechts die Aehnlichkeit, daß zu beiden der erste Anstoß um die Mitte des vorigen Jahrhunderts gegeben worden ist[78], so daß eben derselbe Zustand der Deutschen juristischen Literatur auf beyde einwirken konnte. Die Grundlage war eine handschriftliche Arbeit von acht starken Folianten, größtentheils aus den Commentatoren des Römischen Rechts gezogen, und schon im Jahre 1767 vollendet. Hieraus machte Horten einen Auszug, welcher von Martini zu einem Gesetzbuche verarbeitet wurde; diese Arbeit von Martini wurde dann öffentlich bekannt gemacht, und von den [96] Oesterreichischen Landescollegien und Universitäten geprüft und beurtheilt[79], aus welcher Revision endlich das gegenwärtige Gesetzbuch entstanden ist. Die Mitwirkung der Rechtsgelehrten des übrigen Deutschlands scheint sehr unbedeutend gewesen zu seyn, ja man scheint sie nicht für sehr wünschenswerth gehalten zu haben, theils wegen des schlechten Erfolgs einer Preisaufgabe über den Wucher, theils weil das Preussische Landrecht schon solche Beyträge erhalten hatte, die also in ihm zugleich mit benutzt werden konnten, deshalb sind nicht so, wie im Preussischen, für die Beurtheilung öffentlich Preise ausgesetzt worden[80]. Daß man keine Preise aussetzte, konnte sehr gute Gründe haben, aber auch ohne Preise waren Gutachten und Urtheile leicht zu erlangen, nur war freylich bey dem sehr geringen literarischen Verkehr des übrigen Deutschlands mit Oesterreich der bloße Abdruck des Entwurfs nicht hinreichend; ein Circular an alle Deutsche Universitäten wäre gewiß nicht ohne Erfolg geblieben. So ist diese Unternehmung, die ihrer Natur nach nur auf den wissenschaftlichen Zustand der ganzen Nation gegründet werden konnte, als ein gewöhnliches Geschäft des einzelnen Landes [97] vollführt worden, und jede Absonderung dieser Art ist für den Erfolg, wenn gleich nicht entscheidend, doch immer sehr gefährlich.

Was den Stoff betrifft, so könnte man nach den Vorschriften der Kaiserin Maria Theresia eine größere Originalität als im Preussischen Rechte erwarten, da die Verfasser sich nicht an das Römische Recht binden, sondern überall die natürliche Billigkeit walten lassen sollten[81]. Allein was über die Entstehung der ersten Grundlage aus den Commentatoren gesagt worden ist, so wie die Betrachtung des Gesetzbuchs selbst, zeigt, daß dennoch aus derselben Quelle, nur noch weniger rein und unmittelbar, als bey dem Landrecht geschöpft worden ist. In der Behandlung zeigt sich sogleich der Hauptunterschied, daß man im Oesterreichischen Gesetzbuch nicht so, wie im Preussischen, die Rechtsfälle selbst zu erschöpfen, sondern nur die Begriffe der Rechtsverhältnisse und die allgemeinsten Regeln für dieselben aufzustellen gesucht hat[82]. In der ganzen Form und Anlage ist das Werk einem etwas ausführlichen Institutionencompendium sehr ähnlich. Die Ausführung soll nun theils für die Begriffe (das formelle oder theoretische), theils für die praktischen Regeln besonders geprüft werden.

[98] Daß die Begriffe der Rechtsverhältnisse bey einem Werk von diesem Plan und Umfang vorzugsweise wichtig seyn müssen, leuchtet von selbst ein; im Preussischen Landrecht treten sie wegen des Reichthums an praktischen Regeln mehr zurück, und ihre fehlerhafte Behandlung ist weniger nachtheilig. Und gerade von dieser Seite ist gar vieles gegen das Oesterreichische Gesetzbuch einzuwenden. Die Begriffe der Rechte nämlich sind theils zu allgemein und unbestimmt, theils zu sehr auf den bloßen Buchstaben des Römischen Rechts, oder auch auf das Misverständniß neuerer Commentatoren desselben gegründet, was bey gründlicher Quellenkenntniß nicht möglich gewesen wäre. Beiderley Fehler hat das Gesetzbuch nicht blos mit dem Landrecht gemein (welchem sie, wie schon bemerkt ist, weniger schaden), sondern noch vor demselben voraus, wie nunmehr in einigen Beyspielen gezeigt werden soll. Von der Construction der Begriffe selbst aber ist hier die Rede, nicht von Definitionen, denen als bloßen Symptomen jener Construction nur ein bedingter und untergeordneter Werth zugeschrieben werden muß, und welche nur in dieser Beziehung und nicht um ihrer selbst willen, Gegenstand der folgenden Beurtheilung seyn werden. – Zuvörderst ist schon oben (S. 66) bey dem Code bemerkt worden, wie wichtig und überall eingreifend im Römischen Rechte die

höchst bestimmten Begriffe von dinglichen Rechten und Obligationen sind. Dasselbe[99] gilt vom Begriff des Status. Hier nun liegt die Unterscheidung von Personenrechten und Sachenrechten zum Grunde (§. 14. 15), die aber weder auf Römische, noch auf irgend eine andere Weise bestimmt gedacht sind. Das Landrecht (I. 2. §. 122-130) ist darin genauer. – Der Begriff der Sache (§. 285 vgl. §. 303) wird in solcher Allgemeinheit genommen, daß kaum etwas ist, was nicht Sache heißen könnte: Künste, Wissenschaften, Fertigkeiten, Begriffe sind insgesammt Sachen in diesem allgemeinen Sinne. Nun werden aber unmittelbar auf den Begriff der Sache zwey der allerwichtigsten Rechtsbegriffe gegründet: Besitz (§. 309) und Eigenthum (§. 353. 354). Allein es ist einleuchtend, daß eben dadurch diese Begriffe durchaus gestaltlos und unbrauchbar werden; so müßten wir z. B. nach §. 309 einem Gelehrten den juristischen Besitz seiner Wissenschaft zuschreiben, denn er hat sie in seiner Macht, und er hat den Willen, sie zu behalten. Unvermerkt wird deshalb in der Behandlung dieser Lehren ein engerer, nirgends bestimmter Begriff von Sache untergelegt, allein auch dieser stillschweigend eingeführte Begriff ist nicht zulänglich, denn nach ihm müßte es doch noch z. B. an einer Forderung (obligatio) Besitz und Eigenthum geben, was zwar uneigentlich gesagt werden kann, wozu aber die ganze Theorie von Besitz und Eigenthum gar nicht paßt. Das Landrecht (I. 2. § 3) hilft hier durch einen besonders[100] aufgestellten engeren Begriff der Sachen, worauf sich nachher die Rechtsverhältnisse beziehen. Ein noch allgemeinerer Nachtheil jenes unbrauchbaren Begriffs der Sache zeigt sich schon bey der Eintheilung der Sachenrechte in dingliche und persönliche (§. 307): zu den dinglichen werden die bekannten fünf Arten gerechnet, Besitz, Eigenthum, Pfand, Dienstbarkeit und Erbrecht (§. 308), deren Zusammenstellung allein schon hinreicht, jeden bestimmten Gattungsbegriff ganz unmöglich zu machen. –

Die Objecte der Ersitzung werden so allgemein angegeben (§. 1455), daß man viele Rechte, z. B. Forderungen, darunter rechnen müßte, auf welche doch diese Art des Erwerbs nur auf sehr gezwungene und überflüssige Weise angewendet werden könnte, eine Anwendung, die wahrscheinlich gar nicht einmal gemeynt ist. Das Landrecht (I. 9) verhütet diesen Zweifel dadurch, daß es die ganze Lehre unter den Erwerbungen des Eigenthums abhandelt. – Unter den persönlichen Servituten werden das Recht des Gebrauchs und das der Fruchtnießung dadurch unterschieden, daß jenes auf das bloße Bedürfniß des Berechtigten beschränkt seyn soll, dieses aber nicht (§. 504. 509). Der praktische Sinn davon ist dieser, daß Verträge und Testamente, wenn sie von einem Recht des Gebrauchs reden, von einem solchen auf das Bedürfniß beschränkten Nutzungsrecht ausgelegt werden sollen. Allein diese Interpretation ist gewiß nicht natürlich,[101] da es gar nicht gewöhnlich ist, gerade dieses mit dem Worte Gebrauch zu bezeichnen. Wie dieser Begriff entstanden ist, kann nicht zweifelhaft seyn; es ist der usus, im Gegensatz des ususfructus, aber nicht der usus der Römischen Juristen selbst, sondern der, welcher in unsern Compendien bis auf die neuesten Zeiten fälschlich angenommen war. Die Römer verstehen unter usus den Gebrauch ohne allen Fruchtgenuß, z. B. bey einem Pferde das Reiten und Fahren, aber nicht die Füllen und das Miethgeld. Nur wenn aus Versehen ein usus an einer solchen Sache gegeben ist, an welcher ganz oder zum Theil dieser reine Gebrauch unmöglich ist, interpretiren sie ausnahmsweise den usus wie vollen oder theilweisen ususfructus, indem sie nothgedrungen annehmen, daß man sich schlecht ausgedrückt habe, weshalb durch Interpretation nachgeholfen werden müsse. Das eigenthümliche Daseyn dieses usus beruht auf Römischem Sprachgebrauch, und da wir kein Wort von entsprechender Bestimmtheit haben, so schlägt das Landrecht den richtigern Weg ein, den usus ganz zu ignoriren, und außer dem Nießbrauch zuerst im allgemeinen zu bemerken, daß man auch nach Belieben eingeschränkte Nutzungsrechte geben könne (I. 21. §. 227), dann aber solche Fälle dieser Art abzuhandeln, die noch bey uns gewöhnlich sind. – Den Unterschied des Vormundes vom Curator (§. 188) möchte man auf den ersten Blick darin[102] setzen, daß jener auf Minderjährige, dieser auf alle übrige Hülfsbedürftige bezogen würde. Diese Terminologie wäre zwar neu und dem Gesetzbuch eigen, doch tadellos. So ist es aber nicht, denn auch Minderjährige erhalten sehr oft einen Curator, und nicht einen Vormund (§. 270-272). Unverkennbar ist dieses aus dem Römischen Rechte beybehalten, das ja auch häufig dem Pupillen einen blosen Curator giebt: nur daß hier überhaupt an die Stelle der Pupillen mit Recht alle Minderjährige getreten sind. Allein das Römische Recht hat zu dieser scharfen Unterscheidung der Tutel und Curatel einen besonderen Grund. Der Tutor nämlich ist ihm diejenige Person, durch deren auctoritas der sonst zum Handeln unfähige Pupill ergänzt werden kann, während jeder Curator nichts als gemeiner Verwalter fremder Rechte ist. Das also ist das eigenthümliche und wichtige des Römischen Tutors, daß mit seiner Hülfe für den Pupillen Mancipationen, Stipulationen, Vindicationen u. s. w. möglich sind, welche Handlungen durch freye Stellvertreter, also auch durch Curatoren, gar nicht vorgenommen werden können. Der Schlüssel der ganzen Tutel also, insofern sie etwas eigenthümliches, von der Curatel verschiedenes war, lag in der Regel: per extraneam personam nihil adquiri (neque alienari) potest[83]; diese Regel wurde[103] zwar später auf civile Handlungen beschränkt[84], aber bey diesen erhielt sie sich noch in Justinians Zeit, wie die angeführten Stellen seiner Rechtsbücher beweisen. Wir dagegen in unserm praktischen Rechte, haben davon keine Spur mehr, also auch keinen Grund, zwischen Tutor und

Curator die Römische Gränze zu behalten, die für uns ihren Sinn verloren hat. Das Gesetzbuch sucht nun gleich bey der ersten Einführung des Vormundes (§. 188) die Fälle auszuschließen, in welchen der Pfleger eines Minderjährigen blos Curator heißt; dieses geschieht durch die Bestimmung: »Ein Vormund hat vorzüglich für die Person des Minderjährigen zu sorgen, zugleich aber dessen Vermögen zu verwalten.« In der vorzugsweisen Beziehung auf die Person also (obgleich nach §. 282 dieselbe Beziehung auch bey Curatoren statt finden kann) läge das unterscheidende des Vormundes. Dieses ist nun unverkennbar die Römische Regel: personae, non rei vel causae (tutor) datur[85], die in unsern neueren Compendien ganz auf dieselbe Weise wie in dem Gesetzbuch modificirt worden ist, weil man sich doch nicht verbergen konnte, daß der Tutor allerdings auch mit dem Vermögen einiges Geschäft habe[86].[104] Ganz consequent wird daher dem Vormund das Recht und die Verbindlichkeit der Erziehung »gleich dem Vater« übertragen (§. 216), wobey er nur in wichtigen und bedenklichen Angelegenheiten an die Genehmigung des Gerichts gebunden ist. Allein der Sinn jener Römischen Regel ist ein ganz anderer: die persona, von welcher darin gesprochen wird, ist die juristische Persönlichkeit des Pupillen, die Fähigkeit desselben zu förmlichen Handlungen. Diese Fähigkeit für alle Anwendungen zu ergänzen (will die Stelle sagen) ist der Hauptberuf des Tutors, darum muß sich sein Amt allgemein auf alle Theile des Vermögens erstrecken, und kann nicht auf einzelne Rechtsverhältnisse des Pupillen beschränkt werden. Darum hat denn auch der Römische Tutor mit der Erziehung des Pupillen durchaus gar nichts zu schaffen, sondern über diese verfügt der Prätor ganz frey nach den Umständen, wobei zufällig seine Wahl auf den Tutor wie auf jeden Andern fallen kann[87]. Man wird dagegen einwenden, eben diesen Satz des Römischen Rechts habe man aus guten Gründen abändern wollen. Wohl: aber der übrige Zusammenhang macht dabey eine nicht geringe Schwierigkeit. Denn das Gesetzbuch hat aus dem Römischen Rechte das strenge Recht der nächsten Verwandten auf tutela legitima angenommen (§.[105] 198), und diese allgemeine Gewalt des künftigen Intestaterben[88] über die Person des Minderjährigen ist sehr bedenklich. Man braucht nicht gerade den äußersten Fall anzunehmen, daß der Vormund den Mündel umbringt, um ihn zu beerben: auch in vielen anderen unbemerkteren Fällen wird in der persönlichen Leitung und Erziehung das Interesse des Mündels von dem seines künftigen Erben sehr verschieden seyn. Dagegen schützen weder die gesetzlichen Gründe der Unfähigkeit zur Vormundschaft (§. 191. 193), die immer sehr selten nachzuweisen seyn werden, noch die Genehmigung des Gerichts, die ja nur in bedenklichen Angelegenheiten eingeholt zu werden braucht (§. 216), noch endlich die Anzeige, die hinterher von wirklichem Misbrauch der Gewalt gemacht werden kann (§. 217). In diesem Fall ist der organische Zusammenhang verschiedener Rechtssätze recht merkwürdig. Das Römische Recht macht seine tutela legitima dadurch unschädlich, daß es die Erziehung davon absondert: der Hauptberuf des Tutors ist der, zu auctoriren, und gewiß ist von keinem Menschen weniger als von dem künftigen Erben zu befürchten, daß er in leichtsinnige Veräußerungen[106] oder Versprechungen einwilligen werde. Nach dem Preussischen Landrecht bestimmt auf gleiche Weise, wie nach dem Römischen Rechte, das Gericht unmittelbar den Erzieher, ohne an den Vormund gebunden zu seyn (II. 18. §. 320); und überdem gilt gar kein Recht bestimmter Verwandten auf tutela legitima (II. 18. §. 194), was unsrer heutigen Ansicht der Vormundschaft gewiß angemessen ist. Auch in Bestimmung des Begriffs der Vormundschaft geht das Landrecht freyer zu Werke: Vormund heißt ihm derjenige, welcher alle, Curator der, welcher nur gewisse Angelegenheiten zu besorgen hat (II.

18. §. 3. 4). Dabey ist die Römische Terminologie mit Recht ganz verlassen, dafür aber innerer Zusammenhang erlangt. So z. B. hat nun auch der Wahnsinnige einen Vormund (II. 18. §. 12), der nach dem Oesterreichischen Gesetzbuch nur einen Curator hat (§. 270). Dieses folgt darin dem Römischen Rechte; aber der Grund des Römischen Rechts, den Schutz der Pupillen von dem der Wahnsinnigen streng zu unterscheiden, lag darin, daß bey Pupillen und nicht auch bey Wahnsinnigen eine auctoritas möglich war, und dieser Grund existirt nicht mehr. Daß Dinge solcher Art geringfügig und unbedeutend seyen, wird niemand behaupten, der aufmerksam den großen Einfluß dieser Verknüpfung und Bezeichnung der Begriffe auf die Rechtssätze selbst beobachtet hat.

Bisher ist von der Construction der Begriffe im[107] Oesterreichischen Gesetzbuch die Rede gewesen, und nur beyläufig auch von praktischen Sätzen, insofern nämlich jene Construction unmittelbaren Einfluß auf dieselben ausgeübt hat. Nun ist noch besonders von den praktischen Sätzen zu sprechen. Es ist schon bemerkt worden, daß die materielle Vollständigkeit, welche im Preussischen Landrechte gesucht war, hier gar nicht zur Aufgabe gehörte: die Entscheidung der einzelnen Rechtsfälle wird demnach meistens, so wie bey dem Code (S. 73), nicht unmittelbar durch das Gesetzbuch bestimmt werden können, und das außer ihm liegende, wodurch sie in der That bestimmt werden wird, verdient auch hier die allergrößte Aufmerksamkeit. Das Gesetzbuch selbst (§. 7) schreibt eine doppelte Quelle dieser Ergänzung vor: zunächst die wirklich im Gesetzbuch enthaltene Entscheidung ähnlicher Fälle, und, wo diese nicht ausreicht, das Naturrecht. Allein die erste Quelle wird wenig sichere Hülfe geben: denn materieller Reichthum des Gesetzbuchs war, wie schon bemerkt, gar nicht gesucht, und von der formellen Unzulänglichkeit desselben ist so eben ausführlich die Rede gewesen. Die zweyte Quelle aber (das Naturrecht) ist selbst von den würdigen Männern, welche zuletzt zur Entstehung des Gesetzbuchs mitgewirkt haben, als sehr gefährlich für die Rechtspflege anerkannt[89]. Der Erfolg wird also auch[108] hier, wie bey dem Code, ein ganz anderer seyn, als ihn das Gesetzbuch anzunehmen scheint, indem unvermeidlich und ganz in der Stille die wissenschaftliche Theorie den Einfluß auf die Rechtspflege behaupten wird, den ihr das Gesetzbuch zu entziehen bestimmt war. Ob also die wirklich verbreitete Theorie gut oder schlecht ist, davon wird in der That das meiste abhangen, und der Zustand der Lehranstalten (wovon der folgende Abschnitt reden soll) wird für die Rechtspflege noch in ganz anderer Rücksicht, als wegen der bloßen Kenntniß des Gesetzbuches selbst, entscheidend seyn.

Ist dieses Urtheil über die drey neuen Gesetzbücher gegründet, so liegt darin eine Bestätigung meiner Ansicht, daß die gegenwärtige Zeit keinen Beruf hat, ein Gesetzbuch zu unternehmen: und gewiß eine sehr starke Bestätigung. Denn wie viel die Franzosen durch Gewandtheit und Leichtigkeit im praktischen Leben auszurichten vermögen, ist uns allen oft genug wiederholt worden: welche Zeiträume hindurch von verdienten, einsichtsvollen Männern an den Deutschen Gesetzbüchern mit ernstlichem Eifer gearbeitet worden ist, wissen wir. Ist also durch so verschiedenartige Bemühungen das Ziel dennoch nicht erreicht worden, so muß es in der juristischen Bildung eines ganzen[109] Zeitalters Hindernisse geben können, welche nicht zu übersteigen sind. Diese Ueberzeugung aber ist entscheidend, da ohne Zweifel die eifrigen Freunde der Gesetzbücher die Bürgschaft eines glücklichen Erfolgs blos in ihrem lebhaften Bestreben nach diesem Gegenstande finden, was doch nach jenen Erfahrungen nicht hinreichend ist. Es würde also nur noch darauf ankommen, die gegenwärtige Bildung der Rechtswissenschaft mit derjenigen zu vergleichen, aus welcher die vorhandenen Gesetzbücher hervorgegangen sind: und bey unbefangener Selbstprüfung müssen wir bekennen, daß beide vielleicht wohl dem Grade nach, aber nicht generisch verschieden sind.

Alle diese Erinnerungen übrigens betreffen nicht etwa einzelne Mängel, durch deren Verbesserung dem Ganzen leicht ein wahrhaft treffliches und genügendes Daseyn verschafft werden könnte: sie betreffen vielmehr den Character des Ganzen selbst, und alles einzelne, was herausgehoben worden ist, sollte blos dazu dienen, diesen allgemeinen Charakter anschaulich zu machen, und ein Urtheil über denselben zu begründen. Anderer Meynung ist ein neuerer Schriftsteller[90], welcher von dem Code glaubt, die wenigen Flecken, welche denselben verunstalten, könnten leicht abgewischt werden, worauf er allerdings zu einer dankenswerthen Wohlthat werden würde. Allein[110] es sey uns diese fremde Weisheit überflüssig, denn, sagt er, »wir haben kürzlich ein bürgerliches Gesetzbuch in Oesterreich erhalten, welches dem Französischen wenigstens an die Seite gesetzt werden kann und für uns den Vorzug hat, ohne alle weitere Vorbereitung in ganz Deutschland anwendbar zu seyn.« Sein Rath geht dahin, daß dieses Gesetzbuch augenblicklich angenommen, und dann den Regierungen überlassen werde, ihre Vorschläge einzelner Abänderungen einer Gesetzcommission vorzulegen. Diese Ansicht scheint mir schon aus sich selbst und ohne Prüfung des innern Werthes der Gesetzbücher widerlegt werden zu können: denn wenn es wahr wäre, daß der Code vortrefflich und mit geringen Modificationen eine Wohlthat, das sehr verschiedene Oesterreichische Gesetzbuch aber auch vortrefflich, ja noch besser und völlig anwendbar wäre, so müßte den Gesetzbüchern überhaupt eine völlig fabrikmäßige Vortrefflichkeit zugeschrieben werden, und es wäre unmöglich, sie für etwas großes und höchst wünschenswerthes zu halten.

8.
Was wir thun sollen wo keine Gesetzbücher sind.

[111]

Bey der Untersuchung dessen, was geschehen soll, müssen vor allem diejenigen Länder, in welchen bis jetzt gemeines Recht und Landesrecht (nur etwa unterbrochen durch die kurze Herrschaft des Code) galt, von denen getrennt werden, welche bereits unter einheimischen Gesetzbüchern leben.

In den Ländern des gemeinen Rechts wird, so wie überall, ein löblicher Zustand des bürgerlichen Rechts von drey Stücken abhängig seyn: erstlich einer zureichenden Rechtsquelle, dann einem zuverlässigen Personal, endlich einer zweckmäßigen Form des Prozesses. Ich werde in der Folge auf diese drey Stücke zurückkommen, um die Zulänglichkeit meines Plans darnach zu prüfen.

Was zuerst die Rechtsquelle anlangt, wozu eben das neu einzuführende Gesetzbuch bestimmt seyn sollte, so würde nach meiner Ueberzeugung wieder einzuführen seyn an die Stelle des Code, oder beyzubehalten, wo der Code nicht galt, dieselbe Verbindung des gemeinen Rechts und der Landesrechte, welche früher in ganz Deutschland herrschend war: diese Rechtsquelle halte ich für hinreichend, ja für vortrefflich,[112] sobald die Rechtswissenschaft thut, was ihres Amtes ist, und was nur durch sie geschehen kann.

Betrachten wir nämlich unsern Zustand, wie er in der That ist, so finden wir uns mitten in einer ungeheuern Masse juristischer Begriffe und Ansichten, die sich von Geschlecht zu Geschlecht fortgeerbt und angehäuft haben[91]. Wie die

Sache jetzt steht, besitzen und beherrschen wir diesen Stoff nicht, sondern wir werden von ihm bestimmt und getrieben nicht wie wir wollen. Darauf gründen sich alle Klagen über unsern Rechtszustand, deren Gerechtigkeit ich nicht verkenne, und daher ist alles Rufen nach Gesetzbüchern entstanden. Dieser Stoff umgiebt und bestimmt uns auf allen Seiten, oft ohne daß wir es wissen: man könnte darauf denken, ihn zu vernichten, indem man alle historische Fäden zu durchschneiden und ein ganz neues Leben zu beginnen versuchte, aber auch diese Unternehmung würde auf einer Selbsttäuschung beruhen. Denn es ist unmöglich, die Ansicht und Bildung der jetztlebenden Rechtsgelehrten zu vernichten: unmöglich, die Natur der bestehenden Rechtsverhältnisse umzuwandeln; und auf diese doppelte Unmöglichkeit gründet sich der unauflösliche organische Zusammenhang der Geschlechter und Zeitalter, zwischen welchen nur Entwicklung aber[113] nicht absolutes Ende und absoluter Anfang gedacht werden kann. Insbesondere damit, daß einzelne, ja viele Rechtssätze abgeändert werden, ist für diesen Zweck gar nichts gethan: denn, wie schon oben bemerkt worden ist (S. 39), die Richtung der Gedanken, die Fragen und Aufgaben werden auch da noch durch den vorhergehenden Zustand bestimmt seyn, und die Herrschaft der Vergangenheit über die Gegenwart wird sich auch da äußern können, wo sich die Gegenwart absichtlich der Vergangenheit entgegen setzt. Dieser überwiegende Einfluß des bestehenden Stoffs also ist auf keine Weise vermeidlich: aber er wird uns verderblich seyn, solange wir ihm bewußtlos dienen, wohlthätig, wenn wir ihm eine lebendig bildende Kraft entgegen setzen, durch historische Ergründung ihn unterwerfen, und so den ganzen Reichthum der vergangenen Geschlechter uns aneignen. Wir haben also nur die Wahl, ob wir wollen, nach Baco's Ausdruck, sermocinari tamquam e vinculis, oder ob eine gründliche Rechtswissenschaft uns lehren soll, diesen historischen Stoff frey als unser Werkzeug zu gebrauchen: ein drittes giebt es nicht. Bey dieser Wahl möchte die Wissenschaftlichkeit schon von selbst, als der edlere Theil, für sich gewinnen: aber es kommen noch besondere Gründe aus unsrer Lage hinzu. Zuerst die allgemeine wissenschaftliche Richtung, die den Deutschen natürlich ist, und wodurch sie es andern Nationen in vielen[114] Dingen zuvor zu thun berufen sind: dann auch manches in unsren politischen Verhältnissen. Darum wird nicht die Erfahrung anderer Nationen oder Zeiten zur Widerlegung angeführt werden können, nicht der Zustand des bürgerlichen Rechts in England, noch der bey unsren Vorfahren. Was unsre Vorfahren betrifft, so hat Möser in einem trefflichen Aufsatz den Unterschied zwischen dem, was er Willkühr, und was er Weisheit nennt, entwickelt[22]: bey jener konnte Freiheit und Gerechtigkeit bestehen, solange ebenbürtige genosse Richter urtheilten, wir können Weisheit durchaus nicht entbehren. Als Surrogat derselben verdient in dieser Rücksicht selbst das Hangen an mittelmäßigen Autoritäten (so schlecht dieses in anderer Rücksicht ist) alle Achtung[23], und kann als ein Schutzmittel gegen die verderbliche Verwechslung von Willkühr und Weisheit dienen.

Erst wenn wir durch ernstliches Studium vollständigere Kenntniß erworben, vorzüglich aber unsren geschichtlichen und politischen Sinn mehr geschärft haben, wird ein wahres Urtheil über den überlieferten Stoff möglich seyn. Bis dahin dürfte es gerathener seyn, etwas zu zweifeln, ehe wir vorhandenes für schlaffe Angewohnheit, unkluge Abgeschiedenheit[115] und blose Rechtsfaulheit halten[24]: vorzüglich aber mit der Anwendung des wundärztlichen Messers[25] auf unsern Rechtszustand zu zögern. Wir könnten dabey leicht auf gesundes Fleisch treffen, das wir nicht kennen, und so gegen die Zukunft die schwerste aller Verantwortungen auf uns laden. Auch ist der geschichtliche Sinn der einzige Schutz gegen eine Art der Selbsttäuschung, die sich in einzelnen Menschen, wie in ganzen Völkern und Zeitaltern, immer wiederholt, indem wir nämlich dasjenige, was uns eigen ist, für allgemein menschlich halten. So hatte man ehemals aus den Institutionen mit Weglassung einiger hervorstehenden Eigenthümlichkeiten ein Naturrecht gemacht, was man für unmittelbaren Ausspruch der Vernunft hielt: jetzt ist niemand, der nicht über dieses Verfahren Mitleid empfände, aber wir sehen noch täglich Leute, die ihre juristischen Begriffe und Meynungen blos deshalb für rein vernünftig halten, weil sie deren Abstammung nicht kennen. Sobald wir uns nicht unsres individuellen Zusammenhangs mit dem großen Ganzen der Welt und ihrer Geschichte bewußt werden, müssen wir nothwendig unsre Gedanken in einem falschen Lichte von Allgemeinheit und Ursprünglichkeit erblicken. Dagegen schützt nur der geschichtliche Sinn, welchen gegen uns selbst zu kehren gerade die schwerste Anwendung ist.

[116] Man könnte versucht seyn, die Nothwendigkeit dieser historischen Ergründung des Stoffs, in welchem wir unwillkührlich befangen sind, zwar für unsre Lage zuzugeben, aber zugleich für ein Uebel zu halten, indem dadurch Kräfte in Anspruch genommen werden, die zu nützlicheren Zwecken verwendet werden könnten. Diese Ansicht wäre traurig, weil sie das Gefühl eines unvermeidlichen Uebels erregen würde, aber wir können uns damit trösten, daß sie falsch ist. Vielmehr ist diese Nothwendigkeit auch an sich für ein großes Gut zu achten. In der Geschichte aller bedeutenden Völker nämlich finden wir einen Uebergang von beschränkter, aber frischer und lebensvoller, Individualität zu unbestimmter Allgemeinheit. Auf diesem Wege geht auch das bürgerliche Recht, und auch in ihm kann zuletzt das Bewußtseyn der Volkseigentümlichkeit verloren gehen: so geschieht es, wenn bejahrte Völker darüber nachdenken, wie viele Eigenheiten ihres Rechts sich bereits abgeschliffen haben, daß sie leicht

zu dem so eben dargestellten Irrthum kommen, indem sie ihr ganzes noch übriges Recht für ein jus quod naturalis ratio apud omnes homines constituit halten. Daß damit zugleich der eigenthümliche Vorzug verloren geht, welchen das Recht in frühen Zeiten hat (S. 9), ist unverkennbar. Zu diesem vergangenen Zustande zurück zu kehren, würde ein fruchtloser und thörichter Rath seyn: aber etwas anderes[117] ist es, den eigenen Werth desselben in frischer Anschauung gegenwärtig erhalten, und sich so vor der Einseitigkeit der Gegenwart bewahren, welches allerdings möglich und heilsam ist. Wenn überhaupt die Geschichte auch im Jünglingsalter der Völker eine edle Lehrerin ist, so hat sie in Zeitaltern, wie das unsrige, noch ein anderes und heiligeres Amt. Denn nur durch sie kann der lebendige Zusammenhang mit den ursprünglichen Zuständen der Völker erhalten werden, und der Verlust dieses Zusammenhangs muß jedem Volk den besten Theil seines geistigen Lebens entziehen.

Dasjenige also, wodurch nach dieser Ansicht das gemeine Recht und die Landesrechte als Rechtsquellen wahrhaft brauchbar und tadellos werden sollen, ist die strenge historische Methode der Rechtswissenschaft. Der Charakter derselben besteht nicht, wie einige neuere Gegner unbegreiflicherweise gesagt haben, in ausschließender Anpreisung des Römischen Rechts: auch nicht darin, daß sie die unbedingte Beybehaltung irgend eines gegebenen Stoffs verlangte, was sie vielmehr gerade verhüten will, wie sich dieses oben bey der Beurtheilung des Oesterreichischen Gesetzbuchs gezeigt hat. Ihr Bestreben geht vielmehr dahin, jeden gegebenen Stoff bis zu seiner Wurzel zu verfolgen, und so sein organisches Princip zu entdecken, wodurch sich von selbst das, was noch Leben hat, von demjenigen absondern muß, was schon abgestorben[118] ist, und nur noch der Geschichte angehört. Der Stoff aber der Rechtswissenschaft, welcher auf diese Weise behandelt werden soll, ist für das gemeine Recht dreyfach, woraus sich drey Haupttheile unsrer Rechtswissenschaft ergeben: Römisches Recht, Germanisches Recht, und neuere Modifikationen beider Rechte. Das Römische Recht hat, wie schon oben bemerkt worden, außer seiner historischen Wichtigkeit noch den Vorzug, durch seine hohe Bildung als Vorbild und Muster unsrer wissenschaftlichen Arbeiten dienen zu können. Dieser Vorzug fehlt dem Germanischen Rechte, aber es hat dafür einen andern, welcher jenem nicht weicht. Es hangt nämlich unmittelbar und volksmäßig mit uns zusammen, und dadurch, daß die meisten ursprünglichen Formen wirklich verschwunden sind, dürfen wir uns hierin nicht irre machen lassen. Denn der nationale Grund dieser Formen, die Richtung woraus sie hervor giengen, überlebt die Formen selbst, und es ist nicht vorher zu bestimmen, wie viel von altgermanischen Einrichtungen, wie in Verfassung so im bürgerlichen Recht, wieder erweckt werden kann. Freylich nicht dem Buchstaben, sondern dem Geiste nach, aber den ursprünglichen Geist lernt man nur kennen aus dem alten Buchstaben. Endlich die Modification beider ursprünglichen Rechte ist gleichfalls nicht zu vernachlässigen. Auf dem langen Wege nämlich, welchen jene ursprünglichen Rechte bis zu uns gehen mußten,[119] hat sich natürlich vieles ganz anders gestaltet und entwickelt, theils nach wirklich volksmäßigem Bedürfniß, theils auf mehr literarische Weise, unter den Händen der Juristen. Dieses letzte ist hier überwiegend, und die Grundlage davon ist eine Geschichte unsrer Rechtswissenschaft vom Mittelalter herab. Ein vorzügliches Bestreben dieses dritten Theiles unsrer Wissenschaft muß darauf gerichtet seyn, den gegenwärtigen Zustand des Rechts allmählich von demjenigen zu reinigen, was durch bloße Unkunde und Dumpfheit literarisch schlechter Zeiten, ohne alles wahrhaft praktische Bedürfniß, hervorgebracht worden ist.

Es kann nicht meine Absicht seyn, diese historische Behandlung aller Theile unsres Rechts hier in einer ausführlichen Methodik darzustellen; allein über das Römische Recht muß noch einiges hinzugefügt werden, da gerade dessen Behandlung neuerlich in Frage gekommen ist. Was ich für den einzig möglichen Standpunkt dieses Studiums halte, wird aus der oben gegebenen Darstellung des Römischen Rechts einleuchtend seyn: es ist das Recht der Pandekten, von welchem aus dann die Uebergänge zu den neueren Modificationen bis Justinian zu bestimmen sind. Willkührlich wird diese Ansicht niemand finden, welcher bedenkt, daß schon Justinian sie gehabt hat, und daß sie wenigstens dem Namen nach dem Hauptunterricht auf Universitäten, und den ausführlichsten[120] Werken über das Römische Recht seit Jahrhunderten zum Grunde liegt. Wie nun die alten Juristen zu studieren sind, läßt sich leicht sagen, obgleich schwer ohne wirkliche Probe anschaulich machen: sie sollen nicht blos die Schule hüten, sondern wieder belebt werden: wir sollen uns in sie hinein lesen und denken, wie in andere mit Sinn gelesene Schriftsteller, sollen ihnen ihre Weise ablernen, und so dahin kommen, in ihrer Art und von ihrem Standpunkt aus selbst zu erfinden und so ihre unterbrochene Arbeit in gewissem Sinne fortzusetzen. Daß dieses möglich ist, gehört zu meinen lebendigsten Ueberzeugungen. Die erste Bedingung dazu ist freylich eine gründliche Rechtsgeschichte, und, was aus dieser folgt, die völlige Gewöhnung, jeden Begriff und jeden Satz sogleich von seinem geschichtlichen Standpunkte aus anzusehen. Viel ist hierin noch zu leisten: aber wer bedenkt, was unsre Rechtsgeschichte vor fünf und zwanzig Jahren war, und wie vieles nun in Kenntniß und Behandlung, hauptsächlich durch Hugos Verdienst, anders geworden ist, der kann auch für die Folge den besten Hoffnungen Raum geben. Wer nun auf diese Weise in den Quellen des Römischen Rechts wahrhaft einheimisch geworden ist, dem wird das Studium unsrer neuern juristischen Literatur, vom Mittelalter bis auf uns herab, zwar noch Arbeit und oft unerfreuliche Arbeit geben, aber er wird dadurch nur noch seine Ansichten vervollständigen und auf[121] keine Weise irre gemacht werden können, also keine innere Schwierigkeit darin finden; wer dagegen das Römische Recht nicht so an der Wurzel angreift, der wird fast unvermeidlich durch jene neuere Literatur immer mehr in Schwanken und Unsicherheit gerathen, er müßte sie denn im Ganzen ignoriren, und es dem Zufall überlassen, welches einzelne, neue, vielleicht sehr flache Resultat dieser literarischen Entwicklung auf ihn einwirken soll, und hierin ist allerdings in den neuesten Zeiten viel geleistet worden. Die hier angedeutete literarische Ausfüllung indessen gehört zur allmählichen Vollendung und nicht zum nothwendigen Grund des Studiums. Der Grund aber muß allerdings in den Vorträgen der Universitäten gelegt werden, und dazu dürften anderthalb bis zwey Jahre (die man ja auch bis jetzt darauf zu verwenden pflegte) hinreichend seyn. Nämlich hinreichend nicht zu vollendeter Gelehrsamkeit, was ohnehin kein vernünftiger Mensch von irgend einem Universitätsunterricht verlangen wird: wohl aber hinreichend, um in den Quellen zu Hause zu seyn, um sie selbst lesen zu können, und um neuere Schriftsteller unabhängig und mit eigenem Urtheil zu lesen, und ihnen nicht mehr preis gegeben zu seyn. Es ist einleuchtend, daß dagegen die Erfahrung eines wirklichen Unterrichts nicht angeführt werden kann, sobald in diesem Unterricht die unmittelbare Einführung in die Quellen gar nicht versucht worden ist.

[122] In neueren Zeiten sind über die Bedingungen unsres Studiums zwey von dieser Ansicht abweichende, völlig entgegengesetzte Meynungen gehört worden. Thibaut nämlich[26] stellt die Schwierigkeit desselben fast schauderhaft dar, und so, daß allerdings jedem, der es unternehmen

wollte, der Muth entfallen müßte; so z. B. sollen wir vielleicht erst nach tausend Jahren so glücklich seyn, über alle Lehren des Römischen Rechts erschöpfende Werke zu erhalten. Das ist zu wenig oder zu viel, je nachdem man es nimmt. Ganz erschöpfen und völlig abthun, so daß kein Weiterkommen möglich wäre, läßt sich eine würdige historische Aufgabe niemals, auch nicht in tausend Jahren; aber um zu sicherer Anschauung und zur Möglichkeit unmittelbarer, verständiger Anwendung des Römischen Rechts zu gelangen, brauchen wir so lange Zeit nicht, dies ist größtentheils schon jetzt möglich, obgleich mit stetem Fortschreiten nach innen, was ich unsrer Wissenschaft nicht zum Tadel, sondern zu wahrer Ehre rechne. Es kommt alles auf die Art an, wie das Studium behandelt wird. Vor hundert Jahren hat man in Deutschland viel mehr Mühe und Zeit an das Römische Recht gesetzt als jetzt, und es ist unläugbar, daß man in eigentlicher Kenntniß nicht so weit kommen konnte, als es jetzt[123] bey guten Lehrern möglich ist. Vollends mit den kritischen Schwierigkeiten, die Thibaut für ganz unübersteiglich erklärt[97], hat es so große Noth nicht. Wer es recht angreift, kann sich mit einer ganz schlechten Ausgabe der Pandekten in die Methode der Römischen Juristen einstudieren: es werden ihm zwar manche Irrthümer im einzelnen übrig bleiben, aber auch diese wird er größtentheils bey etwas kritischem Sinn mit Hülfe von drey, vier Ausgaben, wie sie jeder leicht finden kann, mit Sicherheit zu berichtigen im Stande sey. Auch hierin sind zwey Dinge gänzlich verwechselt: dasjenige nämlich, was zur allmählichen und ganz erschöpfenden Entwicklung einer großen historischen Aufgabe allerdings gehört, mit dem was nothwendige Bedingung eines unmittelbar möglichen, in gewissem Sinne befriedigenden Grades sicherer Kenntniß ist. Alles, was hier Thibaut über die Unsicherheit unsres Textes sagt, gilt eben so von unsren heiligen Büchern; auch da wird die Kritik niemals ein Ende finden, aber wer überhaupt Nahrung und Freude in ihnen finden kann, wird dadurch gewiß nicht gestört werden. – Eine gerade entgegen gesetzte und viel verbreitetere Ansicht geht darauf, daß das Römische Recht viel leichter genommen werden könne und müsse, und daß nur wenig Zeit darauf[124] zu wenden sey. Dieses ist theils behauptet, theils (wie sich noch unten zeigen wird) praktisch ausgeführt worden, besonders wo bey eingeführten neuen Gesetzbüchern das Römische Recht bloßes Hülfsstudium werden sollte; desgleichen wenn von der Bildung künftiger Gesetzgeber die Rede war. Zu diesen Zwecken, glaubte man, sey das mühselige Detail entbehrlich, man könne sich mit dem, was man den Geist dieses Rechts nannte, begnügen. Dieser Geist nun besteht in dem, was sonst Institutionen heißt und was zum ersten Orientiren ganz gute Dienste leisten kann: die allgemeinsten Begriffe und Sätze ohne kritische Prüfung, ohne Anwendung und besonders ohne Quellenanschauung, wodurch alles erst wahres Leben erhält. Dieses nun ist ganz umsonst, und wenn man nicht mehr thun will, so ist selbst diese wenige Zeit völlig verloren: der einzige Nutzen, den ein solches Studium haben kann, ist die Erhaltung des Namens und der äußeren Form unsrer Wissenschaft, wodurch vielleicht in einer künftigen, besseren Zeit ihre Wiederbelebung erleichtert werden kann. Ganz heillos ist besonders die Ansicht, als ob ein künftiger Gesetzgeber, für welchen doch überhaupt dieser Stoff als wichtig und bildend anerkannt wird, mit einer solchen leichten, vornehmen Kenntniß, wofür das französische teinture die glücklichste Bezeichnung ist, auskommen könnte. Gerade für diese Anwendung auf eigene, neue Production ist noch weit mehr gründliche[125] Kenntniß nöthig, als für das gewöhnliche Geschäft des Juristen; man muß über den Buchstaben des historischen Materials sehr Herr geworden seyn, um dasselbe frey als Werkzeug zur Darstellung neuer Formen gebrauchen zu können, sonst ist das sermocinari tamquam e vinculis unvermeidlich. Jene verkehrte Ansicht ließe sich auf die Sprache ungefähr so anwenden, als ob man zwar für den Umgang und das gemeine Leben den Reichthum, die Kraft und die Fülle der Sprache kennen müßte, für die Poesie aber mit oberflächlicher Kenntniß genug haben könnte.

 Was nun hier von dem Studium des Rechts verlangt worden ist, soll nicht etwa in Büchern aufbewahrt, auch nicht einzelnen Gelehrten anvertraut, sondern Gemeingut aller Juristen werden, die mit Ernst und mit offenem Sinn für ihren Beruf arbeiten wollen. Es soll also eine lebendige Schule entstehen, so wie sämmtliche Römische Juristen, nicht blos die Sabinianer und eben so die Proculianer für sich, in der That Eine große Schule gebildet haben. Auch können nur aus einer solchen über die Gesammtheit der Juristen verbreiteten lebendigen Bearbeitung selbst die Wenigen hervorgehen, die durch ihren Geist zu eigentlicher Erfindung berufen sind, und es ist ein schädliches Vorurtheil, als ob diese sich immer finden würden, der Zustand der Schule möchte seyn welcher er wollte. Das Beyspiel von Montesquieu [126] ist in diesem Stück sehr lehrreich; niemand kann die unabhängige Kraft verkennen, womit er sich von der Beschränktheit seiner Zeit und Nation frey zu erhalten gestrebt hat: nun war er Jurist vom Handwerk und in einem pays de droit écrit, auch haben die Römer keinen eifrigern Verehrer als ihn gehabt, so daß es ihm an Veranlassung und Neigung, Römisches Recht zu kennen, nicht fehlen konnte; dennoch waren seine Kenntnisse hierin sehr mittelmäßig, und ganze Stücke seines Werkes werden dadurch völlig bodenlos, wovon seine Geschichte des Römischen Erbrechts[28] als Beyspiel dienen kann. Dies war die Folge der gänzlichen Nullität der juristischen Schule seiner Zeit, welche er nicht zu überwinden vermochte. Ueberhaupt wird sich Jeder durch gründliches Studium der Literargeschichte überzeugen, wie weniges in ihren Erscheinungen ganz den einzelnen Individuen, unabhängig von den Kräften und Bestrebungen des Zeitalters und der Nation, mit Wahrheit zugeschrieben werden kann. – Aber diese Gemeinschaft unsrer Wissenschaft soll nicht blos unter den Juristen von gelehrtem Beruf, den Lehrern und Schriftstellern, statt finden, sondern auch unter den praktischen Rechtsgelehrten. Und eben diese Annäherung der Theorie und Praxis ist es, wovon die eigentliche Besserung der Rechtspflege ausgehen muß, und worin wir vorzüglich[127] von den Römern zu lernen haben: auch unsere Theorie muß praktischer und unsere Praxis wissenschaftlicher werden, als sie bisher war. Leibniz urtheilte, daß unter den juristischen Schriftstellern fast nur die Verfasser von Consilien die Rechtswissenschaft wahrhaft erweiterten und durch Beobachtung neuer Fälle bereicherten[99]: zugleich wünscht er, daß eine Gesellschaft von etwa 30 Juristen neue Pandekten als Auszug alles wahrhaft praktischen und eigenthümlichen in neueren Schriftstellern verfassen möchte[100]. Unabhängig von Leibniz, aber in ähnlichem Sinne, schlägt Möser vor, durch planmäßige Sammlung wirklicher Rechtsfälle eines Landes neue Pandekten anzulegen[101]. Beides sehr schön; nur ist eine nothwendige Bedingung nicht mit in Rechnung gebracht, die Fähigkeit nämlich wahre Erfahrungen zu machen. Denn man muß das klare, lebendige Bewußtseyn des Ganzen stets gegenwärtig haben, um von dem individuellen Fall wirklich lernen zu können, und es ist also wieder nur der theoretische, wissenschaftliche Sinn, wodurch auch die Praxis erst fruchtbar und lehrreich erscheint. Allerdings ist in dem Mannichfaltigen die Einheit enthalten, aber wir sehen sie darin nicht, wenn wir nicht den ausgebildeten Sinn für dieselbe[128] mit hinzu bringen: ja, wir werden ohne diesen Sinn die individuelle Gestalt des Mannichfaltigen selbst nicht mit Sicherheit unterscheiden.

Darum hat in den Pandekten jeder Rechtsfall eine bestimmte Individualität: dagegen, wenn man Urtheilssprüche des achten und neunten Jahrhunderts liest, so lautet einer wie der andere, und es ist, als wenn sich nur immer derselbe Rechtsfall wiederholt hätte. Nicht als ob in der That die Verhältnisse selbst bis zu diesem Grad der Einförmigkeit herabgesunken wären; aber die Fähigkeit der Unterscheidung war verloren, und je mehr diese fehlt, desto unmöglicher ist sicheres und gleiches Recht. Ein treffliches Mittel zu dieser Annäherung der Theorie und Praxis würde ein zweckmäßiger Verkehr der Juristenfakultäten mit den Gerichtshöfen seyn, welcher neuerlich vorgeschlagen ist[102]. Die Juristenfakultäten als Spruchcollegien konnten dazu dienen, und thaten es wohl ursprünglich nach ihrer Weise: aber nachdem sie zu allgemeinen Urtheilsfabriken geworden, mußte ihre Arbeit meist handwerksmäßiger ausfallen, als die der bessern Gerichte, ja es stand nun bey alten Fakultäten nicht mehr in der Macht einsichtsvoller Mitglieder, dieses Verhältniß zu reinigen; nicht zu gedenken, daß durch die nothwendige Uebung dieses unerspriesslichen Handwerks der gelehrten Jurisprudenz die[129] besten Kräfte entzogen wurden und zum Theil noch entzogen werden. Zugleich ist diese Verknüpfung der Praxis mit einer lebendigen, sich stets fortbildenden Theorie das einzige Mittel, geistreiche Menschen für den Richterberuf wahrhaft zu gewinnen. Zwar Ehre und Rechtlichkeit kann der Richterstand auch ohne dieses haben, auch kann er sich fortwährend bilden durch Beschäftigungen außer seinem Beruf, wie sie jeden nach seiner Eigenthümlichkeit vorzugsweise ansprechen: aber ganz anders wird es seyn, wenn der eigene Beruf selbst durch seinen Zusammenhang mit dem Ganzen einen wissenschaftlichen Character annimmt, und selbst zu einem Bildungsmittel wird. Ein solcher Zustand allein wird alle Forderungen befriedigen können: der Einzelne wird nicht als bloßes Werkzeug dienen, sondern in freyem, würdigem Berufe leben, und die Rechtslehre wird wahre, kunstmäßige Vollendung erhalten. Auch die Franzosen haben dieses Bedürfniß anerkannt, nur freylich auf ihre eigene etwas unedle Weise.[103] Das nachtheiligste Verhältniß in dieser Rücksicht ist unläugbar dasjenige, worin der Richter darauf beschränkt seyn [130] soll, einen gegebenen Buchstaben, den er nicht interpretiren darf, mechanisch anzuwenden: betrachtet man dieses Verhältniß als den äußersten Punkt auf einer Seite, so würde das entgegen gesetzte äußerste darin bestehen, daß für jeden Rechtsfall der Richter das Recht zu finden hätte, wobey durch die Sicherheit einer streng wissenschaftlichen Methode dennoch alle Willkühr ausgeschlossen wäre. Zu diesem zweyten Endpunkte aber ist wenigstens eine Annäherung möglich, und in ihm wäre die älteste Deutsche Gerichtsverfassung in verjüngter Form wieder erweckt.

Ich bin oben von einem dreyfachen Bedürfniß ausgegangen: Rechtsquelle, Personal, und Prozeßform, alle in löblichem Zustande. Wie die Rechtsquelle auf gründlicher und verbreiteter Wissenschaft beruhen solle, ist gezeigt worden: desgleichen wie eben dadurch das Personal der Rechtspflege für diesen Beruf wahrhaft gewonnen werden könne. Allein beides wird allerdings nicht zureichen, wenn die Form des Prozesses schlecht ist. Von dieser Seite aber bedürfen manche Deutsche Länder einer schnellen und gründlichen Hülfe. Die allgemeinsten Gebrechen sind: Anarchie der Advokaten, Misbrauch der Fristen und ihrer Verlängerungen, Vervielfältigung der Instanzen und vorzüglich der Aktenversendung, die auf verständige Weise angewendet die trefflichsten Dienste leisten würde. Dagegen muß allerdings durch Gesetzgebung geholfen werden: auch ist gemeinsame Berathung [131] und Mittheilung der Deutschen Länder hierüber sehr wünschenswerth. Nur ist nicht nothwendig, daß gerade Eine allgemeine Form sogleich überall eingeführt werde. Mögen doch verschiedene

Erfahrungen gemacht werden, was sich als das beste bewährt, wird dann wohl allgemeinen Eingang finden. Zwischen dem Preussischen und dem bisherigen gemeinen Prozeß, deren Idee man als entgegengesetzt betrachten kann, liegen noch manche Abstufungen in der Mitte, über deren Werth wohl nur Erfahrung entscheiden kann.

Nach dieser Ansicht also würde in den Ländern des gemeinen Rechts zwar kein Gesetzbuch gemacht werden: aber die bürgerliche Gesetzgebung überhaupt ist damit keinesweges für entbehrlich erklärt. Außer den Gesetzen von politischem Grunde (welche nicht hierher gehören), würde sie ein doppeltes Object haben können: Entscheidung von Controversen, und Verzeichnis alter Gewohnheiten. Mit der gesetzlichen Entscheidung von Controversen wäre ein Haupteinwurf beseitigt, wodurch man bisher die praktische Anwendbarkeit des Römischen Rechts ohne weitere Untersuchung zu widerlegen geglaubt hat. Ueberdem ist es aber mit diesen Controversen so schlimm in der That nicht. Man muß erstlich nicht gerade alles für controvers halten, woran sich irgend einmal Unwissenheit oder Geistlosigkeit versucht hat, ohne sonderlichen Eingang zu finden. Zweytens braucht sich[132] die Gesetzgebung auch mit solchen Controversen nicht zu bemühen, die zwar in unsern Lehrbüchern stehen, aber in der Praxis sehr selten vorkommen. Rechnet man beide Fälle ab, so bleibt allerdings noch manches zu thun übrig, allein der Code Napoleon, so jung er ist, kann sich darin schon recht gut neben dem Römischen Rechte sehen lassen. Diese Controversen indessen wären vielleicht besser in Form provisorischer Verfügungen oder Anweisungen an die Gerichte zu entscheiden, als durch eigentliche Gesetze, indem durch jene der möglichen besseren Ergründung durch Theorie weniger vorgegriffen würde. – Das zweyte Objekt der Gesetzgebung wäre die Verzeichnung des Gewohnheitsrechts, über welches auf diese Weise eine ähnliche Aufsicht wie in Rom durch das Edict ausgeübt würde. Man darf nicht glauben, daß so das bisher bestrittene Gesetzbuch doch wieder zugelassen würde, nur unter anderem Namen: der Unterschied betrifft vielmehr gerade das Wesen der Sache. Nämlich in dieses Gewohnheitsrecht wird nur dasjenige aufgenommen, was durch wirkliche Uebung entschieden ist, und dieses wird ohne Zweifel jetzt, da man diese Entscheidung vor sich hat, völlig begriffen: das Gesetzbuch dagegen ist genöthigt, über alles zu sprechen, auch wenn kein Trieb dazu da ist, und keine specielle Anschauung dazu fähig macht, blos in Erwartung künftiger möglicher Fälle. Daß über die Art der Ausführung dieser übrig bleibenden[133] Zweige bürgerlicher Gesetzgebung hier nicht gesprochen werden kann, wird jedem von selbst einleuchten.

Ich habe bis jetzt für die Länder des gemeinen Rechts untersucht, welcher Weg für das bürgerliche Recht zunächst zu betreten ist, wenn dasselbe in einen löblichen Zustand kommen soll. Ich will noch das höhere Ziel hinzufügen, dessen Möglichkeit auf demselben Wege liegt. Ist einmal Rechtswissenschaft auf die hier beschriebene Weise Gemeingut der Juristen geworden, so haben wir in dem Stand der Juristen wiederum ein Subject für lebendiges Gewohnheitsrecht, also für wahren Fortschritt, gewonnen; von diesem Gewohnheitsrecht war unser Gerichtsgebrauch nur ein kümmerliches Surrogat, am kümmerlichsten der Gerichtsgebrauch der Juristenfakultäten. Der historische Stoff des Rechts, der uns jetzt überall hemmt, wird dann von uns durchdrungen seyn und uns bereichern. Wir werden dann ein eigenes, nationales Recht haben, und eine mächtig wirksame Sprache wird ihm nicht fehlen. Das Römische Recht können wir dann der Geschichte übergeben, und wir werden nicht blos eine schwache Nachahmung Römischer Bildung, sondern eine ganz eigene und neue Bildung haben. Wir werden etwas höheres erreicht haben, als blos sichere und schnelle Rechtspflege: der Zustand klarer, anschaulicher Besonnenheit, welcher dem Recht jugendlicher Völker eigen zu seyn pflegt, wird sich[134] mit der Höhe wissenschaftlicher Ausbildung vereinigen. Dann kann auch für zukünftige schwächere Zeiten gesorgt werden, und ob dieses durch Gesetzbücher oder in anderer Form besser geschehe, wird dann Zeit seyn zu berathen. Daß dieser Zustand jemals eintreten werde, sage ich nicht: dieses hangt von der Vereinigung der seltensten und glücklichsten Umstände ab. Was wir Juristen hinzu bringen können, ist offener Sinn, und treue tüchtige Arbeit: haben wir diese gethan, so mögen wir den Erfolg ruhig abwarten, vor allem aber uns hüten, dasjenige zu zerstören, was näher zu jenem Ziele führen kann.

Als das Jüdische Volk am Berge Sinai das göttliche Gesetz nicht erwarten konnte, machte es aus Ungeduld ein goldenes Kalb, und darüber wurden die wahren Gesetztafeln zerschlagen.

9.
Was bey vorhandenen Gesetzbüchern zu thun ist.

[135]

Ich komme nun zu den Deutschen Ländern, in welchen Gesetzbücher schon vorhanden sind: es versteht sich, daß darunter nur das Preussische Landrecht und das Oesterreichische Gesetzbuch gedacht werden kann, nicht der Code, welcher als eine überstandene politische Krankheit betrachtet werden muß, wovon wir freylich noch manche Uebel nachempfinden werden.

Ueber jene Deutschen Gesetzbücher nun habe ich meine Meynung schon geäußert; aber man würde mich misverstehen, wenn man diese Meynung so deuten wollte, als ob damit die Abschaffung der Gesetzbücher für etwas wünschenswerthes erklärt wäre. Diese sind vielmehr als eigene, neue Thatsachen in der Geschichte des Rechts zu behandeln, und ihre Aufhebung würde nicht nur unvermeidlich große Verwirrung zur Folge haben, sondern es müßte auch nachtheilig auf den öffentlichen Geist wirken, wenn dasjenige, was mit der besten Absicht und großer Anstrengung kaum vollendet war, plötzlich zurückgenommen werden sollte. Auch tritt ein großer Theil des Uebels, welches aus einem allgemeinen Gesetzbuche folgen würde, bey ihnen nicht ein, so lange in[136] andern Deutschen Ländern das gemeine Recht fortdauert. Also von Aufhebung ist nicht die Rede, wohl aber ist ernstlich zu bedenken, wie die Uebel vermieden werden können, die bey unrichtiger Behandlung der Gesetzbücher eintreten dürften.

Wen nämlich dasjenige, was über die Natur und Entstehung unsrer Gesetzbücher gesagt worden ist, überzeugt hat, der wird nicht zweifeln, daß dasselbe historisch begründete Rechtsstudium, welches vor ihrer Einführung nothwendig war, auch durch sie nicht im geringsten entbehrlicher geworden ist, und daß insbesondere gar nichts geleistet wird, wenn man glaubt, sich um ihretwillen nun mit einer oberflächlichen Darstellung des bisherigen Rechts behelfen zu können. Diese fortdauernde Nothwendigkeit ist für die unmittelbare Anwendung dringender bey dem Oesterreichischen Gesetzbuch (S. 108): aber sie ist aus anderen Gründen auch bey dem Preussischen Landrecht nicht geringer. Die häufig gehegte Erwartung also, daß das Rechtsstudium dadurch leichter und einfacher werden könne, ist irrig: soll es nicht schlecht und für den gegebenen Rechtszustand unzureichend werden (denn alsdann ist jeder Grad der

Vereinfachung möglich), so bleibt alle vorige Arbeit, und es kommt noch eine neue hinzu, die wegen Zerstörung der ursprünglichen Form unerfreulicher ist, als die vorige. Aber nicht blos für die gründliche Kenntniß und Anwendung der Gesetzbücher ist das vorige[137] Studium unentbehrlich, sondern auch für ihre Fortbildung und Vervollkommnung, die doch jeder für nothwendig erkennen wird, er mag auch den Werth derselben noch so hoch anschlagen. Denn die Gesetzbücher selbst sind auf theoretischem Wege entstanden, und nur auf diesem Wege können sie mit Sicherheit geprüft, gereinigt und vervollkommt werden. Für diese Arbeit scheint ein bloßes Collegium von Geschäftsmännern, die durch ihren Beruf und die Menge übriger Arbeiten ihren lebendigen Verkehr mit der Theorie zu beschränken genöthigt sind, nicht hinreichend. Auch die fortgesetzte Prüfung des Gesetzbuchs durch Achtsamkeit der Gerichte auf die Anwendung ist zwar vortrefflich, aber nicht hinlänglich: viele Mängel werden auf diesem Wege entdeckt werden können, dennoch bleibt der Weg selbst zufällig, und eben so viele Mängel können von ihm unberührt bleiben. Die Theorie steht zur Praxis nicht ganz in demselben Verhältniß, wie ein Rechnungsexempel zu seiner Probe.

Es ist interessant, zu betrachten, wie man in den Staaten, worin Gesetzbücher eingeführt sind, das Studium angesehen und geordnet hat. Dabey mag denn auch wieder der Zustand der Dinge in Frankreich, und zwar die gegenwärtige Einrichtung der Pariser Rechtsschule, in Betracht kommen[104]. Zu dieser[138] Schule gehören drey Professoren für den Code, einer für den Prozeß, einer für das Römische Recht, und diese sollen sich in jeder Rechtsschule finden; aber Paris hat noch außerdem zwey besondere Lehrstellen, für den code civil approfondi und für den code de commerce. Criminalrecht und Criminalprozeß, Rechtsgeschichte und altfranzösisches Recht werden nicht gelesen. Jeder Professor hält stets Einen Cursus, welcher einjährig ist (mit Abzug von 3 Monaten Ferien in Paris, an andern Orten aber nur von 2 Monaten), und wöchentlich aus drey anderthalbstündigen Vorlesungen besteht: dieser Umfang ist bey allen Vorlesungen derselbe. Der Code also wird in drey solchen Cursen gelehrt, indem jeder Lehrer nur ein Drittheil des Ganzen abhandelt. Jeder Professor hat einen suppléant, der für ihn eintritt, wenn er zu lesen verhindert ist. Das Römische Recht las Berthelot über die Institutionen des Heineccius, denen er eine französische Uebersetzung beygegeben hatte, damit die Zuhörer sie verstehen könnten; seit Berthelots Tode liest es dessen bisheriger suppléant Blondeau, aber, was man nicht glauben sollte, über den Code, indem er bey jedem Artikel die Abweichungen bemerkt. Der Baccalaureus muß zwey Jahre, der Licentiat drey, der Doctor vier Jahre studiert haben; dem ersten ist der Cursus des Römischen Rechts vorgeschrieben, für den zweyten ist dessen Wiederholung eigenem Gutdünken überlassen, dem[139] dritten ist diese Wiederholung wiederum vorgeschrieben: was aber wohlgemerkt immer nur die Wiederholung derselben Institutionen bey demselben Lehrer ist. Es wird nicht nöthig seyn, nach dem, was bisher ausgeführt worden ist, noch besondere Grunde gegen diesen Studienplan vorzubringen; aber besonders merkwürdig ist der greifliche Zirkel, worin man sich befindet. Die Redactoren selbst haben oft erklärt, daß der Code zur Anwendung nicht hinreiche, sondern für diese die Ergänzung durch Wissenschaft nothwendig sey. Und doch dreht sich der wissenschaftliche Unterricht wieder ganz um den Code, denn das wenige Römische Recht ist gar nicht zu rechnen. Welches ist denn also die factische Grundlage dieser Wissenschaft? ohne Zweifel der Gerichtsgebrauch, derselbe Gerichtsgebrauch, dessen Verschiedenheit aufzuheben das wichtigste Bestreben schien, und der durch Auflösung der alten Gerichte und

Vermischung ihrer Sprengel alle Haltung verloren hat! Daß nun ein solcher Zustand nicht stehen bleibt, sondern immer weiter rückwärts führt, ist handgreiflich. Es liegt in der Natur, daß in jedem Zeitalter der Zustand der Rechtswissenschaft durch den Wert desjenigen bestimmt wird, was dieses Zeitalter als nächstes Object des Studiums in der That (wenn gleich nicht immer den Worten nach) betrachtet und behandelt; stets wird die Rechtswissenschaft etwas und vielleicht viel tiefer stehen, als dieses Object. So z. B. hatten die ersten[140] Glossatoren den Vortheil, daß sie aus den Quellen selbst zu schöpfen genöthigt waren, diese waren also ihr Object; Bartolus dagegen hatte schon die Schriften der Glossatoren zum Object, die sich nunmehr zwischen die gegenwärtigen Juristen und die Quellen gestellt hatten, und dieses ist ein Hauptgrund, warum die Schule des Bartolus so viel schlechter ist, als die der Glossatoren. Derselbe Rückschritt wird überall statt finden, wo nicht der Grundsatz befolgt wird, jeden Stoff bis zu seiner Wurzel zu verfolgen, welcher Grundsatz oben als der Character der historischen Methode angegeben worden ist. So denn auch bey dem Code; wenn z. B. einer der Redactoren auch die übertriebenste Meynung vom Werthe des Code hegte, so würde er doch im Vertrauen bekennen, daß er selbst höher stehe, als dieses sein Werk: er würde einräumen, daß er selbst seine Bildung unabhängig von dem Code erhalten habe, und daß die gegenwärtige Generation, die durch den Code erzogen werden soll, nicht auf den Punkt kommen würde, worauf er selbst steht, und worauf er fähig war, ein solches Werk hervorzubringen. Diese einfache Ueberlegung wird dasselbe Resultat überall haben, wo man mit Einführung des neuen Gesetzbuchs zugleich das vorige Studium zerstört, gleichsam die Brücke hinter sich abwerfend, auf welcher man über den Strom gekommen ist.

Die neue Oesterreichische Studienordnung (von[141] 1810) verbindet das juridische und politische Studium zu einem Ganzen[105], welches in vier Jahren dergestalt geendigt wird, daß diese ganze Zeit hindurch täglich drey Stunden den Vorlesungen bestimmt sind[106]. Jeder Lehrgegenstand wird nur einmal gehört. Deutsches Recht kommt nicht vor, ohne Zweifel deshalb, weil es auch vor dem neuen Gesetzbuch in Oesterreich wenig verbreitet war[107]. Dagegen wird allerdings Römisches Recht gelehrt, und die Gründe, welche die Aufnahme desselben in den Lehrplan bewirkt haben, sind die trefflichsten und liberalsten. Der erste ist die Entstehung des neuen Gesetzbuchs aus dem Römischen Recht: der zweyte, daß das bisherige gemeine Recht (und besonders der Römische Theil desselben) zu jeder positiven Rechtswissenschaft in einem ähnlichen Verhältniß stehe, wie die alten Sprachen zur allgemeinen Bildung: nämlich als das eigentlich gelehrte Element, wodurch unser Fach zur Wissenschaft werde, und zugleich als das[142] Gemeinsame unter den Juristen verschiedener Völker[108]. Diese Ansicht, die ohne Zweifel die der Studiencommission selbst ist[109], verdient gewiß den größten Beyfall: allein ob die gewählten Mittel zu diesem anerkannten Zweck hinreichen, muß ich bezweifeln. Zwar soll der Lehrer des Römischen Rechts eine Geschichte desselben voraus schicken, und dahin trachten, daß der Zuhörer »das System desselben in seinen Grundzügen und aus seinen Quellen kennen lerne«[110]: allein bey der vorgeschriebenen beschränkten Zeit ist es ganz unmöglich, mehr als gewöhnliche Institutionen vorzutragen, da für das ganze Fach nur eine halbjährige Vorlesung von zwey Stunden täglich (nach schriftlichen Nachrichten eigentlich neun Stunden die Woche) bestimmt ist, also genau dieselbe Zeit wie in Paris. Was in einer so kurzen Zeit möglich ist, kann jeder leicht berechnen: auch ist bereits ein Lehrbuch für die Vorlesungen nach diesem Plane erschienen[111], an welchem deutlich zu sehen ist, wie unbefriedigend dieser Unterricht bleiben muß, und gewiß ohne Schuld des Verfassers, dessen Fleiß und Kenntniß neuerer Fortschritte der Rechtswissenschaft[143] vielmehr das beste Lob verdient. Es käme nur darauf an, sich von der Unzulänglichkeit dieses Planes zu überzeugen, und dabey die Erfahrung anderer Deutschen Länder unbefangen zu Rathe zu ziehen: an Mitteln zu einer andern Einrichtung würde es nicht fehlen, am wenigsten an Zeit. Der Plan ist darauf berechnet, daß jeder Studierende täglich drey Stunden höre; nimmt man anstatt dessen fünf Stunden an, so werden in vier Jahren 16 einfache Collegien gewonnen, und es können dann nicht nur alle zum gelehrten Studium unentbehrliche Fächer, sondern auch die Hauptvorlesungen bey mehreren Lehrern gehört werden, wodurch erst rechtes Leben in den Unterricht der Universitäten kommt. Zwar glaubte man, daß fünf Stunden täglich nach der Localität zu viel sey, indem es z. B. zu viel Anstrengung kosten würde, drey Stunden ununterbrochen zu hören[112]: allein ich berufe mich auch hierüber auf die Erfahrung anderer Deutschen Universitäten, wo dieses niemals die geringste Schwierigkeit macht. Davon, daß es Universitäten giebt, wo manche Studenten 10-11 Stunden täglich hören, will ich nicht sprechen, denn dieses wird auch dort für einen sehr schädlichen Misbrauch erkannt, dem man entgegen zu arbeiten sucht.

[144] In den Preußischen Staaten ist auch seit Einführung des Landrechts niemals eine Studienordnung vorgeschrieben worden, und diese durch alte Erfahrung Deutscher Universitäten bewährte Freyheit ist stets unversehrt geblieben. Auch die Anzahl der Lehrer, wie sie vorher durch das gemeine Recht nöthig war, ist nicht vermindert worden, und die Curatoren der Universitäten haben niemals in den Lehrern oder den Studierenden die Meynung erregt, als wäre ein Theil der vorher nöthigen Vorlesungen für entbehrlich zu achten. Ursprünglich hielt

man es für räthlich, daß auf jeder Universität wenigstens Eine Hauptstelle für das Preußische Recht bestimmt würde, und es wurde ein ansehnlicher Preiß für das beste Lehrbuch ausgesetzt[113]. Allein selbst dieses wurde in der Folge nicht mehr befördert, wie denn die Universität zu Berlin das Preußische Recht bis jetzt nicht gelehrt hat. Dieselbe Ansicht liegt den eingeführten Prüfungen zum Grunde, indem die erste Prüfung, bey dem Eintritt in wirkliche Geschäfte, blos auf gemeines Recht gerichtet wird: die nächste Zeit ist nun für die unmittelbar praktische Bildung des Rechtsgelehrten bestimmt[114], und erst die nun folgenden zwey Prüfungen[145] haben auch das Landrecht zum Gegenstande, jedoch ohne daß das gemeine Recht dabey ausgeschlossen wäre. Offenbar ist also gegenwärtig die Bildung des Juristen, als aus zwey Hälften bestehend, gedacht, so daß die erste Hälfte (die Universität) nur die gelehrte Grundlage, die zweyte dagegen die Kenntniß des Landrechts, die des Preußischen Prozesses, und die praktische Fertigkeit zur Aufgabe hat. Dafür, daß die erste Hälfte nicht aus Bequemlichkeit verkürzt werde, hat man nicht durch eine specielle Studienordnung gesorgt, wohl aber erstlich durch das vorgeschriebene Triennium[115], so daß die Anwendung dieser Zeit, wie billig, der eigenen Wahl und dem Rathe der Lehrer überlassen blieb; zweytens durch die Vorschrift, bey der Zulassung zum Staatsdienste auch auf das Zeugniß der Universitätslehrer, und selbst auf das frühere Schulzeugniß, Rücksicht zu nehmen[116]. Man muß bedenken, mit welchem Ernst und welcher Anstrengung das Landrecht gemacht worden ist, um die ganze Achtung zu empfinden, welche diesem Verfahren der Preußischen Regierung gebührt. Denn auch bey der festen Ueberzeugung, daß das neu eingeführte ein unbedingter[146] Fortschritt sey, hat sie dennoch mit edler Scheu sich enthalten, der fest gewurzelten wissenschaftlichen Gewohnheit zu gebieten, die durch das Bedürfniß und die

Einsicht der Zeiten allmählich entstanden und entwickelt war. Rühmliche Erwähnung verdient auch der gründliche Sinn des Kammergerichts, auf dessen Veranlassung im Jahr 1801. den juristischen Fakultäten der Gebrauch lateinischer Lehrbücher empfohlen wurde, weil seit Einführung der Deutschen Lehrbücher die juristische Kunstsprache den Juristen weniger geläufig war[117]; noch sicherer und vollständiger als durch Lehrbücher dürfte freylich dieser Zweck durch die Quellen selbst erreicht werden. – Was insbesondere die Vorlesungen über das Landrecht betrifft, so glaube ich allerdings, daß diese in der gegenwärtigen Lage besser nicht gehalten werden, indem zum praktischen Bedürfniß die spätere Einübung hinreicht, eine wissenschaftliche Seite aber dem Gegenstande abzugewinnen, aus Mangel an speciellen geschichtlichen Quellen, schwer seyn dürfte. Anders würde es vielleicht seyn, wenn der oben (S. 94) ausgesprochene Wunsch öffentlicher Mittheilung von Materialien des Landrechts in Erfüllung gehen sollte.

Betrachten wir nun nochmals die drey genannten Gesetzbücher im Zusammenhang, und in besonderer Beziehung auf das Studium des Rechts, so ist[147] einleuchtend, daß ein eigenthümliches wissenschaftliches Leben aus ihnen nicht entspringen kann, und daß sich auch neben ihnen wissenschaftlicher Geist nur in dem Maaße lebendig erhalten wird, als die geschichtlichen Quellen dieser Gesetzbücher selbst fortwährend Gegenstand aller juristischen Studien bleiben. Derselbe Fall aber müßte unfehlbar eintreten, wenn wir ein Gesetzbuch für Deutschland aufstellen wollten. Thibaut, welcher dieses anräth, will, wie sich bey ihm von selbst versteht, nicht die Wissenschaftlichkeit aufheben, vielmehr hofft er gerade für diese großen Gewinn. Welches nun die Basis der künftigen Rechtsstudien seyn soll, ob (wie in Preußen) die alten Quellen, oder (wie in Frankreich und Oesterreich) das neue

Gesetzbuch selbst, sagt er nicht deutlich, doch scheint mehr das letzte seine Meynung[118]. Ist aber dieses der Fall, so fordere ich jeden auf, bey sich zu erwägen, ob auf eines der drey schon vorhandenen neuen Gesetzbücher, unabhängig von den Quellen des bisherigen Rechts und dieser Gesetzbücher selbst, eine wirklich lebendige Rechtswissenschaft möglicherweise gegründet werden könne. Wer aber dieses nicht für möglich erkennt, der kann es auch nicht für das vorgeschlagene Gesetzbuch behaupten. Denn ich halte es, aus den oben entwickelten Gründen, für ganz unmöglich, daß dasselbe von den bisherigen[148] Gesetzbüchern nicht blos durch Vermeidung einzelner Mängel (was allerdings gedacht werden kann), sondern generisch verschieden ausfalle; ohne eine solche generische Verschiedenheit aber wird die Untauglichkeit zu Begründung einer selbstständigen Rechtswissenschaft stets dieselbe seyn. Was alsdann eintreten wird, läßt sich leicht vorhersehen. Wir werden entweder gar keine juristische Literatur haben, oder (was wahrscheinlicher ist) eine so flache, fabrikmäßige, unerträgliche, wie sie uns unter der Herrschaft des Code zu überschütten angefangen hatte, und wir werden dann alle Nachtheile eines cultivirten, verwickelten, auf literarisches Bedürfniß gebauten Zustandes empfinden, ohne durch die eigenthümlichen Vortheile desselben entschädigt zu werden. Ja, um alles mit Einem Worte zu sagen, es könnte leicht kommen, daß der Zustand des bürgerlichen Rechts bey uns schlechter würde, als er in Frankreich ist; denn das Streben nach wissenschaftlicher Begründung gehört nicht zu den nationalen Bedürfnissen der Franzosen, wohl aber zu den unsrigen, und ein so tief wurzelndes Bedürfniß läßt sich nicht ungestraft hintansetzen.

Wollte man dagegegen die Rechtswissenschaft auch neben dem neuen Gesetzbuch auf die alten Quellen gründen, so würden die oben[119] angegebenen Schwierigkeiten eintreten, und man würde das Studium, anstatt es zu vereinfachen, vielmehr verwickeln[149] und weniger belohnend einrichten, also dem wahren Zwecke gerade entgegen arbeiten. Man möchte etwa glauben, der Erfolg würde ganz derselbe seyn, wie er bey einem ähnlichen Verfahren in den Preussischen Staaten wirklich vor Augen liegt, wo gewiß das Personal der Rechtspflege trefflich ist und allgemeine Achtung genießt und verdient; aber auch diese Erwartung halte ich für eine leere Täuschung. Denn zwey Umstände dürfen dabey nicht übersehen werden, die den Erfolg in anderen Deutschen Ländern leicht ungünstiger bestimmen dürften: erstlich, daß der allgemeine Character der Preußischen Einrichtungen auch dieser einzelnen Einrichtung zusagt, und ihre Ausführung in gesundem Zustande erhält, was sich in anderen Deutschen Ländern schwerlich so zeigen würde: zweytens aber und weit mehr dieses, daß selbst in den Preussischen Staaten die Lage des Rechts durch das vorgeschlagene Gesetzbuch der übrigen Deutschen Länder anders werden würde. Denn die Bildung der Preußischen Juristen wird begründet auf den Universitäten, also durch die Quellen des gemeinen Rechts: das Studium auf den Universitäten also macht mit dem der übrigen Deutschen Ein Ganzes aus. Es ist aber nicht zu bestimmen, wie viel Lebenskraft dieses Studium noch dadurch zieht, daß seine Quellen im übrigen Deutschland geltendes Recht sind, und wie ihm allmählich Kraft und Leben schwinden würde, wenn diese Quellen überall unmittelbar[150] zu gelten aufhören sollten. Dann also würde durch das Deutsche Gesetzbuch selbst für die Preussischen Staaten das Studium entkräftet seyn, und gegen dieses zu befürchtende Uebel kann uns begreiflich die Erfahrung nicht sicher stellen, die bis jetzt der Preussische Staat gemacht hat.

10.

Das Gemeinsame.

[151]

Die Folge dieser Ansichten ist, daß das wissenschaftliche Studium des Rechts, als welchem alle Erhaltung und Veredlung desselben obliegt, in beiderley Ländern, denen die Gesetzbücher haben, und die sie nicht haben, dasselbe seyn müsse. Ja nicht auf das gemeine Recht allein beschränke ich diese Gemeinschaft, sie muß vielmehr auch auf die Landesrechte erstreckt werden aus zwey Gründen. Erstlich weil die Landesrechte großentheils nur durch Vergleichung und durch Zurückführung auf alte nationale Wurzeln verstanden werden können: zweytens weil schon an sich alles geschichtliche der einzelnen Deutschen Länder für die ganze Nation ein natürliches Interesse hat. Daß die Landesrechte bisher am wenigsten auf diese Weise behandelt worden sind, wird niemand läugnen[120]; aber viele Gründe lassen für die Zukunft allgemeinere Theilnahme an der vaterländischen Geschichte hoffen, und davon wird auch das Studium der Landesrechte belebt werden, die eben so wenig als das gemeine Recht dem blosen Handwerk anheim fallen dürfen. Und so führt unsre Ansicht auf einem anderen[152] Wege zu demselben Ziel, welchem die Freunde des allgemeinen Gesetzbuchs nachstreben, aus dem bürgerlichen Recht nämlich eine gemeinsame Angelegenheit der Nation, und damit zugleich eine neue Befestigung ihrer Einheit zu machen; nur führt unsre Ansicht vollständiger dahin, indem sie in der That alle Deutschen Lande umfaßt, während durch das vorgeschlagene Gesetzbuch Deutschland in drey große Ländermassen zerfallen würde, die durch das bürgerliche Recht sogar schärfer als vorhin geschieden wären: Oesterreich nämlich, Preußen, und die

Länder des Gesetzbuchs[121].

Daß nun diese Gemeinschaft des bürgerlichen Rechts in allen wirklichen Einrichtungen anerkannt und vorausgesetzt werde, halte ich eben wegen jener durch sie mit zu begründenden Vereinigung für eine der wichtigsten Angelegenheiten der Nation. Wie es keine Preussische und Bairische Sprache oder Literatur giebt, sondern eine Deutsche, so ist es auch mit den Urquellen unsres Rechts und mit deren geschichtlicher[153] Erforschung; daß es so ist, hat kein Fürst mit Willkühr gemacht, und keiner kann es hindern, nur kann es verkannt werden: aber jeder Irrthum über das, was wahrhaft der Nation angehört, und fälschlich als dem einzelnen Stamme eigen behandelt wird, bringt Verderben.

Sehen wir nun um uns, und suchen ein Mittel, wodurch dieses gemeinsame Studium äußerlich begründet und befördert werden könne, so finden wir ein solches, nicht mit Willkühr ersonnen, sondern durch das Bedürfniß der Nation seit Jahrhunderten bereitet, in den Universitäten. Die tiefere Begründung unsres Rechts, und vorzüglich des vaterländischen, für welches noch am meisten zu thun ist, ist von ihnen zu erwarten, aber auch mit Ernst zu fordern. Allein damit sie diesem Beruf ganz genügen könnten, müßte ein Wunsch erfüllt werden, in welchen gewiß auch diejenigen herzlich einstimmen werden, welchen bis jetzt unsre Ansicht entgegen gesetzt war. Oesterreich, Baiern und Würtemberg, diese trefflichen, gediegenen Deutschen Stämme, stehen (theils von jeher, theils gegenwärtig) mit dem übrigen Deutschland nicht in dem vielseitigen Verkehr des Universitätsunterrichts, welcher den übrigen Ländern so großen Vortheil bringt; theils Gewohnheit, theils beschränkende Gesetze hemmen diesen Verkehr. Die Erfahrung dieser letzten Zeit hat gezeigt, welches Zutrauen die Deutschen Völker zu einander fassen dürfen,[154] und wie nur in der innigsten Vereinigung ihr Heil ist. Darum scheint es an der Zeit, daß jener Verkehr nicht nur völlig frey gestattet, sondern auf alle Weise begünstigt und befördert werde: für gefährlich kann ihn jetzt niemand halten, und wie er wohlthätig für die Verbrüderung der Völker wirken könne, muß jedem einleuchten. Aber nicht blos politisch würde dieser unbeschränkte und vielseitige Verkehr höchst wichtig seyn, sondern auch noch mehr für den innern, wissenschaftlichen Werth der Lehranstalten selbst. Wie sich bey dem allgemeinen Welthandel ein irriges Münzsystem einzelner Staaten nicht halten kann, ohne bald in schlimmen Folgen empfunden und entdeckt zu werden, so würde eine mangelhafte Einrichtung einzelner Universitäten durch diesen erwünschten Verkehr bald erkannt und verbessert werden können; alle Universitäten würden sich gegenseitig halten und heben, und die Erfahrung einer jeden würde ein Gemeingut aller werden.

11.
Thibauts Vorschlag.

[155]

Thibaut versichert im Eingang seiner Schrift, daß er als warmer Freund seines Vaterlandes rede, und gewiß, er hat ein Recht, dieses zu sagen. Denn er hat zur Zeit des Code in einer Reihe von Recensionen auf die Würde der Deutschen Jurisprudenz gehalten, während Manche die neue Weisheit, Manche selbst die Herrschaft, wozu diese führte, mit thörichtem Jubel begrüßten. Auch das Ziel seines Vorschlags, die festere, innigere Vereinigung der Nation, bestätigt diese gute Gesinnung, die ich mit Freuden anerkenne. Bis auf diesen Punkt also sind wir einig, und darum ist unser Streit kein feindseeliger, uns liegt derselbe

Zweck ernsthaft am Herzen, und wir berathen und besprechen uns über die Mittel. Aber freylich über diese Mittel sind unsre Ansichten sehr entgegen gesetzt. Vieles davon ist schon oben im Zusammenhang dieser Schrift abgehandelt worden, der eigentliche Vorschlag selbst ist nun noch zu prüfen.

Thibaut nimmt an, das vorgeschlagene Gesetzbuch könne in zwey, drey, vier Jahren gemacht werden[122], nicht als bloser Behelf, sondern als ein[156] Ehrenwerk, welches als Heiligthum auf Kinder und Kindeskinder vererbt werden möge[123], und woran auch in Zukunft nur noch in einzelnen Stellen nachzubessern seyn würde[124]. Für leicht hält er die Arbeit keinesweges, vielmehr für das schwerste unter allen Geschäften[125]. Natürlicherweise ist die Hauptfrage die, wer dieses Werk machen soll, und dabey ist es höchst wichtig, daß wir uns nicht durch übertriebene Erwartungen von der Gegenwart täuschen lassen, sondern ruhig und unparteyisch überschlagen, welche Kräfte uns zu Gebote stehen. Dieses hat auch Thibaut gethan; auf zwey Classen von Arbeitern müssen wir rechnen, Geschäftsmänner und Juristen von gelehrtem Beruf, und beide verlangt, wie sich von selbst versteht, auch er. Aber von den Geschäftsmännern im einzelnen ist seine Erwartung sehr mäßig[126], und auch auf die Gelehrten setzt er nach einigen Äußerungen keine übertriebene Hoffnung[127]. Eben deshalb fordert er eine collegialische Verhandlung: nicht Einer, auch nicht Wenige, sondern Viele und aus allen Ländern sollen das Gesetzbuch machen[128].

Allerdings giebt es Geschäfte im Leben, worin sechs Menschen genau sechsmal so viel ausrichten als Einer, andere worin sie sogar mehr, noch andere[157] dagegen worin sie weit weniger als dieses leisten. Das Gesetzbuch nun ist eine solche Arbeit, worin die vereinigte Kraft Vieler keinesweges eine nach Verhältniß erhöhte Kraft seyn würde. Noch mehr: es wird als ein löbliches, treffliches Werk auf diesem Wege gar nicht entstehen können, und zwar aus dem einfachen Grunde, weil es nach seiner Natur weder eine einzelne Bestimmung, noch ein Aggregat solcher einzelnen Bestimmungen ist, sondern ein organisches Ganze. Ein Richtercollegium z. B. ist deshalb möglich, weil über Condemnation oder Absolution in jedem einzelnen Fall die Stimmen abgegeben und gezählt werden können. Daß damit die Verfertigung des Gesetzbuchs keine Aehnlichkeit hat, leuchtet von selbst ein. Ich komme auf dasjenige zurück, was oben erörtert worden ist. Unter den Römern zur Zeit des Papinian war ein Gesetzbuch möglich, weil ihre gesammte juristische Literatur selbst ein organisches Ganze war: man könnte (mit einem Kunstausdruck der neueren Juristen) sagen, daß damals die einzelnen Juristen fungible Personen waren. In einer solchen Lage gab es sogar mehrere Wege, die zu einem guten Gesetzbuch führen konnten: entweder Einer konnte es machen, und die Andern konnten hinterher einzelne Mängel verbessern, was deswegen möglich war, weil in der That jeder einzelne als Repräsentant ihrer juristischen Bildung überhaupt gelten konnte: oder auch Mehrere konnten, unabhängig[158] von einander, jeder das Ganze ausarbeiten, und durch Vergleichung und Verbindung dieser Werke würde ein neues entstanden seyn, vollkommner als jedes einzelne, aber mit jedem gleichartig.

Nun bitte ich jeden, mit diesem Zustand den unsrigen zu vergleichen, der jenem gerade hierin völlig entgegen gesetzt ist. Um mit dem geringeren anzufangen, wähle jeder in Gedanken eine Anzahl der jetztlebenden Juristen aus, und frage sich, ob aus deren gemeinschaftlicher Arbeit auch nur ein System des bestehenden Rechts hervorgehen könne: er wird sich bald von der völligen Unmöglichkeit überzeugen. Daß aber ein Gesetzbuch eine viel größere Arbeit ist, und daß von ihm besondere ein höherer Grad organischer Einheit verlangt werden muß, wird gewiß niemand läugnen. In der That also würde das Gesetzbuch, wenn es nicht durch blos mechanische Zusammensetzung unlebendig und darum völlig verwerflich seyn soll, doch nicht von jenem Collegium gemacht werden können, sondern nur von einem Einzelnen; die übrigen aber würden nur untergeordnete Dienste leisten können, indem sie bey einzelnen Zweifeln Rath und Gutachten ertheilten, oder die fertige Arbeit durch Entdeckung einzelner Mängel zu reinigen suchten. Wer uns aber dieses zugiebt, der muß für die gegenwärtige Zeit an der Möglichkeit überhaupt verzweifeln; denn eben jenen einzelnen, den wahren Gesetzgeber, zu finden, ist ganz unmöglich,[159] weil wegen der völligen Ungleichartigkeit der individuellen Bildung und Kenntniß unsrer Juristen kein einzelner als Repräsentant der Gattung betrachtet werden kann.

Wer auch nach dieser Betrachtung noch an die Möglichkeit einer wirklich collegialischen Verfertigung des Gesetzbuchs glauben möchte, der wolle doch die Discussionen des Französischen Staatsraths, die Thibaut so treffend geschildert hat[129], auch nur in einem einzelnen Abschnitt durchlesen. Ich zweifle nicht, daß unsre Discussionen in manchen Stücken besser seyn würden; aber, auf die Gefahr hin, der Parteylichkeit für die Franzosen beschuldigt zu werden, kann ich die Ueberzeugung nicht verbergen, daß die unsrigen in anderer Rücksicht hinter diesem Vorbild zurück bleiben dürften.

Es ist oft verlangt worden, daß ein Gesetzbuch populär seyn solle, und auch Thibaut kommt einmal auf diese Forderung zurück[130]. Recht verstanden, ist diese Forderung wohl zuzugeben. Die Sprache nämlich, die das wirksamste Mittel ist, wodurch Ein Geist zum andern kommen kann, hemmt und beschränkt auch diesen geistigen Verkehr vielfältig; oft wird der beste Theil des Gedankens von diesem Medium absorbirt, wegen der Ungeschicklichkeit entweder des Redenden, oder des Hörers. Aber durch[160] Naturanlage oder Kunst kann dieses Medium so unterworfen werden, daß beiderley Ungeschicklichkeit nicht mehr im Wege steht. Der Gedanke schreitet dann weg über die verschiedene Art und Bildung der hörenden Individuen, und ergreift sie in dem gemeinsamen geistigen Mittelpunkt. Dann kommt es, daß die Hohen befriedigt werden, während auch den Geringen alles klar ist: beide sehen den Gedanken über sich als etwas höheres, bildendes, und beiden ist er erreichbar. So ist irgendwo ein wunderthätiges Christusbild gewesen, das die Eigenschaft hatte, eine Hand breit höher zu seyn, als der größte Mann, der sich daran stellen mochte: kam aber ein Mann von mäßiger Größe, oder ein kleiner, so war der Unterschied dennoch derselbe, nicht größer. Diesen einfältigen, einzig populären Styl sehen wir (um nur von der einheimischen Literatur zu reden) in unsren besseren Chroniken, aber er kann auch in mancherley anderen Arten erscheinen. Wenn wir ihn einmal wieder finden, dann wird manches treffliche möglich seyn, unter andern eine gute Geschichtschreibung, und unter andern auch ein populäres Gesetzbuch.

12.
Schluß.

[161]

Ich fasse nochmals in kurzen Worten zusammen, worin meine Ansicht mit der Ansicht der Freunde eines Gesetzbuchs übereinstimmt, und worin sich beide unterscheiden.

In dem Zweck sind wir einig: wir wollen Grundlage eines sicheren Rechts, sicher gegen Eingriff der Willkühr und ungerechter Gesinnung; desgleichen Gemeinschaft der Nation und Concentration ihrer wissenschaftlichen

Bestrebungen auf dasselbe Object. Für diesen Zweck verlangen sie ein Gesetzbuch, was aber die gewünschte Einheit nur für die Hälfte von Deutschland hervorbringen, die andere Hälfte dagegen schärfer als vorher absondern würde. Ich sehe das rechte Mittel in einer organisch fortschreitenden Rechtswissenschaft, die der ganzen Nation gemein seyn kann.

Auch in der Beurtheilung des gegenwärtigen Zustandes treffen wir überein, denn wir erkennen ihn beide für mangelhaft. Sie aber sehen den Grund des Uebels in den Rechtsquellen, und glauben durch ein Gesetzbuch zu helfen: ich finde ihn vielmehr in uns, und glaube, daß wir eben deshalb zu einem Gesetzbuch nicht berufen sind.

[162] Wie in unsrer Zeit gesprochen sind die Worte eines der edelsten Deutschen des sechzehnten Jahrhunderts[131]:

> Nam nihi aspicienti legum libros, et cognita pericula Germaniae, saepe totum corpus cohorrescit, cum reputo quanta incommoda secutura sint, si Germania propter bella amitteret hanc eruditam doctrinam juris et hoc curiae ornamentum ... Non igitur deterreamur periculis, non frangamur animis,.... nec possessionem studii nostri deseramus. – – Itaque Deus flectat animos principum ac potentum ad hujus doctrinae conservationem, magnopere decet optare bonos et prudentes. Nam hac remota, ne dici potest quanta in aulis tyrannis, in judiciis barbaries, denique confusio in tota civili vita secutura esset, quam ut Deus prohibeat, ex animo petamus.

II. Abteilung.

1. Thibauts Nachträge zu seiner Schrift. 2. Ausgabe. 1814.

Bald nach der 1. Ausgabe erschien Thibauts Streitschrift in seinen »Civilistischen Abhandlungen« (Heidelberg bey Mohr und Zimmer, 1814, Vorrede vom August 1814) S. 404 bis 466 als die 19. von 20 Abhandlungen in erweiterter Fassung (2. Ausgabe).

Neunzehnte Abhandlung.
Ueber die Nothwendigkeit eines allgemeinen bürgerlichen Rechts für Deutschland.

Vor einiger Zeit gab ich eine kleine Flugschrift heraus, welche die Rubrik dieser Abhandlung als Titel führt, und durch folgende Vorrede begleitet ist:

(Es folgt dann die oben abgedruckte Vorrede zur 1. Fassung. Die Nachträge – »Zusätze« – sind nachstehend wortgetreu abgedruckt; Zusatz 1 bezieht sich auf die Vorrede, die übrigen auf die Schrift selbst; es sind auch sonstige Änderungen mitaufgenommen.

Der 6. und 7. Zusatz findet sich bereits wörtlich in der erwähnten, 2-1/2 Druckseiten umfassenden Selbstanzeige Thibauts, Heidelb. Jahrb. 1814 Nr. 33.)

1. Zusatz: So viel ich von allen Seiten vernehme, hat die

Schrift vielen von denen gefallen, um deren Beyfall es mir besonders zu thun war, d. h. Männern, welche warme Vaterlandsliebe zu schätzen wissen, die Bedürfnisse der Nation kennen, und das kräftige, freye Wort in Ehren halten, wenn es nicht leichtsinnig mit unerreichbaren Idealen spielt. Da kleine Schriften dieser Art gewöhnlich in kurzer Zeit verloren gehen, und ich doch die längere Erhaltung derselben zu wünschen Ursach habe, so nehme ich sie hiemit in diese größere Schrift auf, mit einer ziemlichen Reihe von Zusätzen vermehrt, welche in mehrerer Hinsicht für meinen Hauptgedanken von Bedeutung sind. In der Gesellschaft exegetischer Abhandlungen über das römische Recht wird denn diese Abhandlung auch den Lesern, welche sonst nichts von meinen Schriften kennen, zum Beweise dienen, daß ich dem Römischen Recht nicht deswegen abhold bin, weil ich gelehrte Nachforschungen über dasselbe gescheuet habe.

2. Zusatz: oder sein muß,

3. Zusatz: (z. B. die Nothwendigkeit ständischer Verfassung)

4. Zusatz: Was eigentlich für Deutschland vom Römischen Recht unbedingten Werth hat, sind nur die, ich möchte sagen, exegetischen Theile desselben; aber im Grunde auch nur insofern, als sie zum Muster dienen können, keineswegs aber als Gesetze. Die große Masse seiner Erörterungen nämlich, welche in Beziehung auf den Sinn und Umfang der einzelnen Servituten, Legate, und Verträge in den Pandekten und dem Codex vorkommt, enthält einen Schatz geistvoller und scharfsinniger Erörterungen; aber im Ganzen doch nur in dem Sinn, daß gezeigt wird, was unter einem Römischen Worte nach dem gewöhnlichen Sprachgebrauch in allen möglichen Beziehungen zu verstehen sey. So lernen wir denn wohl, was usus, habitatio und supellex bey den Römern hieß; aber was nun unsre

Worte: Gebrauch, Wohnung und Hausrath bezeichnen, darüber kann uns kein römischer Classiker Aufschluß geben; und es hat daher unsrer juristischen Gewandtheit und Eigenthümlichkeit unendlich geschadet, daß wir, unbekümmert um unsre Worte und die feinen Schattirungen unsrer Wortbedeutungen, alles nach den Römischen Entscheidungen maßen, grade als ob die juristischen Classiker der Römer auf die Anfragen Deutscher Bürger geantwortet hätten. Der eigentlich legislative Theil des Römischen Rechts paßt uns aber gar nicht an, auch wo man ihn nicht grade schlecht und dem Römischen Volksgeist gemäß nennen wollte. Der deutsche Sinn ist immer auf das Feste, Mäßige, Einfache gegangen; auf billige, sittliche, häusliche Verhältnisse; Gleichheit der Geschlechter; wohlwollende, achtungsvolle Behandlung der Weiber, besonders der Mütter und Wittwen; weise und kräftige Einwirkung der Obrigkeit in allen Verhältnissen, wo man ihrer bedarf; Einfachheit der Verpflichtungsarten, aber auch dagegen Sicherheit des Eigenthums und der Hypotheken durch wohlgeordnete, offenkundige Staatsanstalten. Ganz anders war der Geist des Römers. Ganze Massen des ältern Rechts lassen sich auf militairisch-republicanischen Mannstrotz, Stolz und Egoismus, und eine Art militairischer Steifheit und Pedanterey zurückführen. Daher diese unerhörte Despotie des Hausvaters; diese Entfernung aller mütterlichen Gewalt; diese harte Zurücksetzung der Weiber bey der Erbfolge; dieser fast gänzliche Mangel obrigkeitlicher Aufsicht bey Vormundschaftsangelegenheiten; diese grenzenlose Neigung, alle Geschäfte in strikte Formeln einzukleiden, und die Verträge von allen Seiten einzuengen, während da, wo von der Sicherheit gegen Dritte, und von der Sicherheit Dritter die Rede ist, nirgend eine mitwirkende Staatsanstalt hülfreich erscheint. Unter den Kaisern ist an allen diesen und ähnlichen Dingen nun zwar vielfach herumgefeilt; aber eine wesentliche Umwandlung ist nie erfolgt, ja es ist später sogar manches noch verschlimmert, wie das Hypotheken-System; und so hat denn die Deutsche Praxis sich damit begnügen müssen, da und dort noch ein Stückchen wegzustehlen, ohne je zu der Einfalt und Festigkeit zu gelangen, welche unserm Charakter allein anpaßt, und ohne unsre Eigenthümlichkeit frey ausbilden zu können. Unsre Hausväter haben noch immer zu viel Rechte; unsre Wittwen sind häufig viel zu sehr zurückgesetzt; unsre Sicherheits-Anstalten sind durch das Einwirken Römischer Privilegien überall durchlöchert, und unsre Grundsätze über die Heiligkeit der Verträge haben über viele feinere Folgesätze des Römischen Contracten-Systems (z. B. in Beziehung auf die pacta adjecta) nie den Sieg davon getragen. Jeder denkende Germanist wird es einräumen, daß die feinen Verfälschungen, welche Römische Begriffe in die unsrigen gebracht haben, fast zahllos sind. Was uns würde anpassend gewesen seyn, das ist zum Theil die alte Römische Strenge; das alte Hypotheken-System, insofern es keine Privilegien kannte; und jene hohe Achtung gegen die Person des Bürgers, welche sich in Beziehung auf Criminal-Sachen, und in Ansehung der Freyheit der Emigration so laut aussprach. Allein grade diese herrlichen hellen Punkte wurden unter den Kaisern in Nacht und Finsterniß gehüllt; und so wird denn kein Deutscher Mann, dem der Himmel in diesen Zeiten der Abspannung und Demüthigung milde Deutsche Kraft und Einfalt erhalten hat, irgend eine Hauptlehre des Römischen Rechts entdecken können, von der er behaupten möchte, daß sie ächten Deutschen Sinn zu beleben und zu befestigen im Stande sey.

5. Zusatz: nicht; und bey dem Allen ist ein fester Boden auch nicht einmal mit voller Sicherheit zu gewinnen. Denn schon in den Handschriften findet sich viel critische Willkühr, und noch mehr in den Ausgaben, ohne daß ein strenger Beweis möglich ist, weil fast alle, von den

Herausgebern benutzten Handschriften unbekannt, oder verloren gegangen sind. Für Kenner brauche ich in dieser Hinsicht nur an die Haloandrischen Ausgaben der Institutionen, der Pandekten und des Codex zu erinnern, worin im Ganzen eine gewisse critische Willkühr klar am Tage liegt, ohne daß man sie je in dem einzelnen Fall streng erweisen kann.

6. Zusatz: Daß jene, grade in der Periode des Verfalls der Römischen Rechtswissenschaft emporgekommenen Rechtsschulen durch die große Menge ihrer Lehrer der Rhetorik und Grammatik der Rechtsgelehrsamkeit nicht aufgeholfen haben, ist freylich wahr. Allein was ließ sich in dieser Periode der Entkräftung durchsetzen? So viel läßt sich indeß immer mit Sicherheit behaupten, daß auch nicht einmal das geleistet seyn würde, was Justinianus vollbrachte, wenn auf den damaligen Rechtsschulen das Positive so ins Unendliche gegangen wäre, als bei uns, und daß die Juristen vom gänzlichen Untergange gerettet wurden, weil ihr einheimisches Recht dem Handwerk wenig zu thun gab, und die lebhafte Mitwirkung vieler Rhetoren und Grammatiker immer ein mächtiger Damm gegen volle Barbarey blieb.

7. Zusatz: Man fürchte auch nicht, daß das Studium der Philologie und Rechtsgeschichte, dessen Unentbehrlichkeit ich gern zugebe, bey einem einfachen National-Gesetzbuch irgend einige Gefahr laufe. Es wird vielmehr bedeutend gewinnen, wenn man nur die Sache von der rechten Seite ansieht, und gehörig behandelt. Belehrende und erhebende Geschichts- und Alterthumsforschungen sind nicht das mikrologische Zusammenscharren und Zergliedern jeder Kleinigkeit, sondern das Bestreben, das Lehrreiche und Fruchtbare kräftig herauszuheben, und für menschliche Zwecke in einen lichtvollen Zusammenhang zu bringen. Wozu führt uns aber in dieser Hinsicht unser ganzes juridisches Sprach- und Antiquitäten-Wesen? An ein

mißrathenes, verwirrtes, grenzenlos verwickeltes Gesetzbuch geschmiedet, müssen wir Riesenkräfte zusetzen, um chaotische Details zu erklären, welche dem gesetzgebenden Verstande wenig Nahrung geben; und bei dem allen ist doch der Blick nur höchst beschränkt auf eine Kleinigkeit gerichtet. Ein recht thätiger Gelehrter kann ein ganzes Jahr gebrauchen, um die Schicksale der Römischen Intestat-Erbfolge und Concurslehre gehörig aus den Quellen zu prüfen, und dreyßig Stunden, um darüber das wesentliche Resultat seiner Forschungen in Vorlesungen mitzutheilen. Aber was ist am Ende der Gewinn für den denkenden Rechtsforscher? Nichts, als auf der einen Seite, daß man ein altes, für die Periode roher Mannskraft passendes, sehr kurzsichtig gefaßtes Gesetz erst recht buchstäblich handhabe, aber dann durch zahllose Beschränkungen am Ende ganz zum Fallen brachte; und auf der andern Seite, daß die kräftige ältere Ansicht über die Nothwendigkeit unbedingter Sicherheit erst da und dort durch Politik und Schwäche beschränkt ward, daß eine Sünde zur andern führte, und daß am Ende das ganze Hypotheken-System sich durch sich selbst zerstörte. Ein geistvoller Lehrer könnte das, was von dem allen zur Belebung des rechtlichen Verstandes gebraucht werden kann, in wenig Stunden entwickeln; aber jetzt bedarf es zur Erklärung des Positiven eines solchen Wustes zahlloser Details, daß man fast vor den Bäumen den Wald nicht zu sehen bekommt. Dafür muß man denn entbehren, was grade unentbehrlich ist. Denn das ist nicht die wahre belebende Rechtsgeschichte, welche mit gefesseltem Blick auf der Geschichte Eines Volkes ruht, aus dieser alle Kleinigkeiten engherzig herauspflückt, und mit ihrer Mikrologie der Dissertation eines großen Praktikers über das: et cetera gleicht. Wie man den Europäischen Reisenden, welche ihren Geist kräftig berühren, und ihr Innerstes umgekehrt wissen wollen, den Rath geben sollte, nur außer Europa ihr Heil zu versuchen: so sollten auch unsre Rechtsgeschichten, um wahrhaft pragmatisch zu werden, groß und kräftig die Gesetzgebungen aller andern alten und neuen Völker umfassen. Zehn geistvolle Vorlesungen über die Rechtsverfassung der Perser und Chinesen würden in unsern Studirenden mehr wahren juristischen Sinn wecken, als hundert über die jämmerlichen Pfuschereyen, denen die Intestat-Erbfolge von Augustus bis Justinianus unterlag. Hätten wir daher ein einfaches einheimisches Gesetzbuch, so könnte die Zeit, welche jetzt auf tödtende, ermüdende historische Erörterungen zu verwenden ist, grade der ächten, belebenden Rechtsgeschichte gewidmet werden. Auch für die Philologie würde auf diese Art mehr geschehen können. Alle jetzigen Philologen werden es bezeugen können, daß ihnen unsre jungen Juristen nicht viel Freude machen; und wir Rechtsgelehrten wissen den Grund am besten. Wo sollten junge Gemüther noch ungeschwächte Kraft für das philologische Studium her bekommen, wenn wir Rechtslehrer ihnen erst die Schwungfedern in einer Sündfluth wunderlicher Gesetze gebadet haben? Man gebe uns dagegen ein einfaches, unserm Volkssinn entsprechendes, in vaterländischer, kräftiger Sprache entworfenes Gesetzbuch: dann werden unsre Regierungen ohne Ungerechtigkeit verlangen können, daß jeder junge Jurist, welcher sich zum Examen stellt, die Griechischen Redner und seinen Cicero gründlich müsse studirt haben; und dann werden unsre Juristen-Facultäten auch die Freude haben, daß ihre Candidaten, nach dem neulichen Beispiel der trefflichen Studenten in Oxford, durchreisenden hohen Häuptern mit Lateinischen und Griechischen Oden andienen können.

8. Zusatz: haben, oder wagte wenigstens allein zu handeln, wo der Einzelne sich allein nie alles zutrauen soll;

9. Zusatz: Erwägen wir aber noch genauer die Vortheile des Zusammenwirkens gelehrter und geübter Rechtskenner aus

allen Deutschen Reichsländern, so wird es fast unwidersprechlich, daß nur eine solche Versammlung im Stande ist, alles Gute zu vereinigen, und allem Schlechten ein Ende zu machen. Wenn ein deutsches National-Gesetzbuch das Resultat der National-Kraft seyn soll, so muß dabey durchaus benutzt werden, was bisher in jedem Lande für Gesetzgebung geschah. Kein Land kann zwar in dieser Hinsicht etwas Vollendetes aufweisen; aber einzelne gute Ideen finden sich doch zerstreut überall; und es gibt gewiß kein Particular-Recht, selbst so weit es durch gelegentliche landesherrliche Verordnungen ausgebildet ist, worin nicht sehr nutzbare, weise, originelle Ideen vorkommen. Dieß weiß jeder Facultist, welcher nur zufällig bei Acten-Arbeiten etwas von den Local-Rechten erfuhr. Einzelne gelehrte Germanisten können sich aber diese Schätze nicht gründlich zu eigen machen. Die Masse des Ganzen ist zu unermeßlich, und zum Theil unverständlich, sofern man nicht die Praxis des Particular-Rechts beobachtet hat, und mit der Geschichte des Landes aufs innigste vertraut ist. Stellen also unsre Regenten aus jedem Lande einen erfahrenen Kenner des Rechtes dieses Landes zu der großen Versammlung, so würde nun eine erschöpfende Austauschung guter Ideen Statt finden, und eine reiche Erfahrung zum gemeinsamen Zweck weise benutzt werden können. Vielleicht noch heilsamer würde es aber seyn, daß nun auf diese Weise auch die Fehler sich an einander abschleifen werden. Wir müssen es zugestehen: schon unter den Römischen Kaisern, und eben so sehr in dem neueren Europa, ist der Sinn für kräftige Einfalt des Rechts immer mehr abgestorben, und alles ist von Tage zu Tage mehr und mehr durch furchtsame Ausnahmen, Beschränkungen und Billigkeitssätze so herabgestimmt, daß die vielfache Kleinlichkeit unsers National-Characters gewiß in mancher Hinsicht unsrer bürgerlichen Rechtsverfassung zugeschrieben werden muß.[p] Laßt jetzt einmal Deputirte aus allen Ländern ihre mitgebrachten Kleinlichkeiten gegen einander legen: dieses Heer von Eigenthumsbeschränkungen; dieses bunte Gewirr endloser Concurs-Privilegien, und diese Unermeßlichkeit mannigfaltiger Verjährungsfristen, der kein Gedächtniß gewachsen ist. Da werden alle nothwendig von Staunen und Widerwillen ergriffen werden, und es ist mit höchster Wahrscheinlichkeit zu erwarten, daß das Uebermaaß allen die Augen öffnen, und alle zu einer weisen, einfachen Gesetzgebung zwingen wird, wobei Jeder seine Kleinlichkeiten aufgibt, um von denen des Andern befreyt zu werden. Da wäre denn die Einfalt errungen, deren wir mehr bedürfen, als viele andere Völker. Denn unsre politische Trennung, und die Beschränktheit der Kraft der einzelnen Regenten, muß mannigfaltige Kleinlichkeiten, und eine politische Gedrücktheit zur Folge haben, wodurch wir leicht zu einer gewissen Aengstlichkeit und Kleinherzigkeit gestimmt werden können. Gebt also dem Bürger das unschätzbare Glück, daß er unter dem Schutz kräftiger, ungekünstelter Gesetze in allen Beziehungen frey, sicher und trotzig gegen seinen Mitbürger auftreten, und ohne alle Aengstlichkeit und Nächstenfurcht sich des Seinigen als Familienvater, Eigenthümer und Geschäftsmann erfreuen kann. Das wird den ächten germanischen Sinn wieder aufregen, dem Staat rüstige Vertheidiger schaffen, und uns von den zahlreichen Ausgeburten befreyen, welche bisher so recht eigentlich darauf ausgingen, alle französische Zierereyen und Verzerrungen bey unserm Volke einheimisch zu machen.

10. Zusatz: Mehr Unwandelbarkeit wird zwar unser Recht dadurch bekommen, auch da, wo Aenderungen nöthig sind. Allein darüber braucht man nicht zu erschrecken. Denn so werden wir auch umgekehrt von dem weit größeren Uebel unausgesetzter leichtsinniger Aenderungen befreyt. Eine gewisse Unbeweglichkeit der Gesetzgebung hat

immer mehr genutzt, als geschadet, und die Engländer haben gewiß eben daher einen Theil ihrer Gediegenheit und Kraft, daß Aenderungen der Gesetze selten bey ihnen sind, und daß das Parlament nicht gleich durch jeden ersten Zweifel einzelner Richter sich zu Neuerungen verleiten läßt.

11. »Ich muß daher auf die möglichen Haupteinwürfe etwas näher eingehen,« (Aenderung).

12. Zusatz: abzuwenden, selbst wo es durch bittre Erfahrungen in seinen Hoffnungen getäuscht war.

13. »der« statt »des« (Aenderung).

14. Zusatz: und in den, von ihnen erlernten Gesinnungen,

15. »Wahrheit« statt »Wahrheiten« (Aenderung).

16. Zusatz: Als man, da und dort den Degen halb gezogen,

17. Zusatz: gelang, und bey daurendem Glück unfehlbar ganz gelungen seyn würde.

18. Zusatz: Am wenigsten lasse man sich aber dadurch irre machen, daß die gänzliche Umänderung unsers bürgerlichen Rechts unter den eigentlich gelehrten Rechtskennern vielleicht die mehrsten Widersacher finden wird. Das wird stets so bleiben; und jetzt ist es gar nicht anders zu erwarten. Bittre Worte müssen darüber gesagt werden; aber die Wahrheitsliebe macht diese Bitterkeit zur Pflicht. Was hat denn in diesen dürren Jahren die Nation von den Gelehrten an Unterstützung erhalten, von ihnen, denen die ganze Welt zum Broderwerb offen steht, und denen die Freymüthigkeit um so mehr obgelegen hätte, da sie mehr, wie Andre, die Fähigkeit besitzen, auf eine feine und geschickte Art der Wahrheit gebührend zu huldigen? Fast nirgend entdecken wir, auf unsre letzte Vergangenheit zurücksehend, gelehrte Catonen; aber leider genug Feige, Eitle, niedrige Kriecher und Schmeichler, und eigennützige Gelegenheitsmacher, zum Theil mit grenzenloser Schamlosigkeit, so daß es zur ewigen Warnung wohl der Mühe werth wäre, alle Elendigkeiten, wodurch unsre

Gelehrten in diesen Zeiten ihr Vaterland schändeten, in einer derben Chronik der Nachwelt zu überliefern. Lassen wir aber auch diese Trostlosigkeiten auf sich beruhen: für kräftige Umwälzungen wird die Mehrzahl der eleganten Juristen nie gestimmt seyn. Keiner von ihnen übersieht in der Regel das ganze Recht; wenigen von ihnen werden die Bedürfnisse des Volks durch Beobachtung klar, und die mächtige Triebfeder des Eigennutzes wird keinen in Bewegung setzen, vielmehr wird es immer vortheilhafter für sie seyn, die mühsam errungenen critisch-historischen Schätze in gehöriger Sicherheit zu halten, und gegen bessernde Einrichtungen zu kämpfen, damit ihnen nicht die Pflicht werde, den neuen Menschen anzuziehen. Welche Erfahrungen haben wir in dieser Hinsicht gehabt! Luther erkannte es, daß das kanonische Recht den Protestanten durchaus nicht anpaßte. Nach wiederholtem Eifern verbrannte er dasselbe öffentlich vor den Thoren von Wittenberg. Aber grade die gelehrten protestantischen Juristen wurden seine ärgsten Widersacher, und am Ende mußte er sich selbst noch wieder zu Vorlesungen über das verhaßte Gesetzbuch verstehen, um doch wenigstens gegen die gröbsten Mißbräuche kräftig warnen zu können. Auch edle Triebfedern mögen hier zur Einseitigkeit führen; aber die Einseitigkeit bleibt was sie ist. Ein geistvoller, tief gelehrter Rechtskenner, welcher die schwersten Untersuchungen mit brennender Lust und Liebe zur Sache, und einer glücklichen Gewandtheit anstellt, setzt nur zu leicht voraus, daß sein Publicum durch ihn entzündet werde, und daß am Ende vielleicht Jedermann sich auf die Höhe des Meisters schwinge. Allein prüft nur nachher, was euren Zuhörern, auch den Besten, hängen geblieben ist, und wie sich in der Folge der Lehrling macht, wenn er sich eine Weile durch das schwerfällige und quälende bürgerliche Leben hindurch gearbeitet hat. Da wird auf die rosenrothen Hoffnungen des Meisters eine finstre Demuth folgen, und da wird die Ueberzeugung unvermeidlich werden, daß nur die Rechtswissenschaft der Verbreitung und voller Wirksamkeit fähig seyn kann, welche dem gemeinen Verstande auf dem graden Wege zugänglich ist, und in dem gemeinen Verstande die hauptsächlichsten Grundlagen für ihre Lehren hat. Das kann man freylich zugeben, daß wir vielleicht künftig für Abfassung eines neuen Gesetzbuchs noch fähiger werden, als wir jetzt sind; allein vielfach gesunken, und gegen ferneres Sinken keineswegs gesichert, könnten wir auch leicht das umgekehrte Schicksal haben; und so darf denn die jetzige Generation verlangen, daß man sie nicht ungewissen Hoffnungen opfere, und daß man zunächst für ihr Glück, als die sicherste Grundlage des Glückes der Nachkommen, gebührende Sorge trage.

2. Thibauts Besprechung (Antikritik) der Schrift Savignys.

Aus den Heidelbergischen Jahrbüchern der Litteratur. 1814. No. 59.

Vom Beruf unsrer Zeit für Gesetzgebung und Rechtswissenschaft. Von D. Friedrich Carl von Savigny, ordentl. Prof. des Rechts zu Berlin, und ordentl. Mitglied der Königl. Akademie der Wissenschaften daselbst. Heidelberg bey Mohr und Zimmer. 1814. 162 S. gr. 8.

Als ich vor nicht langer Zeit einige Zusätze zu meiner kurz vorher erschienenen Abhandlung: Ueber die Nothwendigkeit eines allgemeinen bürgerlichen Rechts für Deutschland herausgab, fügte ich die Wahrsagung hinzu, daß mein Vorschlag unter den eigentlich gelehrten Romanisten unfehlbar die mehrsten Widersacher finden werde.[E] Meine innigste Ueberzeugung zwang mich, darüber auch bittere Worte fallen zu lassen, wobey ich jedoch natürlich nicht an Herrn von Savigny dachte und denken konnte, da das ganze Publikum mit mir seinen Namen nicht ohne die höchste Achtung ausspricht, sowohl in Beziehung auf ächte Gelehrsamkeit, Tiefe und Helle des Geistes, als auch mit Rücksicht auf jene männliche Ruhe, Kraft und Unparteylichkeit, ohne welche in keinem practischen Fach etwas Gediegenes vollendet werden kann. Allein bey folgenden Worten hatte ich ihn, wie wenige Andre, doch ahndend im Sinn: »Auch edle Triebfedern mögen hier zur Einseitigkeit führen; aber die Einseitigkeit bleibt was sie ist. Ein geistvoller, tief gelehrter Rechtskenner, welcher die schwersten Untersuchungen mit brennender Lust und Liebe zur Sache, und einer glücklichen Gewandtheit anstellt, setzt nur zu leicht voraus, daß sein Publikum durch ihn entzündet werde, und daß am Ende vielleicht Jedermann sich auf die Höhe des Meisters schwinge. Allein prüft nur nachher, was euren Zuhörern, auch den besten, hängen geblieben ist, und wie sich in der Folge der Lehrling macht, wenn er sich eine Weile durch das schwerfällige und quälende bürgerliche Leben hindurch gearbeitet hat. Da wird auf die rosenrothen Hoffnungen des Meisters eine finstre Demuth folgen, und da wird die Ueberzeugung unvermeidlich werden, daß nur die Rechtswissenschaft der Verbreitung und voller Wirksamkeit fähig seyn kann, welche dem gemeinen Verstande auf dem graden Wege zugänglich ist, und in dem gemeinen Verstande die hauptsächlichsten Grundlagen für ihre Lehren hat. Das kann man freylich zugeben, daß wir vielleicht künftig für die Abfassung eines neuen Gesetzbuchs noch fähiger werden, als wir jetzt sind; allein vielfach gesunken, und gegen ferneres Sinken keineswegs gesichert, könnten wir auch leicht das umgekehrte Schicksal haben; und so darf denn die jetzige Generation verlangen, daß man sie nicht ungewissen Hoffnungen opfere, und daß man zunächst für ihr Glück, als die sicherste Grundlage des

Glücks der Nachkommen, gebührende Sorge trage.«

Diese Ahndung hat mich nun nicht betrogen, und es freut mich in sofern aufs innigste, als jede vollendet dargestellte Ansicht eines classischen Schriftstellers immer ihren hohen Werth hat. Herr v. S. sucht nämlich in der vorliegenden Schrift auszuführen, daß das jetzige Zeitalter sowohl formell, in Beziehung auf die Sprache, als materiell, in Rücksicht des innern Zusammenhangs und der Vollständigkeit der civilistischen Grundsätze, zu einer brauchbaren bürgerlichen Gesetzgebung unfähig sey. Zum Zweck dieser Behauptung hat der Verf. die Hauptmängel des Code Napoléon, des neuen Preußischen und des Oesterreichischen Gesetzbuchs kurz hervorgehoben. Vor allen Dingen hält er die, so unentbehrliche organische Einheit des Gesetzbuchs für unmöglich, wenn das Werk, wie ich vorgeschlagen hatte, einer großen Versammlung von Rechtsgelehrten aus allen Deutschen Reichsländern übertragen werde. Sein Vorschlag geht demnach dahin: das Römische Recht soll überall allgemeine, subsidiaire Rechtsquelle bleiben, auch wo die neuen, beyzubehaltenden, Gesetzbücher eingeführt sind; aber eine geistvolle historische Behandlung soll demselben das, bis jetzt fehlende Leben geben; man soll allmählig dessen Controversen, wenigstens durch vorläufige Verfügungen, entscheiden, und auf den Deutschen Academien, von denen aller Zwang zu entfernen ist, auch die Deutschen Statutargesetzgebungen zum Gegenstande academischer Vorträge machen. – Ein genauerer Auszug der Ideen des Verf. ist hier unnöthig, und unmöglich. Denn wer die Arbeit eines solchen Schriftstellers über einen solchen Gegenstand ungelesen lassen kann, dem ist doch nicht zu helfen; und den großen Reichthum der Erörterungen, welche uns der Verf. in einer gedrängten trefflichen Sprache gegeben hat, können bloße Umrisse auf keine Weise anschaulich machen. Es muß hier also jenen Andeutungen unmittelbar die Beurtheilung selbst folgen.

Diese Beurtheilung setzt mich nun aber in einige Verlegenheit. Hätte mich der Verf. für seine Ansichten gewonnen, so würde es wohl als die beste unparteyische Critik gelten können, wenn ich hiemit meine eignen früheren Vorschläge zurücknähme. Allein ich bin in der Hauptsache nicht durch ihn bekehrt, so gern ich auch die Zurechtweisung eines solchen Schriftstellers benutzt hätte; und so bleibt mir denn nur die Wahl, entweder aufs Neue für meine Ansicht zu sprechen, oder, als Mit-Redacteur dieser Jahrbücher, Dritte zu Schiedsrichtern zwischen dem Verf. und mir aufzurufen. Zu dem Letzten bin ich aber wieder außer Stande. Denn unter unsern thätigen Mitarbeitern im juridischen Fach kenne ich nur drey, denen ich in dieser Sache ein Urtheil zutrauen möchte, und von allen dreyen weiß ich gewiß, daß sie in der Hauptsache für meine Ansicht sprechen werden. Es ist aber wohl natürlich, daß ich mein eigenes Lob in diesen Jahrbüchern nicht anders aufnehme, als wenn es mir ein Recensent unerwartet aufdrängt. So bleibt mir denn nichts übrig, als meine offene Replik die Stelle einer Beurtheilung vertreten zu lassen. Der Verf., welcher mir das, aus seinem Munde doppelt erfreuliche Lob gibt, daß ich auch in den Zeiten der Noth als warmer Freund des Vaterlandes der Wahrheit öffentlich gehuldigt habe, wird gewiß, von gleichen Gesinnungen beseelt, eine solche Replik auf allen Fall lieber sehen, als gänzliches Schweigen in diesen Jahrbüchern.

Die Hauptfragen unter uns sind diese: ist ein neues einheimisches gemeines bürgerliches Recht dringendes Bedürfniß der Deutschen? Läßt sich darauf rechnen, daß wir fähig sind, ein neues Gesetzbuch zu schaffen, welches unsern Rechtszustand gründlich bessert? und führen die Vorschläge des Verf. vielleicht am leichtesten und sichersten zu diesem Ziele? Ich muß die ersten beyden Fragen nach wie vor bejahen, die letzte Frage aber verneinen. Folgendes mag und muß darüber an diesem Orte genügen.

Ein neues einheimisches gemeines Recht scheint mir aus dem doppelten Grunde dringendes Bedürfniß, theils weil ohne dies keine wahre National-Einheit, und Einfachheit der Rechtsverfassung möglich ist, theils weil unser bisheriges gemeines Reichsrecht, in sofern es bedeutend ist, d. h. das Römische Recht, die Haupterfordernisse eines guten Gesetzbuchs der Deutschen nicht hat.

Ueber den ersten Punct habe ich mich schon in meiner früheren Abhandlung ausführlich erklärt, und ich finde mich nicht widerlegt, wenn der Verf. S. 42. 43 dagegen dies erinnert: »In jedem organischen Wesen, also auch im Staate, beruht die Gesundheit darauf, daß beydes, das Ganze und jeder Theil, im Gleichgewicht stehe, daß jedem sein Recht widerfahre. Daß ein Bürger, eine Stadt, eine Provinz den Staat vergessen, dem sie angehören, ist eine sehr gewöhnliche Erscheinung, und jeder wird diesen Zustand für unnatürlich und krankhaft erkennen. Aber eben so kann die lebendige Liebe zum Ganzen bloß aus der lebendigen Theilnahme an allen einzelnen Verhältnissen hervorgehen, und nur wer seinem Hause tüchtig vorsteht, wird ein trefflicher Bürger seyn. Darum ist es ein Irrthum, zu glauben, das Allgemeine werde an Leben gewinnen durch die Vernichtung aller individuellen Verhältnisse. Könnte in jedem Stande, in jeder Stadt, ja in jedem Dorfe ein eigenthümliches Selbstgefühl erzeugt werden, so würde aus diesem erhöhten und vervielfältigten individuellen Leben auch das Ganze neue Kraft gewinnen. Darum, wenn von dem Einfluß des bürgerlichen Rechts auf das Vaterlandsgefühl die Rede ist, so darf nicht geradezu das besondere Recht einzelner Provinzen und Städte für nachtheilig gehalten werden. Lob in dieser Beziehung verdient das bürgerliche Recht, in soferne es das Gefühl und Bewußtseyn des Volkes berührt oder zu berühren fähig ist; Tadel, wenn es als etwas fremdartiges, aus Willkühr entstandenes, das Volk ohne Theilnahme läßt. Jenes aber wird öfter und leichter bey besonderen Rechten einzelner Landstriche der Fall seyn, obgleich gewiß nicht jedes Stadtrecht etwas wahrhaft volksmäßiges seyn wird. Ja für diesen politischen Zweck scheint kein Zustand des bürgerlichen Rechts günstiger, als der, welcher vormals in Deutschland allgemein war: große Mannigfaltigkeit und Eigenthümlichkeit im Einzelnen, aber als Grundlage überall das gemeine Recht, welches alle Deutschen Volksstämme stets an ihre unauflösliche Einheit erinnerte.«

Ich selbst habe im Anfange meiner Abhandlung erklärt, wie sehr ich die Vortheile der Eigenthümlichkeit und Mannigfaltigkeit der einzelnen Deutschen Länder zu erkennen weiß, und bin daher auch wohl von dem unbedachtsamen Haufen unsrer Politiker, welche nur das Sturmlaufen verstehen, recht grämlich beurtheilt worden, – mir zur Freude und Genugthuung. Auch habe ich es laut anerkannt, daß ich die bürgerliche Einheit keineswegs wünsche, wo entschiedene Oertlichkeiten derselben entgegenstehen. Allein eine solche Mannigfaltigkeit und Einheit, wie sie unser Verf. nach dem Obigen wünscht, scheint mir die Nation noch tiefer in ihre bisherige grenzenlose Ohnmacht und Zersplitterung herabzustoßen. Wenn das, was grade die Menschen am mehrsten zusammenhält, – das lebendige Wesen des täglichen Thuns und Treibens, so recht buntschäckig und launevoll werden soll: wo wird dann der brüderliche, gleiche Volkssinn dadurch Nahrung finden, daß jeder den Trost hat, im Nothfall werde auch noch wohl einmal die Definition oder Entscheidung eines leidigen fremden Gesetzbuchs für einzelne Fälle durchgreifend werden, wie z. B. ein feiner Satz über die petitio hereditatis, während nach den originellen Statutar-Rechten auf dieser Seite eines Deutschen Berges die Frauen als Intestat-Erbinnen ihres Mannes neben den Vettern nichts bekommen, und auf jener Seite den Kindern vorgehen? Ich muß es wiederholen, und ich weiß, daß viele

Deutsche Männer von einfachem, kräftigem Sinn auf meiner Seite stehen: es ziemt dem Deutschen, dem Nachbarn seine Launen, Moden und Gefühle zu lassen, und es soll hoch und in Ehren gehalten werden, was überall das unerklärbare Angebohrne Eigenthümliches geschaffen hat: aber Bescheidenheit und Vaterlandsliebe sollen sich fügen und schicken, wo die Ueberlegung zu richtigen Begriffen kommen kann; wo leichter Verkehr den Segen der Einfachheit unwidersprechlich macht; wo bey der Vielfachheit in der Regel ein Theil offenbar irrt: und dies ist grade bey unsern bürgerlichen Einrichtungen der Fall. Der Wunsch, ein sicheres Eigenthum zu haben; die häuslichen Verhältnisse und Intestat-Erbrechte nach den, überall im Ganzen gleichen verwandtschaftlichen und ehelichen Neigungen eingerichtet zu sehen; sich auf den Fall der Zahlungsunfähigkeit des Schuldners fester Rechte zu erfreuen; an allen Seiten Sicherheitsformen zu haben, aber lästiger Formalien überhoben zu seyn, – über diese und tausend andre Dinge des bürgerlichen Rechts werden die Einwohner Deutschlands nur Eine Stimme haben, wenn sie gehörig angeregt und belehrt werden; und selbst ein Befehl könnte hier genügen, wie manche der Länder zeigen, wo neuerlich ohne alle Schonung das Neu-Französische Recht unbedingt eingeführt ward, und wo die juristische Einheit sich sehr leicht machte, ohne daß dennoch im Uebrigen die Local-Originalitäten irgend verwischt wurden. Aber das weiß ich freylich, daß man bey uns mehr, als bey andern Nationen, die Nothwendigkeit des zufälligen Seyns zu construiren versteht. Wie Kant einmal gegen die Philosophen bemerkt, daß sie a priori nach dem hinzielen, was sie sich vorher a posteriori aufgesteckt haben, so kann man auch mit allem Recht sagen, daß unsre klügelnden Juristen und Politiker, besonders seit der, aus den neueren Revolutionen erfolgten Abspannung und Kleinmüthigkeit, alles zu rechtfertigen und zu beschönigen suchen, was sich nun einmal zufällig so oder so gemacht hat. Allein das wird doch Niemand zeigen können, daß es nicht unendlich wünschenswerth wäre, wenn das Volk den Muth faßte, sich da, wo alle thätigen Verhältnisse durch, und in einander greifen, der alles verwirrenden bisherigen Vielfältigkeiten zu entschlagen; in Betreff des Rechten gleich zu denken und zu handeln; und nur da den Eigenthümlichkeiten Raum zu geben, wo sie den vernünftigen Nachbarn nicht stören, oder gar erfreuen können. Die Behauptung der inneren Notwendigkeit der Buntschäckigkeit unsers bisherigen Rechts wird schon durch die Unendlichkeit des Allerley von selbst widerlegt. Denn es findet sich in den nächsten Berührungen, unter völlig gleichen Umständen, auf allen Seiten, und bestätigt so, was die tägliche Erfahrung über die Seelenlosigkeit des größten Theiles unsres Rechts handgreiflich lehrt, nämlich, daß nicht Naturkräfte und Ideen die steten Triebfedern dabey sind, sondern oft bloß zufällige Entschlüsse, Mangel an Umsicht und Ueberlegung, und dann im Vollenden die trockne, endlose grammatische Auslegung, welche verurtheilt ist, aus den kümmerlichen Aehren die tauben Körner auszudreschen. Mit voller Ueberlegung hat die Deutsche Nation nie geschaffen, was ihre Glieder jetzt trennt und verwirrt; und so soll man denn mit aller Macht Heilmittel herbeyschaffen, nicht aber den Kranken glauben machen, daß seine Pein so recht das wahre Gutbefinden und Wohlbehagen sey.

Daß nun aber Justinians Sammlungen als Gesetzbuch ein gänzlich mißrathenes Werk sind, bleibt unwidersprechlich, obgleich man dem Verf. gern zugeben kann (und dies habe ich immer getan), daß die Römischen Classiker große Anlagen für tiefe und umfassende Ansichten hatten. Denn das Ganze ist nun einmal durch schlaffe Barbaren verkrüppelt und verbildet; voll der ärgsten Widersprüche; fast nirgend auf weise legislative Grundsätze gebauet; wegen der Vielfachheit bloßer Einzelnheiten ohne deutliche Gründe unendlich lückenhaft; unserem Volks-Charakter nicht zusagend; und dunkel und räthselhaft an allen Enden. Meinem Vorwurf, daß wir nicht einmal einen festen Text besitzen, und denselben aus zahllosen Varianten bilden müssen, begegnet zwar der Verf. dadurch, daß er meint, drey bis vier Ausgaben könnten einen Mann von kritischem Sinn schon ziemlich zum Ziele führen, und das Ganze werde die fortschreitende Wissenschaft schon vollenden; wobey er denn noch daran erinnert, daß ja die Unsicherheit des Textes auch bey unsern heiligen Büchern Statt finde (S. 123). Allein mein Vorwurf wird dadurch nicht entkräftet. Die Gesetze greifen mit allen ihren feinsten Einzelnheiten in das wirkliche Leben, und da gibt es kein Beruhigtseyn im Ganzen. Man muß alles Kleinere wissen. Wer also auch die vier Ausgaben von Contius, Russardus, Pacius und Gothofredus zur Hand hat (ein seltener Fall!), und dann doch erwarten muß, daß die nächste beste andre Ausgabe, z. B. von Baudoza, wieder ihre eignen Lesarten habe, der kann unmöglich beruhigt seyn. Von dem Fortschreiten der Wissenschaft erwarte man aber nie eine Vollendung. Was bisher seit acht Jahrhunderten, durch alle Zeiten der Kraft und Arbeitsamkeit nicht geschehen ist, das wird ferner himmelfest auch unterbleiben. Die Arbeit ist zu ungeheuer und die Richtung der neueren Zeit wird sie den Gelehrten immer unerträglicher machen, wenn auch wohl da und dort ein glänzendes Probestückchen erscheinen möchte. Die Vergleichung mit der Bibel scheint aber weder passend, noch tröstend zu seyn. Denn ihre Varianten lassen dem Glauben seine Freyheit, und im Glauben kann das Vielfache unbeschadet neben einander bestehen. Im Fach des äußern Rechts dagegen läßt sich nur Ein Gesetz denken, und da beruhet immer das Glück des Bürgers darauf, ob man ihn nach dieser oder jener Variante behandelt. Auch ist bey der Bibel der Nothstand, daß eine neue Offenbarung nicht verlangt werden kann, während es bey einem menschlichen Gesetzbuch eine Schande der Regierung genannt werden muß, wenn sie einen verwilderten, der gesetzlichen Besserung fähigen Text seinem eignen Schicksal überläßt. Zur Bestärkung meiner Klagen will ich hier nur noch daran erinnern, daß J au ch einen ganzen Oktav-Band über die, in den Pandekten zu setzenden oder zu streichenden Negationen geschrieben hat, und daß man mit einigen hundert gesetzgebenden n o n mehr oder minder die ganze Welt umkehren kann.

Daß wir jetzt zur Abfassung eines neuen Gesetzbuchs unfähig sind, scheint mir die Geschichte der bisherigen jüngsten Gesetzbücher eben so wenig zu beweisen, als ich aus der Geschichte der Schlacht von Jena beweisen möchte, es hätten den Preußen die Feldzüge von 1813 und 1814 mißlingen müssen. Der Code Napoléon kann hier gar nicht in Betracht kommen. Denn wenn die Franzosen der jüngsten Zeit ihre eignen classischen älteren Juristen kaum dem Namen nach kannten, so lag die bürgerliche Gesetzgebung ganz außer ihrer Sphäre. Eben so wenig bietet das neue Preußische und Oesterreichische Gesetzbuch entscheidende Abschreckungsgründe dar. Beyde fanden ihre Veranlassung in der Periode unsrer, auch in wissenschaftlicher Hinsicht größten Schlaffheit, und bey beyden waren nur wenig bedeutende Männer thätig mitwirkend, besonders bey dem Oesterreichischen Gesetzbuch, dessen Verfasser nirgend in Deutschland nach Hülfe suchten. Dennoch ist nach meiner innigsten Ueberzeugung eben dieses Gesetzbuch durch seine Bündigkeit, und seine einfachen, kräftigen, eigenthümlichen Ansichten höchst merkwürdig, und könnte, – obgleich ich dessen unbedingte Annahme in Deutschland nicht mit Andern wünschen möchte, – als Grundlage der Discussion bey einem neuen Gesetzbuch unvergleichliche Dienste leisten. Zu tadeln ist daran gewiß noch viel, so wie auch das sorgfältigst gearbeitete neue Gesetzbuch noch allerley zu erinnern übrig lassen würde. Aber warum will man denn vorzugsweise alles herabsetzen, und mißtrauisch gegen alles machen, was unsre eigne Kraft schaffte, und schaffen kann? Es ist wahr: wir werden das neue Gesetzbuch nicht durchaus so naiv und wundervoll klar und kräftig schreiben, wie es Luther und Logau hätten schreiben können, und der Lücken, Dunkelheiten und Inconsequenzen werden auch noch wohl da und dort vorkommen. Allein wer darüber klagt, der sollte doch nicht vergessen, daß die Sprache des Codex fast durchaus nichts, daß die Sprache der Novellen gar nichts taugt, daß selbst die, überall räthselhaften Pandekten keinen, einer Gesetzgebung würdigen Styl enthalten, und daß das ganze Justinianeische Gesetzbuch mit Inconsequenzen, Lücken und schlechten Rechtssätzen übersäet ist. Wenn also der Verfasser S. 115 gegen die chirurgische Behandlungsart, welche ich für nothwendig halte, einwendet: »wir könnten dabey leicht auf gesundes Fleisch treffen, das wir nicht kennen, und so gegen die Zukunft die schwerste aller Verantwortungen auf uns laden«, so erwiedere ich: laßt uns dennoch den alten Krebs ausschneiden; es wird schon junges besseres Fleisch nachwachsen, und wir werden eher und sicherer ganz geheilt, als wenn man durch die Wissenschaft die bösen Säfte künstlich zu vertheilen, oder allmählig abzuleiten sucht.

Darauf, daß eine große Versammlung bedeutender Rechtsgelehrten aus allen Deutschen Ländern das Werk vollende, muß ich aber noch immer besonderes Gewicht legen, obgleich ich gern einräume (was ich auch nie leugnete), daß erst Einzelne der Bedeutendsten die Grundlagen auszuarbeiten haben. Aber die Vollendung ist das Werk keines Einzelnen, und so wird denn, der Provocation des Verfassers ungeachtet, schwerlich ein einzelner Privat-Mann den Entwurf eines Civil-Gesetzbuchs allein wagen, oder jemals allein etwas damit ausrichten. Betrieben unsre Deutschen Regenten die Sache wieder kümmerlich, wie früher so manche andre wichtige Staatsangelegenheit, so würde ich gern der Erste seyn, um das neue Werk mit einer rüstigen Strafrede anzufallen. Allein benutzt nur diesen seltenen Augenblick des warmen Eifers und der Verträglichkeit der Völker; wendet nur etwas Ehrenwerthes auf das heilsame Werk; vereinigt die Kräfte der jetzigen besten Theoretiker, und gebt ihnen aus jedem Lande zum Mitgehülfen einen erfahrnen Kenner des

Landrechts, nicht nach der mißlichen Wahl der Höfe, sondern allein nach dem Urtheil der, auf ihre Eidespflicht angerufenen höheren Landesgerichte; und behandelt das Ganze von oben als eine der wichtigsten National-Angelegenheiten, mit Regsamkeit, Kraft und Ehrerbietung: dann wird schon etwas Musterhaftes vollbracht werden, und zum Tadeln wird nicht mehr Veranlassung seyn, als bey den besten andern bisherigen menschlichen Werken. Hätten wir doch im Fach der Rechtswissenschaft einen Göthe, welcher uns recht klar darlegen könnte, wie wir, gleich seinem Hermann, von Haus aus ängstlich, und uns selbst mißtrauend, unsre besten Kräfte verkennen, aber des höheren Fluges nicht unfähig sind, wenn unsre Kraft geweckt, und unser Selbstvertrauen belebt wird: dann würde schon die Ueberzeugung herrschend werden, daß wir auch im Fach der Gesetzgebung nicht bey fremden Völkern zu betteln brauchten, und ein Gesetzbuch vollenden könnten, hinter dem auf allen Fall unser bisheriges Recht weit zurückstehen müßte!

Für den eignen Plan des Verfassers habe ich alle Achtung, in sofern er ein Ausdruck seines herrlichen wissenschaftlichen Eifers, und seines wohlbegründeten Selbstgefühls ist; aber in Beziehung auf die Außenwelt kann ich ihn durchaus nicht billigen. Die historische Rechtswissenschaft als solche kann nur das Gute fördern und vollenden, wenn sie in der Lage ist, von weisen Grundlagen auszugehen, und deren Wirkungskreis zu erweitern. Allein in dieser Lage sind wir bey dem Römischen Rechte nicht. Ueberall in den Hauptlehren unglückliche positive Grundgedanken; überall verwirrte räthselhafte Details; überall ein willkürliches, oft rasendes Hineinfahren gelegentlicher Eigenmacht, und eine Masse von Folgesätzen des Kampfes der Billigkeit, und des Edicts mit dem strengen Rechte, ohne daß Justinianus es verstanden hat, das Ganze zu einer gleichartigen Masse zu bilden! Bey diesen zahllosen, ungeheuren Gebrechen könnte die historische Rechtswissenschaft nur in sofern wohlthätig werden, als sie, eine neue Gesetzgebung verlangend, sich sorgfältig bemühte, alle jene Gebrechen als solche zur Lehre und Warnung hinzustellen; aber ihre bloßen klaren Entwickelungen werden das Volk nicht glücklicher machen, sondern ihm nur sein Unglück noch anschaulicher darstellen.

Es bleibt daneben aber noch das zweyte trostlose Hauptübel, daß alle Wissenschaft uns nicht zu der Gewißheit führen kann, welche einem guten Rechtszustande nothwendig ist. Denn der Text des Justinianeischen Rechts ist nun einmal durch und durch ungewiß und zweydeutig, und die Zahl der räthselhaften Fragmente ist unendlich. Daß mit jedem Tage immer mehr gute neue Ideen zum Vorschein kommen werden, läßt sich freylich erwarten: aber ich muß nochmals wiederholen, was ich schon vor sechzehn Jahren gesagt habe: der eigentliche Rechtszustand gewinnt nicht dadurch, daß immer mehr Gutes in die Bücher hineinkommt, sondern nur durch die allgemeine lebendige Verbreitung in den Köpfen; nicht dadurch, daß Professoren ihre Lieblingslehren munter vortragen, sondern dadurch, daß die Richter und Anwälde sich des Besten ganz bemächtigen, und bemächtigen können. Von diesem Ziele werden wir aber immer weiter abkommen. Je verfeinerter bey einem solchen chaotischen Gesetzzustande die Wissenschaft wird, desto mehr bekommen die Zweifler und Streitsüchtigen Gelegenheit, immer neue Ideen zu wagen, und alles zu verwirren; auch wird die Masse des Wissenwürdigen immer unermeßlicher. Freylich kann ein partieller Eifer auf eine sehr glänzende Weise hervorgebracht werden; aber das Ganze wird damit nicht gefördert. So ist z. B. das classische Werk des Verf. über den Besitz allgemein mit dem größten Eifer studirt; aber dafür sind die unschätzbaren errores pragmaticorum von F a b e r desto weniger gelesen; und so wird es mit jedem Tage weiter gehen, ohne daß doch jemals die alte Litteratur durch die neue entbehrlich werden wird.

Die Wissenschaft wird also die Zweifel und Controversen nicht genügend heben können, und daher will auch der Verf. eine Mitwirkung der Regierungen durch provisorische Verfügungen. Allein das wäre nach meiner Ueberzeugung das größte Unglück. Denn zu solchen Verfügungen gehören große theoretische Kenntnisse, welche sich in den einzelnen Deutschen Justiz-Ministerien nur selten finden werden, und man kann daher mit voller Sicherheit behaupten, daß das Römisch-Deutsche Recht in den kläglichsten Zustand der Hölzernheit, Verwirrung und Inconsequenz kommen würde, wenn alle einzelnen Regierungen nach dem Maaß ihrer Kräfte und Einsichten daran herumarbeiteten; besonders da die Verrückung Eines Satzes leicht auch die Aenderung eines zweyten und dritten zur Folge haben muß, und da die gewöhnlichen Gelegenheits-Gesetzgeber selten wahrnehmen, wie eingreifend einzelne Sätze sind, wenn man sie folgerecht durchführte. Wenn also auch jetzt die Freunde des Römischen Rechts zur vorläufigen Beruhigung der Gegner auf die heilbringende Hülfe der Regierungen hindeuten, so werden sie doch nachher selbst im Einzelnen immer bedenklich, und mit Recht, gegen Aenderungen warnen, und sich das wissenschaftliche Steuerruder nicht aus der Hand winden lassen; und so kommen wir denn mit den Vorschlägen des Verfassers zu dem Dilemma: wirkt man von oben, so taugt es nichts; wirkt man aber bloß durch die Wissenschaft, so ist das Volk dem Verderben und der Ungewißheit preis gegeben.

Uebrigens kann niemand mehr, wie ich, den unschätzbaren Werth einer geistvollen historischen Behandlung des Rechts erkennen, und die Rechtsgelehrten verehren, welche in den neuesten Zeiten dieser Behandlungsart wieder Eingang verschafft haben. Auch bin ich überzeugt, daß von dieser

Seite noch unendlich viel Gutes geschehen kann. Allein an eine historische Wiedergeburt und Erlösung glaube ich nicht; und nebenbey kann ich auch nicht die Besorgniß unterdrücken, daß unsre Wissenschaft von dieser Seite sehr leicht verfälscht werden könnte. Was die älteren Französischen Juristen bis auf J. Gothofredus, was die besseren Holländer, was unsre Heineccius und Ritter geleistet haben, wird im Ganzen nie übertroffen werden; und doch blieb unsre Rechtswissenschaft schlecht, verwirrt und ungewiß. Daß man mehr Geist und Haltung in unsre Rechtsgeschichten bringen wird, kann keinen Zweifel leiden. Allein das alles wird nur das Ganze im Allgemeinen betreffen, aber nicht das endlose feinere Detail, welches dem Richter eben so nahe liegt, als das Allgemeine. Wir nehmen zwar immer mehr die Wendung, daß wir eine Einheit der Gründe und des Geistes herauszubringen, und alle Einzelnheiten darauf zurückzuführen suchen. Aber wir werden vergebens mit dem Unmöglichen ringen. Noch nie hat sich ein positives bürgerliches Recht aus einfachen, nothwendigen Elementen consequent herausgebildet. Die zufällige Wortfassung eines Gesetzes wird oft für Jahrhunderte entscheidend, wie schon die zwölf Tafeln zeigen; und wenn alle Arten der guten und schlechten Köpfe tausend Jahre an einer Rechtsverfassung herumgepfuscht haben, so kann auch nicht entfernt an eine organische Einheit gedacht werden. Selbst die Praxis ist nur zu oft ein blindes Werkzeug des Zufalls, so schön es auch klingt, daß es mit dem Recht gut stehe, wenn es sich nur von selbst mache; daher auch die classischen Juristen der Römer sich mehrfach über schlechte Rechtssätze ihrer Praxis aufgehalten haben (z. B. L. 6. §. 2 si servit. vindic. L. 9. de religiosis). Das Schlimmste ist aber: eine Rechtsverfassung, welche sich von Jahr zu Jahr durch Einwirkung aller möglichen Zufälligkeiten ausbildet, sinkt allmählig in Ansehung ihrer Gründe in den dicksten Nebel; und wenn dann noch dazu, wie bey dem Römischen Recht, die Urkunden der Geschichte unsicher, verdorben, oder ganz verloren sind, so müssen sich die historischen Erörterungen, welche das Feine und Einzelne, also recht das Practische betreffen, in schwankende Voraussetzungen und Vermuthungen auflösen; wobey denn unser, leider nicht zu verkennender Hang für das Hineinlegen unsrer Eigenthümlichkeit in das Alterthum, und für künstliche Zusammenhäufung vornehmer Träumereyen, so recht nach Lust und Gefallen alles unter das gelbe Glaß bringen kann. Je eifriger dann herüber und hinüber gestrebt wird, desto größer muß für das Practische die Ueberlast und die Verwirrung werden. Ich will den Verf. nur an das unvergleichliche Werk unsres Niebuhr erinnern. Laßt dieses Werk ganz vollendet werden, und sich auch über die Einzelnheiten unsrer Rechtsgeschichte verbreiten: was wird der Erfolg seyn? Der große Haufen wird es anstaunen und nicht verstehen; die Mittelköpfe werden es loben, etwa wie der Furchtsame im Dunkeln singt, und wenig Nutzen daraus ziehen; und wenn es möglich wäre, daß Männer mit solcher fast unglaublicher Gelehrsamkeit, mit dieser Tiefe und Fülle des Geistes, und dieser kritischen Kühnheit neben Niebuhr auftreten könnten, so würde der ganze Stoff so in Schwanken, und die Untersuchung in solche Tiefen gerathen, daß für die Praxis die ganze Masse eben so ein todter Stoff werden würde, als manche der besten Streitschriften der Alt-Italiänischen Philologen und Rechts-Historiker.

Ich denke daher: haltet die Rechtsgeschichte, und vor allen Dingen die Geschichte des, doch immer vorzüglich bedeutenden Römischen Rechts in den höchsten Ehren, damit philosophische Armuth uns niemals verkleinliche, und damit wir mit den vielfachen Veranlassungen unsres neu-europäischen Zustandes vertraut bleiben. Allein überschätzt die Geschichte nicht, damit in Ansehung ihrer nicht auch Statt finde, was gewöhnlich das wahre Glück des einzelnen Menschen zerstört, nämlich, daß er in wehmüthigen Rückerinnerungen an Zeiten, welche nicht besser waren, als die jetzigen, träumend lebt, und darüber das Gute der Gegenwart übersieht und unbenutzt läßt. Der Rückblick auf die Werke der vergangenen Zeit mag unsre Begriffe schärfen, unsre Einbildungskraft beleben und veredeln; aber wir müssen Muth und Willen behalten, durch unsre eigne Kraft die wesentlichen Grundlagen unsres Glückes zu schaffen; und erst dann wird es recht mit uns werden, wenn wir das Alterthum, so weit es gewiß ist, also im Großen und im Ganzen, uns lebhaft vergewärtigen, aber im Uebrigen für die Einrichtung der Wirklichkeit unsrer Kraft mit heiterer Zuversicht vertrauen. Und dazu kann uns unsre eigne Geschichte alle Gründe der Aufmunterung geben, namentlich für das Fach des äußeren Rechts. Denn wenn wir unparteyisch erwägen wollen, welche Geisteskraft und Consequenz sich z. B. in dem System des Katholicismus ausgedrückt hat, in dem Lehns-System, in unserm Wechsel- und Bauern-Recht, und in einer Menge politischer Einrichtungen: so bleibt auch dem neueren Europa sein großes, eigenthümliches Verdienst, welches ohne Zweifel noch unendlich größer gewesen seyn würde, wenn wir uns nicht von allen Seiten durch fremde Begriffe hätten überraschen und unterjochen lassen; und es verdient wahrlich nicht den Namen eines unüberlegten Wagstücks, wenn wir, mit Deutscher Gediegenheit, einträchtig und eifrig, unsern Rechtszustand nach unsern Anlagen und Bedürfnissen männlich zu bestimmen suchen.

Der Verf. hat auf der letzten Seite seiner Schrift einige Auszüge aus Melanchthons Reden gegeben, welche den Wunsch, daß das Römische Recht als Schutzwehr gegen Barbarey beybehalten werden möge, lebhaft aussprechen. Für die wilde, ungebildete Zeit des 16ten Jahrhunderts mag dies gern als lautere Wahrheit gelten; aber keineswegs für den inneren Werth der Justinianeischen Compilation. Ich will darüber auch zum Beschluß etwas Merkwürdiges anführen, nämlich eine Aeußerung von Muretus, welcher, mit den Schriften der großen Italiänischen und Französischen Juristen bekannt, und nachdem er selbst über die Pandekten ausführliche Vorlesungen gehalten hatte, im Jahr 1580 von Rom aus Folgendes (opp. T. 4. p. 191 sqq.) einem Freunde schrieb: »Ex omnibus veterum scriptorum monumentis, Paule Sacrate, nulla pejus ab hominibus imperitis ac temerariis flagitiosiusque tractata sunt, quam ea, quibus jus civile populi Romani continebatur. Nam cum extitisset antiquitus magna quaedam vis hominum eruditorum, qui leges, senatus consulta, plebiscita, edicta magistratuum et urbana et provincialia tum copiosis et uberibus tum mundissimo ac nitidissimo orationis genere scriptis commentariis illustrassent; jamque immensi operis videretur, eorum omnium scripta pervolvere; arduum etiam et difficile in crebris, ut fit, eorum dissensionibus, quid optimum ac verissimum esset, judicare: ei malo mederi cupiens imperator Justinianus negotium Triboniano et aliquot aliis dedit, ut ex eorum scriptis ea tantum excerperent, quae utilia essent quaeque in judiciis obtinerent: quae cum in unum corpus, resectis ceteris, ordine digessissent, sola tererentur studiosorum manibus eisque laborem minuerent ac levarent. At illi, hac potestate accepta, non ut ille Horatianus agricola, qui inutiles ramos falce amputans feliciores inserit, sed ut milites accepte signo ad oppidum aliquod diripiendum ac depraedandum, per medium jus civile grassantes et, ut quidque obvium erat, lacerantes, mutilantes, trucidantes, brevi tempore exhibuerunt nobis veteres jurisconsultos, instar Deiphobi,

  laceros crudeliter ora,
  Ora manusque ambas;
quamque disciplinam perpurgandam ac perpoliendam

susceperant, eam ita deformarunt, ut vix ulla amplius ejus imago superesset. Quam enim hanc infelicitatem esse dicemus, quod, cum hoc jus ex legibus, senatus consultis, plebiscitis, edictis magistratuum, constitutionibus principum, responsis prudentum constare dicatur, hodie in libris juris nulla lex extat, nullum senatus consultum, integrum saltem et ὁλόκληρον, nullum plebiscitum; edicti perpetui paucae quaedam, ut ex naufragio, tabulae; ipsae principum constitutiones multis locis decurtatae et ha ἠκρωτηριασμέναι; prudentum autem scripta ita distracta, dilacerata, divulsa, ut in eis vetus illa Hippolyti fabula renovata videatur. Itaque hodie non aliter jus civile discere cogimur, quam si, sublatis et extinctis omnibus Aristotelis et Aristoteleorum interpretum scriptis, fragmenta tantum quaedam reperirentur, e variis Alexandri, Themistii, Simplicii, Philiponi et aliorum decerpta commentariis, ex quibus utcunque in communes locos digestis Aristoteleam philosophiam discere juberemur.«

3. Urteile der Zeitgenossen zu den Streitschriften Thibauts und Savignys.[E] 1814-1818.

Besprechungen von Thibauts Schrift (Originalausgabe und erweiterter Abdruck in Thibauts Civilistischen Abhandlungen, Heidelberg 1814, S. 404 bis 466).

a) Jenaische Allgemeine Literatur-Zeitung, Jena und Leipzig, 1814 Nr. 185 mit der Unterschrift R. V. K.

Sowohl früher, als in der neuesten Zeit, haben auch andere Stimmen sich schon über diesen Gegenstand vernehmen lassen; noch nie aber ist dies auf eine so überzeugende, Geist und Herz so eindringlich in Anspruch nehmende Weise geschehen, als in diesen wenigen, aber inhaltschweren Bogen.... Eifrigen Widerspruch aber wird hin und wieder des Vfs. Urteil über unsere hauptsächlichste Rechtsquelle, nämlich über das römische Recht, finden.... Einen der größten Mängel, wenn gleich nur relativen, unseres bisherigen Rechtes hat der Vf. viel zu wenig herausgehoben, den nämlich, daß es ein fremdes Recht ist.... Sind wir denn aber so ganz unfähig zu einer selbständigen Vereinigung, daß es selbst hiezu der Hilfe und Garantie fremder Mächte bedürfen sollte?

b) Allgemeine Literatur-Zeitung, Halle und Leipzig, 1814 Stück 152, 153. Für Thibaut. Es handele sich um einen seit 50 bis 100 Jahren laut gewordenen »Volkswunsch«.
Ebenda, Stück 267.
In einer sinnigen Abhandlung, kurz und kräftig, wie es sein muß, wenn man einen großen allgemeinen Eindruck machen will, zeigt Herr Thibaut die Notwendigkeit eines allgemeinen Rechts. Die unheilbaren Gebrechen der römischen Gesetzbücher werden in ihrem ganzen Umfange enthüllt; an dem französischen Gesetzbuch hätte auch wohl seine geheime Grundlage: Conscription und Enregistrement entdeckt werden müssen.... Die Einwendungen gegen ein deutsches Gesetzbuch werden siegreich beantwortet. Bei der Entwicklung seiner Vorteile hätten wir mehr Tiefe erwartet. Die Vorteile für die Gelehrten und Akademieen sind zuerst genannt, da es doch nur Nebenvorteile sind. Sein Nutzen für die Bürger wird bloß darin gesetzt, daß es dem Unwesen der Collisionen steuere, daß es der politischen Zersplitterung und dem Kleinigkeitsgeiste das Gegengewicht halte und daß in den einzelnen Ländern nichts Vollkommenes zu erwarten sei. Es hat uns endlich weh getan, in dieser sonst schätzbaren Schrift die Meinung zu finden: Die Erlassung des Gesetzbuches müsse wie ein Völkervertrag unter

feierlicher Garantie der auswärtigen alliirten Mächte behandelt werden.

c) Wiener Allgemeine Literatur-Zeitung, Wien, 1814 Nr. 98 (Xxxx).

Diese Vorfrage (die politische, s. o. S. 12) abgerechnet, müssen wir gestehen, daß der Hr. Verf. seine Materie auf die gründlichste Art abgehandelt hat. Seine gehaltvolle Schrift ist eine um so erfreulichere Erscheinung, als es nach der Flut der Ideale, womit wir bisher überschwemmt worden sind, gewaltig Not tut, wieder einmal Etwas zu vernehmen, das uns in das Reich der Wirklichkeit zurücklenkt. Die Abhandlung hat nicht bloß für den gegenwärtigen Zeitpunkt ein hohes Interesse, sondern auch für die Folge einen bleibenden Wert, da sie nebst dem eigentlichen Thema noch mehrere andere Gegenstände berührt, die dem Freunde der Rechtswissenschaft von hoher Wichtigkeit sind. Wenn wir auch voraussetzen können, daß ihre inhaltsschweren Worte bereits die rege Teilnahme aller deutschen Biedermänner gefesselt haben, und die kräftige Schrift in den Händen der Meisten unserer Leser sein werde, so halten wir es doch nicht für überflüssig, bei der Analyse derselben noch einige Zeit zu verweilen. Die in ihr ausgesprochenen Wahrheiten können nicht oft genug wiederholt werden, und wenn es auch nicht nötig ist, sie in den deutschen Erbländern des österreichischen Kaiserstaates in Anregung zu bringen, da sich dieselben bereits eines allgemeinen bürgerlichen und peinlichen Gesetzbuches erfreuen, das, bis auf die noch nicht revidierte Prozeßordnung, allgemein als ein Muster der Vortrefflichkeit anerkannt wird, – so sind dieselben doch für Deutschland im Allgemeinen von zu hohem Interesse, als daß sie in dem mächtigsten Bestandteile dieses Reichs nicht einer besonderen Beachtung würdig gehalten werden sollten.... Die Vorteile, welche aus der Einführung eines Nationalgesetzbuches für den Gelehrten, für den akademischen Unterricht, für die Schärfung des, bis jetzt auf den deutschen Universitäten vernachlässigten praktischen Sinnes in den Studirenden, für den ausübenden Juristen, und vorzüglich für das Glück der Bürger entspringen müssen, können wohl nicht mehr einleuchtender erwiesen werden, als es in dieser kleinen, aber sehr gehaltvollen Abhandlung geschehen ist.... Rühmlich ist die Kühnheit, mit welcher der Hr. Verf. gegen Vorurteile und Mißbräuche zu Felde zieht, besonders da er nicht verkennt, wie sehr er den Widerspruch, vorzüglich der eingewurzelten Selbstsucht auf sich ziehen wird. Er ist auf die Vorwürfe der einseitigen Verehrer des Pandektenrechts, deren Zorn er besonders durch seine Ausfälle auf ihr mit ausschließender Liebe gepflegtes Schoßkind rege gemacht haben muß, so wie auf die Bedenklichkeiten in Voraus gefaßt, welche von heimlichen und öffentlichen Widersachern gegen die Abfassung eines deutschen Gesetzbuches in Anregung gebracht werden könnten. Er begegnet ihren Einwendungen durch eine Reihe sehr scharfsinniger Bemerkungen, die in mehr als einer Hinsicht, allgemein beherzigt zu werden verdienen, deren Anführung wir jedoch hier um so billiger übergehen können, als wir erwarten, daß die schätzbare Abhandlung des Herrn Thibaut nicht nur von jedem Freunde der positiven Rechtswissenschaft und Politik, sondern auch von jedem deutschen Manne werde gelesen werden, für den das künftige Schicksal des Vaterlandes Interesse hat.

d) Leipziger Literatur-Zeitung, Leipzig, 1816 Stück 34, 35.

Für Thibaut. Rezensent vermißt zwei Betrachtungen bei Thibaut: Die allgemeine Rechtsuniformirung würde auch für die Herrscher Deutschlands ersprießlich sein, weil sie den Ländertausch (eine politisch-militärische Notwendigkeit) erleichtere. Sodann: Mit welchem Teile des Ganzen soll der Anfang gemacht werden? Rezensent schlägt vor: Mit den Bestimmungen über Handel, Literatur und Kunst. Die schwierigste Frage wird übrigens immer die sein: Ob in dem gegenwärtigen Zustande Deutschlands die Niedersetzung einer solchen allgemeinen deutschen Gesetzgebungscommission politisch möglich sei? Daß sie nicht politisch wahrscheinlich ist, folgt aus der Möglichkeit obiger Frage.

e) Karl Albert von Kamptz, Jahrbücher für die Preußische Gesetzgebung, Rechtswissenschaft und Rechtsverwaltung, 3. Band, Berlin 1814, S. 395.

Eine kurze Inhaltsangabe der zusammen besprochenen Streitschriften von Thibaut und Savigny. »Die Gründe beider Rechtsgelehrten sind aber so wenig eines kurzen Auszugs fähig, als die lichtvollen Bemerkungen des Herrn von Savigny über das Preußische allgemeine Landrecht.«

Besprechungen von Savignys Schrift.

a) Heidelbergische Jahrbücher der Litteratur, Heidelberg, 1814 Nr. 59 (von Thibaut, oben abgedruckt Abt. II, 2).

b) Göttingische Gelehrte Anzeigen, Göttingen, 1814 Stück 194 (von Hugo).

Hugo erinnert an seine zustimmende Kritik von Schlossers Briefen über die Gesetzgebung, die sich im Jahre 1789 gegen die Schaffung eines Preußischen Gesetzbuchs aussprachen.... Wie freute sich nun Rezensent, als er von seinem Freunde Savigny erfuhr, daß dieser, trotz seiner Beschäftigung mit den gelehrtesten Untersuchungen über die Geschichte des Römischen Rechts im Mittelalter, doch in einer eigenen Schrift die Wissenschaft gegen die Gesetzbücher retten wolle! Und wie freute er sich, als er nun das Buch las und ganz Savigny darin fand! »Den sollt ihr hören« möchte er Juristen und Nichtjuristen zurufen, und für diejenigen, die sich etwa wundern möchten, wie Rez. das Herz habe, ein Buch so zu loben, worin seiner so sehr in Ehren gedacht wird, will er nur gleich hinzusetzen, daß ihm noch nie eine Anerkennung dessen, was er nun schon ein Vierteljahrhundert für die Wissenschaft zu tun gestrebt hat, so angenehm gewesen ist, als diese.

c) Wiener Allgemeine Literatur-Zeitung, Wien, 1814 Nr. 98. (Hß.)

Die Meinung (Thibauts) hat wohl die Stimme der Zeitgenossen für sich, deren Mut, Hoffnung und Selbstvertrauen, durch die riesenhaften Erfolge ihrer Anstrengungen belebt, nichts für unmöglich, wenig für bedenklich hält; doch gebührt Savignys Schrift der Vorzug einer größern Eigentümlichkeit der Gründe, und einer sorgfältigern Ausführung.... Rez. muß offenherzig gestehen, daß ihn Savignys Gründe nicht überzeugt haben.... Daß unsere Zeit dazu nicht reif sei, könnte nur die Tat beweisen. Wir rufen vielmehr im festen Vertrauen auf die Kraft der Völker und den guten Willen der Herrscher: Jetzt oder nie!

d) Allgemeine Literatur-Zeitung, Halle und Leipzig, 1815 Stück 222 bis 223.

Daß über die Schrift des Hn. von Savigny als anstrebend gegen den Zeitgeist und gegen die Überzeugung nicht bloß der Menge, sondern auch aller ausübenden Rechtsgelehrten und aufgeklärten Staatsmänner nicht vorteilhaft geurteilt wurde, war sehr natürlich, und Rezensent, der Hn. v. S. aufrichtig hochachtet, hätte gewünscht, daß die Schrift ungedruckt geblieben wäre.

e) Leipziger Literatur-Zeitung, Leipzig, 1815 Stück 234. Vom Beruf unserer Zeit für (?) Gesetzgebung und Rechtswissenschaft.

... Sieht man nun auf den Titel des Buches zurück, so muß man dem Verf. die Billigkeit der sogenannten Halbscheidsurtheil nachrühmen: denn von den beiden Berufen, welche dort erwähnt sind, spricht er unserer Zeit nur den ersten ab, und läßt ihr den zweiten. Die Schrift liest sich übrigens, das um die Bilder schwebende Helldunkel abgerechnet, angenehm und ist fast splendid gedruckt.

f) Vgl. oben zu 1 e.

g) Äußerungen von Niebuhr und Jacob Grimm s. o. S. 14. Anselm v. Feuerbachs Urteil ist wegen der ihm zukommenden besonderen Bedeutung unten Abt. II, 4 im Zusammenhange abgedruckt.

Nicolaus Thaddäus v. Gönner, Direktor des Appellationsgerichts und Mitglied der Gesetzkommission in München, Über Gesetzgebung und Rechtswissenschaft in unsrer Zeit (Beiträge zur neuen Gesetzgebung in den Staaten des teutschen Bundes), Erlangen 1815, 291 S. (Vgl. unten Abt. II, 5).

Das gegen Savigny gerichtete, teilweise in verletzendem Tone geschriebene Buch enthält dieselben Abschnitte wie Savignys Schrift. An die Stelle der bisherigen Rechtsquellen sollen nach Gönners Vorschlag Gesetzbücher treten, aber jeder größere deutsche Staat soll sein eigenes haben. (Vgl. Ludwig Spiegel, Savignys Beruf und Gönners Gegenschrift, Vierte Abhandlung in Spiegels Gesetz und Recht, München und Leipzig 1913).

Besprechungen hierzu:

a) Zeitschrift für geschichtliche Rechtswissenschaft (herausgegeben von Savigny, Eichhorn und Göschen), Band 1, Berlin 1815, Nr. 17 (von Savigny, wieder abgedruckt in dessen Vermischten Schriften 5. Band, Berlin 1850, S. 115 ff.).

Die heillosesten Ansichten und Grundsätze, die unter Bonapartes Herrschaft in Deutschland gedeihen konnten, und die allen Gutgesinnten ein Greuel sind, werden hier ohne Scheu ausgelegt, und mit der Verteidigung der Gesetzbücher gegen das geschichtliche Recht in Verbindung gebracht.... Die Regierungen werden gewarnt gegen die historische Methode, deren Bekenner ihnen das Recht der Gesetzgebung entziehen, und es in die Hände des Volks und der Juristen als Volksrepräsentanten spielen wollen (auf diesen Punkt von Bedeutung geht Savigny ausführlich ein).... Nimmt man hinzu, daß nach unserm Verf. das Gesetzbuch die eigentliche Grundlage alles wissenschaftlichen Rechtsstudiums sein soll, so ist die unvermeidliche Folge seines Vorschlags, und ohne Zweifel auch die deutlich gedachte Absicht desselben, daß in dem Recht sowohl als in dem Rechtsstudium der Deutschen alles Gemeinsame aufhöre. Ein solcher Vorschlag kann Jedem, der das Deutsche Vaterland liebt, schon um dieser Vaterlandsliebe willen nicht anders, als sehr schmerzlich sein: er ist aber auch an sich, für das Recht jedes einzelnen Staates verderblich. (Diese abgerissenen Sätze aus der umfangreichen und für die Grundlehren der historischen Schule wichtigen Rezension Savignys müssen hier genügen).

b) Heidelbergische Jahrbücher der Litteratur, Heidelberg, 1815 Nr. 40 (von Thibaut).

... Als Mitherausgeber unserer Jahrbücher bin ich nun bei diesem Streit abermals in eben der Verlegenheit, worüber ich früher (Heidelb. Jahrb. 1814 S. 931 – gemeint ist die Rezension über Savignys »Beruf«) klagte, und noch mehr als damals. Denn durch mich ist hauptsächlich der Streit veranlaßt, und fast alles, was Hr. v. G. gegen meinen, mir sonst so teuren Gegner gesagt hat, stimmt im Wesentlichen mit meinen innigsten Überzeugungen überein. Vielfach von dem Verf. gelobt (und wahrlich weit über mein Verdienst!) stehe ich hier demnach als parteiischer Richter in der Mitte, und ich würde es nicht verantworten können, wenn ich durch irgend ein Urteil die vorläufige Ansicht der Leser zu bestimmen suchte. Ich muß mich daher auf eine bloße Inhaltsanzeige beschränken, welche auch nur in kurzen Andeutungen zu bestehen braucht. Denn die, welche im Stande sind, diesen großen Streit zu beurteilen, werden sich doch nicht dazu verstehen, die Arbeit eines solchen Schriftstellers blos nach den Auszügen eines andern zu benutzen; und für die Neugier der übrigen Leser sind kurze Andeutungen mehr als hinreichend. Nur über Einen Punkt will ich mich näher erklären, weil ich dabei der Angegriffene bin, und insofern auf die Billigung aller Leser rechnen kann, wenn ich mich selbst frei und offen meiner eigenen Sache annehme. (Es folgt die Inhaltsangabe.) Der Eine Hauptpunkt, wogegen ich mich aber, wie gesagt, erklären muß, ist die Behauptung des Verf. (S. 274, 275), daß ein allgemeines Deutsches bürgerliches Gesetzbuch sich nicht denken lasse, weil Deutschland ein bloßer Bundesstaat sei, und die Selbständigkeit der einzelnen Staaten es nicht vertrage, von einem Gesetzbuch regiert zu werden, welches von dem Bunde als einer **obersten Gewalt** ausging. Er begnügt sich also damit, die Hoffnung zu machen, daß einige der größeren Staaten nach Österreich und Preußen mit gutem Beispiel vorangehen, und die übrigen nicht lange zurückbleiben werden. Auf solche Art werde sich nach und nach in den Hauptbestimmungen eine materielle Gleichförmigkeit der Civilgesetzgebungen bilden, wobei dann kleine Abweichungen der Nationalität nicht schaden würden.

Nach den in Deutschland so beliebten, immer mehr aufblühenden Grundsätzen des Territorial-Egoismus läßt sich gegen jene Ideen des Verf. freilich nichts einwenden. Allein die Nation, als Ganzes betrachtet, und insofern sie die neumodische Souverainität in Ansehung ihrer angeblichen Segnungen nicht anerkennen mag und kann, wird schwerlich jene tröstenden Hoffnungen des Verf. beruhigend finden. Durch zufälliges Zusammentreffen und Nachahmen machte sich ja bei uns nie etwas bedeutend Gutes, und wenn jetzt die Theorie sich mehr als jemals, für das Princip des Isolirens ausspricht, so wird die Praxis, – welche im Politischen stets noch despotischer und kleinlicher war, als die Theorie, – das Arge schnell zum Aergsten fortbilden. Der Begriff eines bloßen Bundesstaates im schlaffen jetzigen Sinn kann nichts weiter beweisen, als daß ein einzelnes Bundesland in Ansehung der vielen Gegenstände, worüber die Bundesversammlung keine Gewalt hat, sich nicht den Befehlen dieser Versammlung zu unterwerfen braucht. Allein wer wollte es für eine Nichtigkeit und Unmöglichkeit erklären, wenn alle deutschen Regierungen zusammenträten, und ihre gemeinsame Kraft der Einführung eines gleichförmigen bürgerlichen Rechts widmeten? Die unermeßlichen Vortheile einer solchen gleichförmigen Verfassung hat Herr v. G. in seiner Schrift überall selbst anerkannt und mit lebhaften Farben geschildert. Treffender wäre es also gewesen, wenn Er als ein, für keinen einzelnen Bundesstaat besonders gestimmter Deutscher, philosophirend die rechtliche Einheit dringend empfohlen, und höchstens nur als Kenner der Vergangenheit und Gegenwart hinzugesetzt hätte: unsere Vorschläge und Wünsche werden auch in dieser Hinsicht leere Luftschlösser bleiben. Denn wenige einzelne deutsche Staaten meinen es ehrlich mit einander, und es läßt sich die Zahl schwerer Opfer gar nicht berechnen, welche noch zu bringen sind, um deutsche Gesinnungen in der That und Wahrheit allgemeinherrschend zu machen.

c) Allgemeine Literatur-Zeitung, Halle und Leipzig, 1815 Stück 232 bis 235.

Die Besprechung nimmt zu den Schriften Thibauts und Savignys Stellung in einem für Savigny günstigen Sinne.

d) Leipziger Literatur-Zeitung, Leipzig, 1815 Stück 235.

Es ist Pflicht und Schmuck aller gelehrten Journale, sich auszusprechen, und die Stimmen mehrer einzelner Gelehrten in sich zu sammeln über die neue, zwischen Hrn. v. Savigny auf der einen, Hrn. v. Gönner, Schmid und Thibaut auf der andern Seite entstandene Streitfrage. – Der Rezensent, der im römischen Recht die unerläßliche Grundlage jedes Rechtsstudiums erblickt, tritt im Übrigen im Wesentlichen Gönner gegen Savigny bei.

e) Göttingische Gelehrte Anzeigen, Göttingen, 1815 Stück 108 (von Hugo).

Für die Leser unserer Anzeigen, welche sich etwa aus St. 194 im vorigen Jahrgange der Schrift von Savigny: Vom Beruf unserer Zeit für Gesetzgebung und Rechtswissenschaft erinnern, bedarf es eigentlich nur der ganz kurzen Angabe, daß hier die eilf Abschnitte jenes Buchs, vom ersten bis zum letzten, widerlegt werden sollen, daß Herr v. G. sich der »Deutschen« Gelehrten, welche ein Gesetzbuch forderten, gegen diesen »romanistischen« annimmt, ihm alle Begriffe von Recht und Gesetzgebung abspricht, ihm Schuld gibt S. 88, daß er auch die Bildungsgeschichte des Römischen Rechts historisch unrichtig darstelle usw. Die Meinung des Rez. hierüber werden sie wohl nicht erst zu wissen verlangen. Savigny, den einen bloßen Romanisten nennen zu hören, besonders seit der Erscheinung seines oben S. 85 angezeigten Buches (gemeint ist die Geschichte des Römischen Rechts im Mittelalter), erbaulich ist, gehört, wie ihm oft genug zu Gemüte geführt wird, zur historischen Schule, und in welchem Verhältnisse Rez. zu dieser steht, ist im Buche selbst S. 44 klar zu lesen, damit nicht etwa Jemand das Verdienst von Savigny zu hoch anschlage und ihm in dieser Schule mehr als eine höchst untergeordnete Stelle anweise....

f) Rheinischer Merkur, Koblenz, 1815 Nr. 245. G(rimm). (Wiederabgedruckt in Wilhelm Grimm's Kleineren Schriften Bd. 1 (Berlin 1881) S. 549 ff. unter dem Titel »Über Gesetzgebung und Rechtswissenschaft in unserer Zeit«). Vgl. auch Briefwechsel zwischen Jacob und Wilhelm Grimm, Weimar 1881, S. 459: Wilhelm an Jacob Grimm, 2.6.1815, »Ich habe nur in dieser Zeit eine Rezension von Gönners Schrift gegen Savigny für den Merkur geschrieben, wozu er mich aufforderte.«

Für Savigny (dessen Schrift inhaltlich kurz wiedergegeben wird) gegen Gönner. – (Gönners Schrift) ist weder geistreich noch gewandt geschrieben, vielmehr gemein und sich wiederholend; nur einige Gifttropfen sind mit hineingeschlossen, welche die Reinheit der Gesinnung am Gegner beflecken sollen, dagegen ist sie vollständig und bietet überall eine freche Stirn.... (Das Recht geht nach Gönner) einzig vom Herrscher und dessen Einzelwillen aus.... Dieser Streit ist nicht bloß ein wissenschaftlicher, der sich überlassen bleiben könnte, sondern er geht auf etwas allgemein Menschliches, und insofern gehört er in dieses öffentliche, die freien Rechte der Völker verteidigende Blatt.... Ein teutsches Vaterland kennt dieser Geist nicht, nur selbständige und unabhängige Staaten, deren jeder sein besonderes Gesetzbuch haben muß; und er rühmt selbst diesen dauerhaften Zustand. (Vgl. oben S. 20.)

g) Kamptz, Jahrbücher für die Preußische Gesetzgebung, Rechtswissenschaft und Rechtsverwaltung, 6. Band, Berlin 1815, S. 174.

Karl Ernst Schmid, Herzoglich Sächsischer Geheimer Rat und Vicepräsident der Landesregierung zu Hildburghausen, Deutschlands Wiedergeburt, Ein politischer Versuch, Jena 1814, 425 S., Abschnitt VI: Einheit der bürgerlichen und peinlichen Gesetze. (Vgl. oben S. 73 u. 135.)

Für Thibaut. 2 Besprechungen in der Jenaischen Allgemeinen Literatur-Zeitung 1814 Nr. 220 bis 224 (die erste, PN gezeichnet, gegen Thibaut), ferner Besprechungen in der Allgemeinen Literatur-Zeitung, Halle und Leipzig, 1814 Stück 286, 287 und in der Leipziger Literatur-Zeitung, Leipzig, 1814 Nr. 183.

B. W. Pfeiffer, Kurfürstl. Hessischer Regierungsrat zu Cassel, Ideen zu einer neuen Civilgesetzgebung für Teutsche Staaten, Göttingen 1815, 221 S. (Vgl. unten Abt. II, 5).

Für Thibaut. Pfeiffer schlägt vor: Das Werk damit zu beginnen, daß allen bisherigen Rechtsnormen, und ganz vorzüglich dem Corpus juris der Römer, das gesetzliche Ansehen entzogen werde; alsdann aber aus dem reichhaltigen Stoffe, welchen sie enthalten, ein einfaches und bündiges neues Gesetzbuch zu bilden, das jedoch nur neu in Rücksicht der Form ist, alt seinem Inhalte nach.

Besprechung in den Heidelbergischen Jahrbüchern, Heidelberg, 1816 Nr. 13 (von Thibaut).... Daß Rezensent in Ansehung der Gebrechen unseres Rechtszustandes und der Notwendigkeit eines neuen allgemeinen bürgerlichen Rechts ganz mit Hr. Pf. gleichdenkt, ist bekannt. Allein in Ansehung der Art der Ausführung des Werks kann Rez. die Pläne des Verf. unmöglich billigen. (Thibaut erklärt sich insbesondere gegen den Verfasser insofern, als dieser alle naturrechtlichen Sätze aus dem Gesetzbuch ausscheiden will, ferner unser bestehendes Recht als im Ganzen unabänderlich ansieht, endlich die Redaktion des Ganzen nur Einem Einzigen übertragen will.) ... Allein wir reden hier von einem Werke, welches dem bürgerlichen Leben des Volks auf viele Jahrhunderte zur Grundlage dienen soll ... Übrigens stimmt Rez. dem Verf. ganz bei, wenn er es für höchst wahrscheinlich hält, daß die Regierungen der Deutschen Länder sich zur Abfassung eines allgemeinen Gesetzbuchs nicht verbinden werden, und daß so über kurz oder lang jedes einzelne Land sein eigenes Particular-Recht bekommen wird. Damit ist denn natürlich auch die Rechtswissenschaft zu Grunde gerichtet und man wird dann den Freunden der Wissenschaft, welche jetzt für das Alte kämpfen, auch wieder sagen können, was man so oft sagen muß: Gott bewahre uns vor unseren Freunden! Indes wünscht Rezensent doch, daß man für den Notfall noch einen Mittelgedanken im Leben erhalte, nämlich daß man nahe bei einander liegende Länder zur Einführung eines gleichförmigen bürgerlichen Rechts zu bewegen suche, z. B. Baiern, Würtemberg, Baden und Darmstadt. Nicht allein der bürgerliche Verkehr macht dies im höchsten Grade rätlich, sondern auch der Umstand, daß selten ein einzelnes deutsches Land im Stande ist, ein vollendetes bürgerliches Recht durch die Kräfte seiner eigenen Rechtsgelehrten zu schaffen.

Ludwig Harscher von Almendingen, Politische
Ansichten über Deutschlands Vergangenheit,
Gegenwart und Zukunft, 1. Abteilung, 1814
(ohne Ort und Namen des Verfassers); 2. Abteilung,
Wiesbaden 1814, zusammen 448 S. (Der Verfasser war
Prozessualist und Kriminalist, dann Richter und
Staatsmann im Nassauischen.) (Vgl. unten Abt. II, 5.)

Gegen Thibauts Vorschlag S. 354 ff. Daß die Ausführung desselben, welcher Gottlob nicht geringe Schwierigkeiten im Wege stehen, ein ungeheures Nationalunglück sein würde, leuchtet dem schlichten Menschenverstand des gewöhnlichen Geschäftsmannes ein. Die Bekämpfung jenes Vorschlages wäre daher nicht nötig, wenn es nicht viele Menschen gäbe, welche lieber dem Wort eines berühmten akademischen Gelehrten, als ihren fünf Sinnen glauben. Für diese Menschen sind folgende Bemerkungen niedergeschrieben. – Der Verfasser wendet sich namentlich gegen Thibauts Forderung, daß alle deutsche Staaten ein und dasselbe Gesetzbuch erhalten müssen; es wäre nur eine von außen aufgedrungene Form; öffentlich-rechtliche und örtliche Bedürfnisse seien in den einzelnen Staaten von verschiedenem Einfluß auf das bürgerliche Recht; besonders in der Kriminalgesetzgebung seien die für ein Volk passenden Bestimmungen nicht auch für ein anderes geeignet; mit dem eigenen inneren Leben der einzelnen föderalisierten Staaten Deutschlands sei ein von außen her gegebenes einförmiges unabänderliches bürgerliches Recht schlechterdings unvereinbar.
Besprechungen im Rheinischen Merkur 1814 No. 100 und in den Heidelb. Jahrbüchern 1815 No. 28 bis 30.

Eduard Schrader, Professor des Civilrechts und
Obertribunal-Rat in Tübingen, Die
Prätorischen Edicte der Römer auf unsere

Verhältnisse übertragen, ein Hauptmittel unser Recht allmälich gut und volksmäßig zu bilden, Weimar 1815, 144 S. (Vgl. unten Abt. II, 5.) Für Savigny. (Vgl. oben S. 20.)

Besprechung in den Heidelbergischen Jahrbüchern, Heidelberg, 1816 Nr. 66 (für Thibaut).

Carol. Eduard. Morstadt, Dissertatio juridica, qua disquiritur num Germanorum jureconsulti novo legum civilium codici condendo idonei sint censendi, Heidelbergae 1815, 48 pag.

(Der Verfasser war später Professor in Heidelberg, bekannt durch seine unselige Lebensführung.)
Für Thibaut.

Anselm Ritter von Feuerbach, Einige Worte über historische Rechtsgelehrsamkeit und einheimische deutsche Gesetzgebung. Eine Vorrede. (Aus Borst's Schrift: über die Beweislast besonders abgedruckt.) Bamberg und Leipzig 1816, 24 S. (Vgl. unten Abt. II, 5.)

Das Urteil des Kriminalisten Feuerbach, des nächst Savigny bedeutendsten Juristen der Zeit, ist unten Abt. II, 4 im Zusammenhange abgedruckt.
Besprechung in den Heidelbergischen Jahrbüchern, Heidelberg, 1816 Nr. 46 (von Thibaut).

. Karl Schildener, ordentl. Professor der Rechte in Greifswald, Begünstigt die Haupteigenschaft im gesellschaftlichen Character der Deutschen die Abfassung eines allgemeinen Gesetzbuchs zu jetziger Zeit? Rede nach öffentlicher Übernahme des Rektorats der Universität am 11. Mai 1815, Greifswaldisches Academisches Archiv, 1. Band, Greifswald 1817, S. 1 bis 28.

Für Thibaut.

. Gespräche über Gesetzgebung und Rechtswissenschaft in Teutschland. Veranlaßt durch den Streit zwischen A. F. J. Thibaut und F. C. v. Savigny und gehalten im Frühjahr 1815. Aus den Papieren eines vieljährigen practischen Rechtsgelehrten herausgegeben von Dr. N. Schlichtegroll, München 1818, 80 S.

Die drei Gespräche sind betitelt: Thibaut, Savigny, Der Freyherr (gemeint ist ein Staatsmann, der Vertreter aller vier Fakultäten zur Aburteilung des Streites versammelt). Die Entscheidung fällt zu Gunsten von Thibaut. Die den Gesprächen angehängte »Übersicht der wichtigsten über die Streitfrage: ob ein allgemeines bürgerliches Gesetzbuch für Teutschland zu wünschen sei, in den letzten vier Jahren erschienenen Schriften« ist bei der vorstehenden Zusammenstellung teilweise benutzt (Siehe auch die kurze Übersicht bei Schrader, a. a. O., S. 3 Anm. und namentlich Savignys »Stimmen« unten Abt. II, 5).

. F. A. Freiherr von Ende, Kgl. Würtbg. Staatsminister, Vermischte Juristische Abhandlungen, Hannover 1816, Abhdlg. 24, S. 303 ff: Ist die Einführung eines allgemeinen Gesetzbuchs für ganz Teutschland ausführbar und wünschenswert?

Das Dafür ist so oft vorgetragen, daß eine Wiederholung desselben überflüssig wäre.... Ich zweifle sehr, daß ein allgemeines Gesetzbuch der Wunsch der teutschen Nation im Ganzen ist, und es je sein wird. – Der Verfasser beruft sich zur Begründung der Nachteile auf Möser, der vor dem Generalisieren warnte.

4. Anselm von Feuerbachs Urteil. 1816.

Aus der von dem Kriminalisten Feuerbach (1775 bis 1833) verfaßten Vorrede zu der Schrift des Bamberger Stadtgerichtsassessors Nepomuk Borst, Über die Beweislast im Civilprozeß, Bamberg und Leipzig 1816. Die Vorrede ist auch gesondert erschienen unter dem Titel: Einige Worte über historische Rechtsgelehrsamkeit und einheimische deutsche Gesetzgebung, Bamberg und Leipzig 1816, 24 S. (Wiederabgedruckt in Feuerbachs kleinen Schriften vermischten Inhalts, Nürnberg 1833, S. 133-151.) Vgl. unten Abt. II, 5.

Diesen Zustand der Dinge (gemeint ist der Gegensatz zwischen dem Theoretiker mit seiner Kenntnis nur des toten und dem Praktiker mit seiner Kenntnis nur des lebenden Rechts) scheint man bey Entscheidung des neulichen, vielfach merkwürdigen Streits über das Bedürfniß und den Werth einheimisch deutscher Gesetzgebung, nicht gehörig erwogen zu haben. Bekanntlich wurde unser Zeitalter, – nachdem man demselben die Fähigkeit, sein geltendes Recht, gereinigt von alterthümlichem Ueberfluß und neuen Mißbräuchen in einem mit sich selbst übereinstimmenden Gesetzbuche darzustellen, geradezu abgesprochen hatte, – mit seinen Erwartungen und Wünschen von der gesetzgebenden Gewalt hinweg an die Rechtsgelehrten gewiesen, welche durch fortgesetzte Bildung des gelehrten Rechts, und zwar nach reingeschichtlicher Methode, ausschließend berufen seyen, im Lauf einer nicht zu bestimmenden Zeit allem Bedürfnisse abzuhelfen. Das Recht werde überall (und dieß ist ganz unbestreitbar) aus dem Geiste des Volks gebohren, falle aber, sobald es zu gewissen Jahren und Kräften gekommen, den Rechtsgelehrten und der sich selbst überlassenen freyen Wissenschaft ausschließend als Pflegkind anheim, wie denn das römische Recht nicht durch Gesetzgebung, sondern durch Rechtsgelehrte zu seiner Vollkommenheit gediehen sey. Ein deutsches Gesetzbuch (abgesehen, daß dasselbe nur als Urkundenbuch unserer Unwissenheit und Geistesarmuth dienen werde) könne daher nichts anderes wirken, als die Wissenschaft in ihren Schritten aufzuhalten und die Nachkommenschaft wohlthätiger Entdeckungen zu berauben.

Ob hinter dem eifrigen Bemühen, womit von einigen der ausgezeichnetesten Gelehrten der römischen Schule, dem lauten Nothruf nach einem einheimischen Rechtsbuche niederschlagend begegnet wurde, nicht insgeheim, diesen würdigen Männern selbst unbewußt, ein Argument versteckt liege, demjenigen ähnlich, womit wohl auch schon von Kriegsgelehrten die Nothwendigkeit des Kriegs behauptet wurde, weil nämlich sonst die Kriegswissenschaft untergehen werde[1]: mag ununtersucht bleiben, weil die Entscheidung unerheblich ist. Wie die Schlußfolge selbst offen ausgesprochen vorliegt, darf diese nur zergliedert werden, und man sieht bald, daß ihre Stärke auf einer Vermischung verschiedenartiger Begriffe, Voraussetzungen und Bedingungen ruht, wodurch der Schein entsteht, als wenn was von dem Einen in Wahrheit gilt, auch von dem Anderen gelte.

Als ein Hauptgrund für das Bedürfniß einer einheimisch deutschen Gesetzgebung wurde geltend gemacht, daß die gesetzliche Grundlage unseres Rechtszustandes aus den ungleichartigsten, mit sich selbst streitenden

Bestandtheilen zusammengesetzt sey; daß die Bücher, welche für uns Gesetzbücher geworden, als Rechtsbücher fremder Völker, nach fremden Gebräuchen und oft unbekannten oder nicht mehr vorhandenen Einrichtungen und Zwecken, in fremden Begriffen wie mit fremden Worten zu uns sprechen, und daß das Gebäude des Rechtssystems, welches wir das unsrige nennen, zum größten Theil unter dem Schutt einer längst untergegangenen Zeit begraben liegt, so daß es der mühseligsten Zurüstungen und der fortgesetzten Bemühungen eines Menschenlebens bedarf, um den Schutt aufzuräumen, die Trümmern hervorzugraben und dann die Bruch-Enden zu errathen, bey denen sie wohl oder übel sich wieder zusammenfügen lassen. Ist diese Anschuldigung gegründet (und wer vermag sie zu läugnen?) so ist nicht zu verstehen, wie die Rechtswissenschaft Gebrechen zu tilgen vermöge, welche die Gesetzgebung belasten. Mag die ihrem freyen Gang überlassene Rechtswissenschaft graben und wühlen, entdecken und aufklären, zur Wahrscheinlichkeit oder Gewißheit bringen, so viel sie wolle, so darf sie den Bann-Kreis jener Gesetzbücher nicht überschreiten und ist daher schlechterdings unvermögend, einen Zustand, von dem sie selbst bedrückt wird und den sie ohne Empörung gegen die eigne Gottheit nicht von sich abschütteln kann, zu bessern oder nur um eine Linie breit von der Stelle zu rücken. Daß unsere Rechtswissenschaft Rechtsgelehrsamkeit und ihrem Wesen nach, wenigstens zum allergrößten Theil historisch-antiquarisch ist, darf niemand verkennen, noch unsern Rechtsgelehrten zum Vorwurf anrechnen. Auch wird die geschichtliche Erforschung des Rechts und seiner Entwickelung (sogar in weit mehr umfassender Beziehung, als in welcher dieselbe von unsern reingeschichtlichen Rechtsgelehrten dermalen empfohlen und betrieben wird) unter jeder Voraussetzung ein nicht nur für den Gesetzgeber unentbehrlicher, sondern für jeden zum Höhern gebildeten Geist würdiger Gegenstand des Wissens seyn. Aber daß unsre Rechtswissenschaft, selbst in ihrer unmittelbaren Beziehung auf das Leben, historisch-antiquarisch ist, daß sie dieses nach dermaliger Beschaffenheit der Rechtsquellen sein muß: das ist eben das Uebel, dem nun einmal durch diese geschichtliche Rechtswissenschaft selbst eben so wenig abzuhelfen ist, als eine Krankheit durch weitere Vervollkommnung eben dieser Krankheit gleichsam aus sich selbst heraus geheilt werden mag. Jeder seiner Zeit gemäße Rechtszustand und jede denselben darstellende Gesetzgebung ist in so ferne nothwendiger Weise geschichtlich, als die Gegenwart immer durch die Vergangenheit, der jetzige Zustand durch eine Reihe vorhergehender bestimmt wird. Allein das ist das ganz eigenthümliche unsres Rechtszustandes, daß die Geschichte des Rechts, welches wir das unsrige nennen, gleichwohl nicht bey uns und bis auf unsre Zeit herab, sondern bey einem fremden untergegangenen Volke bereits vor weit mehr als tausend Jahren abgelaufen ist; daß man von da nicht vorwärts[)], sondern an dem dünnen, oft zerreissenden Faden der Geschichte, Sprach- und Alterthumskunde wieder um mehr als Ein Jahrtausend forschend rückwärts gehen muß, um, wenn man klar oder halbklar eingesehen was in der ersten Hälfte des VI. Jahrhunderts bey den Römern als Recht gegolten habe, nun erst zu wissen, wie unsere Richter im XIX. Jahrhundert den Deutschen ihr Recht sprechen sollen.

Es ist nichts unbestrittener als eben dasjenige, worauf von den Widersachern eines einheimisch deutschen Gesetzbuchs mit ganz besonderem Nachdrucke gedrungen wird, gleichsam als wäre es je von Verständigen bestritten worden, nämlich: daß alles auf Entwickelung und Darstellung des volksthümlichen, in das Leben der Nation übergegangenen Rechts ankomme. Das ist nur das Unbegreifliche, wie gerade die historische

Rechtswissenschaft, welche Alles in Allem seyn soll, mit Entwickelung und Bildung dieses lebenden Rechts, das unbekümmert um das Gelehrtenwesen und um Entdeckungen in dem Alterthum früherer Jahrtausende, seines Weges geht und immer nur seine gegenwärtigen Bedürfnisse befragt, – in irgend einem nahen ursächlichen Zusammenhang stehe? Was, wenn auch alle Geister der alten Römerwelt aus ihren Gräbern heraufbeschworen würden, um über alles klärliche Antwort zu geben und von der Mutter Carmenta bis zu Justinian herab die ganze Rechtsgeschichte aufs wahrhafteste im bündigsten Zusammenhange zu erzählen, – was hiedurch so Großes für die Verbesserung unseres gegenwärtigen Rechtszustandes gewonnen sey? Die Geschichte erklärt, wie Etwas nach und nach geworden; wie und was dieses Etwas sey, lehrt die Geschichte nicht. Was der Geschichte angehört ist schon dem Leben abgestorben. Oder ist etwa das Recht, welches die geschichtliche Rechtswissenschaft lehrt, wirklich das volksthümliche, lebende? – Was ist bey uns wirklich Rechtens? was ist von dem Fremden einheimisch geworden? wie hat es sich, vermischt mit deutschem Saft und Blute, umgestaltet? in welcher Form steht es jetzt da, lebt und wirkt es? Hierüber vermag die geschichtliche Rechtswissenschaft entweder keine oder nur abgebrochene Antwort zu geben, und in jedem Fall liegt das Orakel, welches hierauf antwortet, weit näher, als daß dasselbe erst auf einem Umweg, der durch Jahrtausende hindurchgeht, gesucht werden müßte. Abgeschiedene Geister kehren leibhaft nimmermehr zurück, und daher wird insbesondere die Geschichte des Rechts, werde ihre Erforschung auch noch Jahrhunderte fortgesetzt, mehr nicht seyn und bleiben, als eine Zusammenstellung größerer oder kleiner Bruchstücke, welche da und dort aus dem Dunkel der Zeiten hervortreten und deren Bedeutung und Zusammenhang oft nicht zu erkennen, sondern nur muthmaßlich zu errathen ist. Wenn also das Heil unseres Rechtszustandes von der Wiederherstellung eines Gewebes abhängt, welches zwar die Zeit gewoben, aber auch, wenigstens für unsere Erkenntniß, wieder zerrissen und in alle Winde gestreut hat, wehe! dann ist dessen Verbesserung auf die Ewigkeit verschoben.

 Was in jener Ansicht am meisten auffällt, ist das Unpassende einer Vergleichung zwischen dem alten römischen Recht und unserem heutigen römisch-canonisch-deutschen Rechte, besonders die Fehlerhaftigkeit des Schlusses von dem was der römische Rechtsgelehrte der Fortbildung des römischen Rechtszustandes war, auf das was unsere deutschen Rechtsgelehrten, wenn man diese nur nicht durch Gesetze in ihren Forschungen hemme, dereinst dem deutschen Rechtszustande werden könnten. Schon die große Verschiedenheit zwischen der römischen aristokratisch-demokratischen Verfassung und unsern heutigen Monarchien, die eigenthümliche Vollmacht der Magistrate und die ausgedehnte Gewalt des Gerichtsbrauchs, der Einfluß auf das Edict jener Magistrate und auf diesen Gerichtsbrauch, wodurch der römische Rechtsgelehrte mittelbar und zwar unter der Form einer höheren Autorität, mithin wirklich gesetzgebend (wiewohl nicht auf den Comitien, noch in unserer Art Gesetze zu geben) auf den Rechtszustand einwirkte: dieses und anderes dergleichen stumpft schon gar sehr die Schärfe jener Vergleichung ab. Jedoch hievon abgesehen ist einleuchtend, daß der römische Rechtsgelehrte und seine Rechtswissenschaft äußerlich und innerlich etwas ganz anderes war, als unsre Rechtsgelehrte und unsre Rechtswissenschaft, so lange ihre jetzigen Quellen fortdauern, jemals werden können. Der römische Rechtsgelehrte saß bekanntlich nicht als Geschichts- und Alterthumsforscher hinter alten Denkmälern und Manuscripten, sondern auf dem Marktplatz, oder zu Haus unter den Clienten, oder auf dem Gerichtsstuhl oder in dessen Nähe; sein Wissen war Erkenntniß aus dem Buche des bürgerlichen Lebens, und er hatte weit weniger zu lesen und zu lernen als zu beobachten, zu denken, zu urtheilen und zu schließen. Aus der Erforschung hetrurischer, altitalischer, griechischer Alterthümer sog das römische Recht seine Lebenssäfte nicht, obgleich diese Alterthümer dem Römer weit näher lagen als uns die seinigen; Alterthumskunde war der Grammatik zugewiesen. Das konnte auch wohl geschehen; denn der Römer hatte nicht erst den Rechtsleichnam eines vor einem Jahrtausend untergegangenen Volks zu zergliedern, um denselben bey sich von neuem künstlich zusammenzusetzen und wieder zum Scheinleben aufzuwecken. Wo Er stand und ging war er bey sich zu Hause; was Er umfaßte, was Ihn durchdrang, war seine Zeit und die Gegenwart mit ihrem Haben und Bedürfen; was Er erkannte, bearbeitete, gestaltete, war sein und seines Volkes Recht. Und so ward das römische Recht nicht durch Geschichte, Alterthumskunde, Kritik und Grammatik, als geschichtliche Rechtswissenschaft, sondern durch Erfahrung, Philosophie und Logik zur Reife gebracht.

Können die Pfleger der deutschen Rechtsgelehrsamkeit uns die gründliche Verheissung geben, eben das und eben so uns zu werden, was und wie es der Römer seinem Volke war? Wohlan! dann wollen wir uns des Wunsches nach einem einheimischen Gesetzbuche oder (weil man bey deutschen Angelegenheiten in der Mehrzahl sprechen muß) nach einheimischen Gesetzbüchern gern entschlagen. Allein umsonst! Um jenes zu werden, müßte erst unsere Rechtswissenschaft aufgehört haben, zu seyn was sie ist, – eine historisch-antiquarische Wissenschaft; und damit diese etwas anderes seyn könnte als sie ist, müßten wir erst gerade eben dasjenige besitzen, dessen Besitz uns, wie gesagt wird, durch fortgesetztes historisch-antiquarisches Forschen entbehrlich gemacht werden soll: – ein einheimisches, den

Bedürfnissen der Zeit anpassendes, in sich selbst übereinstimmendes, mit gesetzlicher Kraft ausgestattetes Rechtsbuch. Ein solches hatte der Römer in seinen XII Tafeln, späterhin in seinem Edict. Und eben weil er es hatte, weil sein Recht auf einheimischem Boden aus Einer Herzwurzel hervorwuchs, darum konnte dieses unter der Jahrhunderte lang fortgesetzten Pflege des stets auf die Wirklichkeit hingewendeten philosophischen Geistes und logischen Verstandes, zu jenem kräftigen Stamm mit reichen Aesten in die Breite und Höhe wachsen.

 Als man von einem deutschen Gesetzbuch für deutsche Völker sprach, dachte man nicht an ein Werk despotischer Willkühr, welche aus sich selbst das Recht erst mache, und dasselbe, wenn es nach Laune fertig geworden, dem Volk als Joch über den Hals lege; auch dachte man nicht an ein von der Vernunft mit Idealen erzeugtes, auf Wolken gebohrnes Götterkind, welches, nachdem es die vergangenen Jahrhunderte aus dem Buche der Zeit weggestrichen, kecken Geistes über die Gegenwart hinweg in neue noch unerschaffene Jahrhunderte hinüberspringe. Die Foderungen waren weder so gemein, noch so überspannt. Man wollte nicht mehr, als was die Römer gethan, da sie ihre XII Tafeln verfaßten, mit dem einzigen Unterschied, daß nach dem Zustand unserer geselligen und geistigen Bildung, und nach der großen Verschiedenheit der Elemente, welche auf die Fortbildung unseres Rechtszustandes eingewirkt haben, die deutschen Rechte nicht in dem Raum von zwölf römischen Tafeln Platz genug finden. Mit einem bloßen Aufschreiben des vorhandenen Rechts war es aber freylich selbst bey diesen kleinen XII Tafeln auch nicht gethan. Waren die Römer, wie aus Niebuhrs Forschungen erhellet, durch Kasten getrennt, lebten Patrizier und Plebejer nach verschiedenen Rechten, vielleicht auch die Plebejer selbst, je nach Verschiedenheit ihrer Volksabstammung wieder unter sich nach verschiedenen Volks- und

Stammsgewohnheiten (wie späterhin die Barbaren in den neugestifteten germanischen Reichen); so mußten, nach dem Ausdrucke des Livius[K], diese Verschiedenheiten gegen einander ausgeglichen, mit einander in ein übereinstimmendes Ganze verschmolzen, mithin mußte auf der einen Seite weggenommen, auf der andern zugelegt, dort etwas aufgehoben, hier etwas beygefügt, dort das Widerstreitende durch ein Drittes vermittelt, alles dem gegenwärtigen Zeitbedürfniß mit Weisheit angepaßt werden. Daß die Zehnmänner das bürgerliche Recht ohne weiteres nur so hingeschrieben haben, wie sie es eben fanden, widerstreitet aller Geschichte[L]. Daß ihnen das Volk die gesetzgebende Weisheit zum Verbrechen angerechnet, darüber schweigt die Geschichte. Ob die Römer, ehe sie ihre Wünsche geltend machten, zuvor noch eine gründliche Selbstprüfung über ihre Fähigkeit zu einer Gesetzgebung angestellt haben? ob die Unbehülflichkeit ihrer Sprache und die Aussicht auf eine erst künftige Veredlung derselben, als ein Zweifelsgrund gegen das Unternehmen auch bey ihnen[M] angeführt worden ist? ob die verstockten Patrizier das dringende Begehren des Volks unter anderem auch damit abzulehnen versuchten, daß sie ihm vorgestellt: – all ihr Klagen und Verlangen beruhe auf einem Mißverstande, wenn sie von Gesetzen foderten, was die Rechtswissenschaft allein nach Jahrhunderten ohnehin schon leisten werde; man möge den Rechtsgelehrten in ihrer Mitte nur Zeit lassen, die heiligen Rechtsbücher der Etrusker, die Alterthümer der Lateiner, Oenotrer, Sabeller, Sikuler und, weil offenbar viel Griechisches eingedrungen, die Rechtsgeschichte der Griechen durch Großgriechenland hindurch nach Athen hinüber und von da, wo möglich, bis in die Zeiten von Kekrops hinauf mit der Fackel der Kritik und Geschichte beleuchtend zu verfolgen; dann werde alles von selbst sich machen: – ob dieses oder ähnliches gesagt worden? darüber schweigt ebenfalls die Geschichte. Was aber, wenn es gesagt worden wäre, der kerngesunde Römerverstand würde erwiedert haben, ist zu errathen nicht schwer.

5. Savignys Nachträge zu seiner Schrift. 1828.

Vorrede der zweyten Ausgabe.

Die erste Ausgabe der gegenwärtigen Schrift erschien im J. 1814, zu einer Zeit, welche jedem, der sie mit vollem Bewußtseyn erlebt hat, unvergeßlich seyn muß. Jahre hindurch waren die Bande, welche unser Deutsches Vaterland an fremde Willkühr knüpften, immer fester angezogen worden, und es war deutlich einzusehen, daß unser Schicksal, wenn die Absichten des Unterdrückers zur vollen Ausführung kamen, mit der Vernichtung unsrer Nationalität enden mußte. Die großen Schicksale, durch welche die fremde Herrschaft zertrümmert wurde, wendeten dieses herbe Loos von unsrem Vaterland ab, und das Gefühl dankbarer Freude, welches damals durch die Befreyung von der größten aller Gefahren allgemein erregt wurde, sollte wohl bey Allen als eine heilige Erinnerung bewahrt werden. Damals war es wieder möglich geworden, über öffentliche Dinge nach freyer Überzeugung öffentlich zu reden, und der durch die ganze durchlebte[IV] Zeit überall aufgeregte Sinn machte dieses Geschäft anziehender und dankbarer, als es in gewöhnlichen Zeiten zu seyn pflegt. So trat damals ein ausgezeichneter Rechtsgelehrter mit dem Vorschlag auf, ein gemeinsames bürgerliches Gesetzbuch für Deutschland abzufassen, und dadurch die politisch so wichtige Einheit der Deutschen, zugleich aber auch die Rechtspflege und die Rechtswissenschaft zu fördern. Von dem Congreß, der eben damals in Wien zusammentrat, erwartete man, er werde wohl auf solche patriotische Vorschläge einzugehen geneigt seyn. Dieses waren die äußeren Umstände, welche mich bewogen, in der gegenwärtigen Schrift auch meine Stimme über die wichtige Sache abzugeben. Diese Veranlassung, so wie die lebhaft erregte Zeit worin die Schrift erschien, sind darin unverkennbar, und hätte ich erst jetzt über diese Frage zu reden gehabt, so würde es ohne Zweifel in sehr verschiedener Weise geschehen seyn, obgleich in der Sache selbst meine Überzeugungen nicht nur dieselben geblieben sind, sondern sich auch durch fortgesetztes Nachdenken und manche nicht unbedeutende Erfahrungen noch mehr begründet haben. Es konnte daher in Frage kommen, diese Schrift durch Änderungen und Zusätze in eine solche Gestalt zu bringen, worin sie etwa jetzt hätte erscheinen können. Allein bey diesem Verfahren war keine Gränze zu finden, ja es hätte eigentlich auf die gänzliche Vernichtung der früheren Schrift, und die Abfassung einer neuen geführt. Deshalb habe ich einen völlig unveränderten Abdruck, wie er gegenwärtig erfolgt, für zweckmäßiger gehalten. Über[V] einige Stellen jedoch finde ich hier eine besondere Erklärung nöthig.

S. 48 ist die Rede von der nicht glücklichen Bearbeitung der Rechtswissenschaft im achtzehnten Jahrhundert, und es wird dabey auch die ungünstige Einwirkung eines vielfältigen flachen Bestrebens in der Philosophie erwähnt. Diese Stelle haben Manche als ein absprechendes Urtheil über philosophische Bestrebungen in der Rechtswissenschaft überhaupt verstanden. Mir unbegreiflich; denn nach dem ganzen Zusammenhang war lediglich die Rede theils von der unglücklichen Anwendung Wolfischer Philosophie auf die Rechtswissenschaft, theils von der Einwirkung der späteren Popularphilosophen. Diese Bestrebungen aber dürften auch wohl gegenwärtig kaum Anhänger und Vertheidiger finden.

Im siebenten Abschnitt ist ein sehr ungünstiges Urtheil über die Französischen Juristen der neuesten Zeiten niedergelegt. Nun sind zwar die einzelnen dort zusammengestellten Thatsachen ganz richtig, und auch an dem Tadel derselben läßt sich nicht füglich Etwas mindern: dennoch ist das darauf gebaute Totalurtheil völlig einseitig und ungerecht, indem Eine höchst achtbare Seite der juristischen Literatur unsrer Nachbaren mit Stillschweigen übergangen wird. Die Ursache dieser Einseitigkeit lag theils in der aufgeregten Stimmung gegen diese Nachbaren, die in jenem Zeitpunkt so natürlich war, theils in meiner unvollständigen Kenntniß ihrer Literatur, und ich benutze gerne diese Gelegenheit, jenes zugefügte Unrecht durch ein offenes Bekenntniß[VI] gut zu machen[132]. Die Sache ist nämlich die, daß allerdings die gelehrte Seite der Rechtswissenschaft, und die mit ihr zusammenhängenden Kenntnisse, seit langer Zeit in Frankreich sehr vernachlässigt waren, obgleich auch hierin eine Anzahl jüngerer Männer in den neuesten Zeiten rühmlichen Eifer an den Tag gelegt haben[133]. Dagegen hat bey ihnen die praktische Rechtswissenschaft einen hohen Grad von Bildung erlangt und behauptet, und der darauf gegründete Theil ihrer Literatur verdient die größte Achtung, und könnte mit wesentlichem Vortheil von uns benutzt werden. So zum Beispiel enthalten die Schriften von Merlin, sowohl das Répertoire, als die Questions wahre Muster gründlicher, scharfsinniger, geschmackvoller Behandlung von Rechtsfällen, und unsre praktisch-juristische Literatur steht hierin der Französischen bey Weitem nach. Der Grund dieser ihrer Trefflichkeit, neben den oben erwähnten Mängeln, liegt theils in dem praktischen Geschick der Nation, theils in den Formen ihres Prozesses, welche dem ausgezeichneten Talent Spielraum und Reiz in hohem Grad gewähren, anstatt daß bey uns Richter und Sachwalter ihr Geschäft in wenig anregender Unbemerktheit betreiben. Dagegen bin ich weit entfernt, dem Code an diesen Vorzügen den geringsten Antheil zuzuschreiben, und was sie Gutes haben,[VII] das haben sie ungeachtet des Code, nicht durch denselben. Alles also, was gegen diesen in meiner Schrift gesagt ist, muß ich noch jetzt für wahr erklären. Und eben so das nachtheilige Urtheil über ihre Rechtsschulen, deren Einrichtung gewiß jede freye Entwicklung der Rechtswissenschaft in Frankreich hemmt. Ich sage dieses um so zuversichtlicher, als mir dieses Urtheil durch die Stimme sehr achtbarer und einsichtsvoller Franzosen bestätigt worden ist[134].

S. [138]. Was hier von Blondeau's Darstellungsart des Römischen Rechts erzählt wird, scheint, nach späteren Nachrichten, auf einem bloßen Misverständniß zu beruhen. – S. [144-146]. Was hier über das juristische Studium auf Preussischen Universitäten gesagt ist, hat sich seit jener Zeit einigermaßen geändert. Über das Landrecht sind seit mehreren Jahren Vorlesungen gehalten worden, auch von mir selbst, wobey ich die handschriftlichen Materialien des Landrechts habe benutzen können. Sogar ist neuerlich der Besuch solcher Vorlesungen, jedoch ohne Abbruch der gelehrten Rechtsstudien, als nothwendig vorgeschrieben worden, und schon das erste Examen wird jetzt mit darauf gerichtet. Dann hat neuerlich der gegenwärtige Herr Justizminister die Benutzung der Materialien zur öffentlichen Mittheilung gestattet[VIII], einige ausgezeichnete Rechtsgelehrte sind jetzt damit beschäftigt, und so wird der von mir S. [94] ausgesprochene lebhafte Wunsch auf die erfreulichste Weise in Erfüllung gehen.

S. [144]. Hier ist der Wunsch ausgesprochen, daß die Hemmungen des Verkehrs zwischen den Universitäten verschiedener Deutscher Länder weggeräumt werden möchten. Es ist bekannt, daß seitdem, und ganz neuerlich von der Bairischen Regierung, sehr Vieles für diesen wichtigen Zweck gethan worden ist.

In der gegenwärtigen Ausgabe hat meine Schrift zwey Beylagen erhalten.

Die erste Beylage ist eigentlich eine Fortsetzung der Schrift selbst, und gehört also wesentlich an diese Stelle. Dasselbe zwar könnte man auch noch von einer andern Abhandlung in der Zeitschrift sagen, von der Recension über Gönner, B. 1. Nr. 17. Allein diese Abhandlung mußte, nach der Art, wie sie veranlaßt wurde, großentheils den Charakter einer persönlichen Polemik annehmen, und so wenig ich hiervon, auch bey der ruhigsten Betrachtung, Etwas als ungerecht zurückzunehmen Ursache finde, so fühle ich doch auch keine Neigung, diesen durch zufällige Umstände herbeygeführten Streit nach Ablauf vieler Jahre, und nach dem Tode des Gegners, durch neuen Abdruck aufzufrischen. Allerdings betrifft Vieles auch in dieser Recension das Allgemeine des damaligen Streits; demjenigen aber, welcher vollständige Akten liebt, bleibt es ja unbenommen, sie in der Zeitschrift selbst aufzusuchen. – In dieser ersten Beylage ist nur Eine Stelle, worüber ich jetzt Etwas hinzuzusetzen finde; es ist[IX] die Stelle S. 166, worin ich gegen den oberflächlichen Gebrauch der Universalrechtsgeschichte gewarnt habe. Diese Stelle ist mitunter so gedeutet worden, als ob ich die Universalrechtsgeschichte überhaupt verwerfen wollte. Wer sie jedoch mit unbefangener Wahrheitsliebe lesen will, der muß ein solches Mißverständniß ganz unbegreiflich finden. Auch weiß ich in der That kein neues Wort hinzuzusetzen, um mich gegen diese Misdeutung zu verwahren.

Die zweyte Beylage enthält das Urtheil eines französischen Gerichtshofs über den Entwurf zum Code, welches in meiner Schrift S. 80 angeführt und gerühmt ist. Ich habe es jetzt abdrucken lassen, weil die französische Sammlung worin es bekannt gemacht wurde, gewiß nur dem kleineren Theil meiner Leser zugänglich ist.

Erste Beylage.

Stimmen für und wider neue Gesetzbücher.

Von
Savigny.

(Abgedruckt aus der Zeitschrift für geschichtliche Rechtswissenschaft, herausgegeben von F. C. von Savigny, C. F. Eichhorn und J. F. L. Göschen. B. 3. Heft 1. Berlin 1816. 8. S. 1-52.)

[163] Wird ein wissenschaftlicher Streit lebhaft und mit allgemeinerer Theilnahme geführt, so pflegt er neben großen Vortheilen auch nicht geringe Gefahren mit sich zu führen. Daß jede Meynung im Angesicht bestimmter Gegner vollständiger ausgebildet und fester begründet wird, ist gewiß der Wahrheit förderlich, aber gar leicht verliert der Streitende die Unbefangenheit, die allein der eigenen und der fremden Meynung in allen Theilen und Wendungen Gerechtigkeit wiederfahren lassen kann. So geschieht es, daß oft in demselben Maaße, in welchem die Gegenstände selbst deutlicher werden, die Sehkraft gerade derjenigen getrübt wird, von welchen die Meynung der übrigen geleitet und bestimmt werden soll.

Diese guten und schlimmen Folgen mögen auch bey dem Streite eingetreten seyn, der seit einigen Jahren über die Frage geführt worden ist, wie unsere deutschen Staaten das bürgerliche Recht zweckmäßig zu behandeln haben. Was ist dabey nun aber zu thun? Sollen wir schweigen, damit die Leidenschaften sich legen, schweigen, bis wieder alles gleichgültig über die Sache geworden ist? Mit nichten. Aber sorgfältig bedenken sollen wir jene vorhin erwähnte Gefahr, und strenge seyn gegen uns selbst und gegen andere. Denn in der eigenen, wie in der entgegengesetzten Meynung, läßt sich wohl unterscheiden, was zu ihr nach ihrer Natur gehört, von dem was Parteylichkeit hinzugefügt hat. Überall, wo eine Schwäche der eigenen Meynung oder eine Stärke der fremden umgangen oder verschwiegen wird, da ist es nicht mehr die Meynung, welche redet oder verschweigt, sondern die Parteylichkeit, und so bewußtlos wir auch seyn mögen bey dem Spiel, welches diese Parteylichkeit mit uns treibt, so ist doch das Spiel selbst immer verwerflich, und wir thun wohl, ihm überall nachzuspüren, in uns selbst wie in unsern Gegnern.

[164] Dieses Vorwort sollte den Gesichtspunct angeben, von welchem der folgende Aufsatz angesehen zu werden wünscht. Es soll in diesem Aufsatz eine Übersicht gegeben werden über die verschiedenen Meynungen und Äußerungen, die seit der Erscheinung meiner Schrift (1814) über die Sache laut geworden sind, wobey ich mich aber weder zu absoluter Vollständigkeit, noch zu strenger chronologischer Folge anheischig mache.

A. Stimmen für neue Gesetzbücher[135].

1. Thibaut.

Über die Nothwendigkeit eines allgemeinen bürgerlichen Rechts für Deutschland, zweyte Ausgabe, in: Civilistische Abhandlungen. Heidelberg 1814. 8. Seite 404 fg.

Heidelbergische Jahrbücher
1814 S. 929 fg.
1815 S. 625 fg. S. 657 fg
1816 S. 193 fg.

Daß die früheren Behauptungen des Vfs. von der wünschenswerthen Einheit des Rechts durch ganz Deutschland, von der Nothwendigkeit neuer Gesetzbücher u. s. w. hier wiederholt und bekräftigt werden, versteht sich von selbst. Auch sollen hier nur diejenigen Äußerungen herausgehoben werden, die entweder selbst neu sind, oder doch zu neuen Entwicklungen Gelegenheit geben können.

So wird hier gegen die Meynung gestritten, nach welcher das Recht eine unveränderliche, unbewegliche Natur haben solle: das Recht, wird gesagt, sey vielmehr zu allen Zeiten veränderlich gewesen, und es sey verderblich, dasselbe jetzt fest bannen zu wollen[136]. Allein Unbeweglichkeit des Rechts ist in der That niemals behauptet worden. Auch der menschliche Leib ist nicht unveränderlich, sondern wächst und entwickelt sich unaufhörlich; und so betrachte ich das Recht jedes Volkes, wie ein Glied an dem Leibe desselben, nur nicht wie ein Kleid, das willkührlich gemacht worden ist, und eben so willkührlich abgelegt und gegen ein anderes vertauscht werden kann.

Eine neue auffallende Aussicht eröffnet der Vf. der Rechtsgeschichte. Sobald wir nur einmal von der Noth des gemeinen Rechts befreyt wären, würde nach seiner Meynung die[165] Rechtsgeschichte, nicht mehr auf ein einzelnes Volk beschränkt, alle Völker umfassen können. »Denn das ist nicht die wahre belebende Rechtsgeschichte (sagt er), welche mit gefesseltem Blick auf der Geschichte Eines Volkes ruht, aus dieser alle Kleinigkeiten herauspflückt, und mit ihrer Mikrologie der Dissertation eines großen Praktikers über das: et cetera gleicht. Wie man den Europäischen Reisenden, welche ihren Geist kräftig berührt, und ihr Innerstes umgekehrt wissen wollen, den Rath geben sollte, nur außer Europa ihr Heil zu versuchen: so sollten auch unsre Rechtsgeschichten, um wahrhaft pragmatisch zu werden, groß und kräftig die Gesetzgebungen aller andern alten und neuen Völker umfassen. Zehn geistvolle Vorlesungen über die Rechtsverfassung der Perser und Chinesen würden in unsern Studierenden mehr wahren juristischen Sinn wecken, als hundert über die jämmerlichen Pfuschereyen, denen die Intestaterbfolge von Augustus bis Justinianus unterlag«[137]. Ausführlicher ist diese Forderung einer Universalrechtsgeschichte schon früher von Feuerbach ausgesprochen worden[138]. Etwas Wahres liegt in dieser Ansicht, aber so dargestellt, wie es von Feuerbach und noch mehr von Thibaut geschehen ist, muß es zu argem Irrthum verleiten. Zuvörderst ist keine Verwechslung verderblicher, als die der Mikrologie mit specieller Detailkenntniß. Mikrologie nämlich muß jeder vernünftige Mensch gering schätzen, aber genaue und strenge Detailkenntniß ist in aller Geschichte so wenig entbehrlich, daß sie vielmehr das einzige ist, was der Geschichte ihren Werth sichern kann. Eine Rechtsgeschichte, die nicht auf dieser gründlichen Erforschung des Einzelnen beruht, kann unter dem Namen großer und kräftiger Ansichten nichts anderes geben, als ein allgemeines und flaches Räsonnement über halbwahre Thatsachen, und ein solches Verfahren halte ich für so leer und fruchtlos, daß ich daneben einer ganz rohen Empirie den Vorzug einräume. Daraus folgt, daß wenigstens der Römischen und Deutschen Rechtsgeschichte die Zeit und Kraft nicht würde abgespart werden können, welche auf das Persische und Chinesische Recht zu verwenden wäre. Außerdem aber ist wohl zu bedenken, daß es für das Recht der allermeisten Völker und Zeiten an allem irgend brauchbaren geschichtlichen Material fehlen muß. Wir können im allgemeinen gute Nachrichten von dem Zustand eines Volkes haben, während wir über die Verfassung und das bürgerliche Recht desselben wenig wahres wissen: denn diese Gegenstände fordern einen geübten Blick, und wer sie[166] ohne diesen darzustellen unternimmt, der wird meist das eigentlich wahre und lehrreiche übersehen, wie wir dieses gar nicht blos an Reisebeschreibern gewahr werden, sondern selbst an einheimischen Geschichtschreibern, die aus Mangel an eigener Sachkenntnis den Leser oft mehr verwirren als belehren. Endlich muß ich besonders gegen die Unparteylichkeit protestiren, womit die Rechtsgeschichte aller Völker als ungefähr gleich interessant und lehrreich dargestellt wird. Abgesehen davon, daß hier eben so wie in andern Dingen die Virtuosität mancher Völker einen nicht geringen Unterschied macht, wie denn z. B. die Betrachtung Griechischer Kunstwerke den Kunstsinn mehr entwickeln wird, als die der Chinesischen – davon abgesehen, ist ein anderer Unterschied ganz entscheidend. Auch hierin kommt nämlich alles auf die Grundfrage an, ob (wie ich glaube) das Recht, welches mit einer Nation geboren ist, und eben so das ursprünglich fremde, was aber viele Jahrhunderte in ihr gelebt hat, ein Stück ihres eigenen Wesens geworden ist, oder ob (nach der Lehre der Gegner) jeder Augenblick fragen kann und darf, welches Recht im nächsten Augenblick gelten solle, so daß bey dieser Überlegung die Gesetzbücher aller Zeiten und Völker zu gleichmäßiger beliebiger Auswahl vor uns ausgebreitet liegen sollen. Von meinem Standpunct aus würde demnach der Rechtsgeschichte verschiedener Völker eine sehr ungleiche Wichtigkeit zugeschrieben werden müssen. Das wichtigste nämlich ist und bleibt die Geschichte der uns angehörigen Rechte, d. h. der Germanischen Rechte, des Römischen und des Canonischen Rechts: wobey jedoch zu bedenken ist, daß das Germanische Recht wissenschaftlich keinesweges auf das in Deutschland geltende zu beschränken ist, sondern vielmehr alle Germanische Stämme umfaßt. Die Rechte der ganz fremden Nationen aber haben wieder ein sehr ungleichartiges Interesse für uns, je nachdem der Zustand dieser Völker mit dem unsrigen mehr oder weniger Verwandtschaft hat, so daß uns deshalb das Recht aller christlich Europäischen Nationen von nicht Germanischem Stamme, dieser fremden Abstammung ungeachtet, viel näher angeht, als die Rechte orientalischer Völker. Es versteht sich aber von selbst, daß hier blos von einem verschiedenen Grad des Interesse die Rede ist, und daß schlechthin keine Kenntniß dieser Art, wenn sie nur eine wirkliche Kenntniß ist, gering geachtet werden soll. Sind diese Ansichten richtig, so folgt daraus, daß in unsrer Art, die

Rechtsgeschichte zu behandeln, ein sehr fühlbarer Mangel allerdings statt findet, indem das Recht der verschiedenen Europäischen Nationen, besonders derjenigen, welche Germanischer Abkunft sind, nicht vernachlässigt werden sollte. Denn erstens ist, dieses zu lebendiger, fruchtbarer Kenntniß zu bringen, möglich, und zweytens liegt es unserm eigenen[167] Rechtszustand so nahe, daß dieser nur in Verbindung damit allseitig erkannt werden kann. Es wäre zu wünschen, daß selbst auf unsern Universitäten die Gelegenheit zu solchen Vorlesungen nicht fehlen möchte, und daß junge tüchtige Männer von den Regierungen dazu ausersehen und unterstützt würden. Eine unerläßliche Forderung aber müßte seyn, daß solche Männer nicht blos durch gründliches Quellenstudium, sondern zugleich durch den Aufenthalt in England, Dänemark, Schweden u. s. w. sich gebildet hätten, wodurch allein ihre Kenntniß Leben und Anschaulichkeit gewinnen könnte. Wie viel bey dieser Erweiterung der Rechtsgeschichte auch die allgemeine Völkergeschichte gewinnen müßte, ist einleuchtend: aber auch Thibaut, und wer sonst von der Gesetzgebung alles Heil erwartet, müßte in diesen Wunsch einstimmen. Denn auch für die Gesetzgebung würde es gewiß ein wesentlicher Vortheil seyn, wenn Männer daran arbeiteten, die ihren Gesichtskreis durch so vielseitige Rechtsanschauung erweitert hätten.

Mehrmals hat Thibaut aufmerksam darauf gemacht, daß die Masse, die wir zu bearbeiten haben, stets anwächst, und daß es also immer schwerer, ja dem Einzelnen unmöglich werde, diese Masse, sowohl was die Quellen, als was die Literatur betrifft, vollständig zu verarbeiten[139]. Diese Klage ist gegründet, und jeder, der gewissenhaft arbeitet, wird sich oft durch diesen Zustand gedrückt fühlen. Aber wie war es möglich, zu übersehen, daß dieser Zustand gerade auch die gründliche Abfassung neuer Gesetzbücher hemmt, also ein sehr wichtiger Grund gegen Thibauts Aufforderung zu einem allgemeinen Gesetzbuche ist? Wir können uns doch nicht anmaaßen, in einem Fache, das sich so ins Einzelne ausgebildet hat, wie das bürgerliche Recht, alles durch gute Einfälle vortrefflich entscheiden zu wollen, wir können des guten Rathes der Zeitgenossen und der Vorfahren doch nicht entbehren, was auch Thibauts Meynung gar nicht ist. Bey jenem Zustand der Quellen und der Literatur aber kann es gar leicht kommen, daß uns in gar vielen Stücken die einzig rechte, längst gefundene Ansicht (die gar nicht immer die herrschende oder bekannteste ist) entgieng, nicht weil wir ihre Richtigkeit verkannten, sondern lediglich weil sie uns der Zufall nicht vor die Augen führte. Wollen wir aufrichtig seyn, so müssen wir gestehen, daß der oben bemerkte Zustand keiner der beyden Meynungen ein neues Gewicht giebt, weil er für beide gleich unbequem und hinderlich ist. Darum scheint es räthlich, dabey unsern Streit zu vergessen, und uns brüderlich zu berathen, wie dem Übel abzuhelfen seyn möchte, das wir nicht[168] hervorgebracht und nicht zu verantworten haben. Ich werde am Schlusse dieses Aufsatzes meine Gedanken hierüber mittheilen.

Manche neue Äußerungen Thibauts verdienen wieder ungetheilten Beyfall. So diese Stelle: »Betrieben unsre Deutschen Regenten die Sache wieder kümmerlich, wie früher so manche andre wichtige Staatsangelegenheit, so würde ich gern der Erste seyn, um das neue Werk mit einer rüstigen Strafrede anzufallen«[140]. Eben so der Wunsch, daß in Ermanglung eines allgemeinen Deutschen Gesetzbuches doch lieber von mehrern Staaten gemeinschaftlich, als von jedem einzeln, ein Gesetzbuch gemacht werden möchte. »Nicht allein der bürgerliche Verkehr macht dies im höchsten Grade räthlich, sondern auch der Umstand, daß selten ein einzelnes Deutsches Land im Stande ist, ein vollendetes bürgerliches Recht durch die Kräfte seiner eignen Rechtsgelehrten zu schaffen«[141].

Etwas deutlicher, als früher, erklärt sich jetzt Thibaut über die Art, wie er sich die collegialische Mitwirkung bey Abfassung eines Gesetzbuchs denkt: es soll nämlich über einzelne, vorgelegte Fragen votirt werden[142]. Dieses ist allerdings sehr begreiflich, aber auf diese Weise entsteht kein Buch. Die Hauptsache ist und bleibt die Redaction des Ganzen, und diese würde doch immer einem Einzelnen anheim fallen müssen, obgleich sie nachher von Andern geprüft und verbessert werden könnte.

Thibaut vermuthet, es werde in Deutschland kein allgemeines Gesetzbuch zu Stande kommen, vielmehr werde jedes Land sein eigenes Particularrecht bekommen (welches freylich der traurigste Erfolg seyn würde). »Damit ist denn« fügt er hinzu »natürlich auch die Rechtswissenschaft zu Grunde gerichtet, und man wird dann den Freunden der Wissenschaft, welche jetzt für das Alte kämpfen, auch wieder sagen können, was man so oft sagen muß: Gott bewahre uns nur vor unsern Freunden«[143]. Das klingt beynahe so, als ob die Stimmen, welche gegen ein allgemeines Gesetzbuch sich erhoben haben, die Abfassung desselben gehindert und dagegen eine Geneigtheit für besondere Gesetzbücher hervorgebracht hätten. Doch mag dieses blos im Ausdruck liegen, denn im Ernst wird niemand behaupten, daß ohne jene Stimmen ein allgemeines Gesetzbuch wahrscheinlich zu Stande gekommen wäre. Das Streben mancher Regierungen, alles gemeinsame von sich abzuhalten, ist schwerlich durch jene Schriften erzeugt worden,[169] ja wenn diese Schriften wirklich hätten zu ihrer Kenntniß kommen und ihren Beyfall erhalten können, was sehr zu bezweifeln ist, so würde ihre Wirkung gerade darin bestanden haben, das willkührliche Fixiren von Particularrechten der einzelnen Staaten vor allem andern zu verhindern.

2. Feuerbach.

Vorrede zu: Nepomuk Borst, die Beweislast im Civilprozeß. Bamberg und Leipzig. 1816. 8.

Die Entscheidung oder Vermittlung des Streits, sagt F., solle in diesen wenigen Worten nicht versucht werden; allein er halte es für recht und gut, daß in einer solchen Sache jeder seine Gesinnung öffentlich ausspreche[144]: welcher Äußerung gewiß jeder Unbefangene vollen Beyfall geben wird. Darin ist F. mit mir einverstanden, ja er hält es für etwas nie bestrittenes, »daß alles auf Entwickelung und Darstellung des volksthümlichen, in das Leben der Nation übergegangenen Rechts ankomme« (S. XVI.). Nur findet er es unbegreiflich, was die Geschichte mit der Erforschung dieses gegebenen, im Volk lebenden Rechtes zu thun habe. »Die Geschichte erklärt, wie Etwas nach und nach geworden; wie und was dieses Etwas sey, lehrt die Geschichte nicht. Was der Geschichte angehört, ist schon dem Leben abgestorben« u. s. w. (S. XVII.). Diese Ansicht der Geschichte ist sehr befremdend. Ist es denn möglich, die Gegenwart eines organischen Zustandes anders zu begreifen, als in Verbindung mit seiner Vergangenheit, d. h. anders, als auf genetische Weise? Ein trefflicher Schriftsteller drückt dieses also aus: »Aus demjenigen, was einst als Recht gegolten hat, ist hervorgegangen das jetzt geltende Recht, und dieses ist nur darum das, was es ist und wie es ist, weil das Alte, indem es veraltete, das Neue geboren hat. In der Vergangenheit von Jahrtausenden liegt der Keim zu der Gesetzgebung, der wir jetzo dienen. Der Keim mußte verwesen, damit die Frucht entstände: kann ich aber das Daseyn der Frucht begreifen, ohne von ihrem Seyn zu ihrem Werden und von ihrem Werden zum letzten Grund ihres Werdens zurückzugehen? Nur der Geisterpöbel steht gaffend vor dem, was ist, und sieht nichts weiter und will nichts weiter sehen, als daß es ist: aber das wie? und das warum? hat jeder Geist von besserer Art sich vorbehalten«[145].

Offenbar liegt jener neuesten Äußerung Feuerbachs dieselbe Verwechslung zum Grunde, die auch schon bey andern Schriftstellern vorgekommen ist: die Verwechslung nämlich der[170] geschichtlichen Ansicht des Rechts mit einer besondern Vorliebe für das Alterthümliche vor der Gegenwart, oder gar des Römischen vor dem Vaterländischen.

Zuletzt werden die Gegner der Gesetzbücher durch das Beyspiel der Römer beschämt, die durch gesunden Verstand geleitet, ihre zwölf Tafeln niedergeschrieben hätten, ohne sich durch die Bedenklichkeiten stören zu lassen, die jetzt den neuen Gesetzbüchern entgegengestellt würden (S. XXII-XXVI). Hält man damit zusammen, was vorher (S. VI-X) über das unpraktische unsrer theoretischen Juristen gesagt wird, so sollte man denken, der ganze Streit werde geführt zwischen Praktikern, die Gesetzbücher verlangten, und Theoretikern, die aus unpraktischem Sinn sie verweigerten. Aber das ist eben unser Unglück, daß uns die wahren Praktiker fehlen, indem unsre Praktiker größtentheils doch wieder nichts sind, als Theoretiker, die nur meist auf halbem Wege stehen geblieben sind. Darin eben war es zur Zeit der zwölf Tafeln ganz anders, indem damals niemand das Recht niederschrieb, als wer die anschaulichste, lebendigste Kenntniß davon hatte, und indem nicht mehr niedergeschrieben wurde, als was Gegenstand unmittelbarer Anschauung und Erfahrung seyn konnte. Aber wie wir jetzt stehen, können wir kein Gesetzbuch machen, das etwas anderes wäre, als eine wissenschaftliche Arbeit, so daß unsere Gesetzbücher im günstigsten Fall von den eigenthümlichen Gebrechen unsres in Abstractionen lebenden Zeitalters nicht werden frey bleiben können. Darum scheint es denn in der That nicht ganz passend, sich auf die zwölf Tafeln zu berufen, wenn die Räthlichkeit neuer Gesetzbücher durch Beyspiele aus der Vergangenheit ausgemittelt werden soll. Soll dieser Weg eingeschlagen werden, so ist es offenbar passender, das Beyspiel aus einem dem unsrigen verwandten Zustand herzunehmen. Ich wähle dazu das Bairische Criminalgesetzbuch vom J. 1813[146].

Nachdem zu diesem Gesetzbuch eine große Menge von Materialien aller Art gesammelt, auch ein erster Versuch mislungen war, wurde im J. 1804 Feuerbach mit dieser Arbeit beauftragt. Der von demselben abgefaßte Entwurf wurde zuerst von einer eigenen Gesetzcommission, dann von einer Commission des geheimen Raths, endlich von dem versammelten geheimen Rathe geprüft und verbessert, und so nach neun Jahren das Resultat dieser vielseitigen ernstlichen Bemühungen zum Gesetzbuch erhoben[147]. Es war also gewiß nichts[171] versäumt worden, was dem wichtigen Werk die höchste Vollendung geben konnte, weder in der wiederholten sorgfältigen Prüfung, noch in der Abfassung des Entwurfs, indem diese dem Manne aufgetragen war, der in seinem Fache geradezu den ersten Ruf genoß, einen Ruf, wie er im Civilrecht keinem einzelnen unter den jetzt lebenden Gelehrten zu Theil geworden ist. Wir haben keine genaue Nachricht von dem Verfahren bey Abfassung der zwölf Tafeln, aber wir können mit Sicherheit annehmen, daß so viel Vorsicht dabey nicht angewendet worden ist. Und was ist nun das spätere Schicksal jenes Gesetzbuchs vom J. 1813 gewesen[148]? Es sind bis jetzt zu demselben, theils im Regierungsblatt, theils in besonderen Abdrücken, Ein Hundert und Eilf abändernde Novellen erschienen, deren eine (vom 25. März 1816) die Lehre vom Diebstahl ganz neu bestimmt: die gänzliche Umarbeitung der Lehre von Unterschlagung und Betrug war noch nicht erschienen, circulirte aber unter den Mitgliedern der Gesetzcommission. Daß eine so plötzliche Rechtsabwechslung kein glücklicher Zustand ist, wird jeder zugeben. Und ferner, wie man auch über Gesetzbücher denken möge, wird man einräumen müssen, daß hier von zwey Dingen eines wahr seyn muß. Entweder nämlich ist

Grund zu dieser schnell durchgreifenden Änderung gewesen oder nicht. Im ersten Fall hat denn also ein Gesetzbuch, ungeachtet der großen oben bemerkten Vorsichtsmaaßregeln, in diesem Grade mislingen können. Im zweyten Fall hat man ganz willkührlich ein gutes Gesetz gleich nach seiner Einführung preis gegeben, ohne Rücksicht auf die Sicherheit und Festigkeit des Rechts, die dadurch aufs äußerste gefährdet werden mußte[149]. Welcher dieser beiden Fälle nun auch der wahre seyn mag (worüber ich mich alles Urtheils enthalte), so scheint in der That eine Zeit, in welcher einer derselben eintreten konnte, keinen Beruf zur Abfassung eines Gesetzbuchs zu haben. Und was soll man dazu sagen, wenn bey solchen Erfahrungen Thibaut die Hoffnung hegen kann, das Gesetzbuch, welches er fordert, werde viele Jahrhunderte dem bürgerlichen Leben zur Grundlage dienen[150]! Wird man etwa erwiedern, bey dem künftigen Gesetzbuch müsse alles vortrefflich gemacht werden, was bey jenem versehen worden, und die Regierungen, die bis jetzt wohl willkührlichen Änderungen allzu leicht Raum gegeben hätten, müßten von nun an die höchste Beharrlichkeit im Festhalten[172] des Aufgestellten beweisen? Aber dann kann ich mich nicht enthalten, an Thibauts eigene Worte zu denken: »In der That! es veranlaßt sehr trübe Gedanken, wenn man täglich sehen muß, wie unsre mehrsten politischen Ansichten auf Träumereyen hinausgehen. Man ersinnt sich recht etwas Ideales, macht nur die einzige kleine Voraussetzung, daß die Weisen und Gerechten die Vollstreckung besorgen, und dann geht alles in Lust und Freude von Statten«[151].

3. Pfeiffer.

Ideen zu einer neuen Civilgesetzgebung für Teutsche Staaten, von D. B. W. Pfeiffer, Kurf. Hessischem

Regierungsrath zu Cassel. Göttingen 1815. 8.

Es ist ungemein erfreulich, daß in diesem Buche ein erfahrner praktischer Jurist seine Stimme in dieser wichtigen Sache hat abgeben wollen, indem die Vielseitigkeit der Ansichten dadurch sehr befördert werden muß. Vor allem verdient es ehrenvolle Erwähnung, daß der Verfasser die Unentbehrlichkeit der gelehrten Bildung selbst für den praktischen Zweck anerkennt (S. 5 und 84 fg.), und daß er bey Begründung des neuen Rechtszustandes hierauf besondere Rücksicht genommen wissen will. Und gewiß, der Verfasser hatte darüber ein sehr gültiges Urtheil, indem er selbst eine gründliche gelehrte Bildung in seinem Fach durch geschätzte Schriften bewährt hat, und indem er zur Westphälischen Zeit in der Lage gewesen ist, zu bemerken, wie traurig der Zustand eines Rechts ist, welches auf blos mechanische Weise zum Zweck der äußeren Nothdurft hinlänglich erlernt werden kann (S. 65. 66).

Das eigenthümliche seines Vorschlags, wodurch dieser Zweck mit dem der Rechtseinheit u. s. w. verbunden werden soll, besteht darin: alle bisher geltende Rechtsquellen, auch das Gewohnheitsrecht, sollen abgeschafft und durch ein neues Gesetzbuch ersetzt werden; dieses Gesetzbuch soll im Ganzen auf das jetzt geltende Recht gebaut seyn, soll nur allgemeine und nur positive (nicht schon naturrechtliche) Grundsätze enthalten, soll aber dennoch ganz vollständig seyn, um, wie schon bemerkt, alle anderen Quellen entbehrlich machen zu können (S. 62-64, S. 78). Eigentlich heißt das also nur so viel: das Gesetzbuch soll nicht ausführlich seyn, wie das Preußische Landrecht, sondern kurz, wie das Österreichische Gesetzbuch: etwas neues in dem ganzen Plane, wovon also auch ganz eigene Früchte zu hoffen wären, kann ich nicht entdecken. Auch hier also bleiben die allgemeinen Gegengründe bestehen: daß wir auf keine Weise ausgerüstet sind, ein solches Gesetzbuch[173] zu machen[152], daß das wissenschaftliche Leben des Rechts untergehen wird, und daß das Gesetzbuch zum Behuf der Anwendung doch wieder eine unsichtbare Umgebung von Gerichtsgebrauch, Doctrin oder wie man es sonst benennen will, erhalten muß, die dann das eigentlich herrschende seyn wird, die sich aber auf eine zufällige, willkührliche, bewußtlose Weise bilden wird, während sie jetzt in dem Zusammenhang mit früheren Jahrhunderten eine herrliche Lebenswurzel findet. Eine solche geistige, unsichtbare Umgebung ist überall, auch bey dem reichhaltigsten und durchgreifendsten Gesetzbuch der wahre Sitz des lebenden Rechts, und es ist unbegreiflich, wie der Vf. (S. 47. 50) Hugo's Behauptung, daß es so sey, für etwas ganz eigenes und unerhörtes hat halten können. Das Preußische Landrecht z. B. verbietet ausdrücklich alle dem Gesetz derogirende Gewohnheiten, und insbesondere alle Rücksicht auf den Gerichtsgebrauch[153], und dennoch, so neu dieses Gesetzbuch auch ist, hat sich durch die Anwendung in den Gerichten so vieles modificirt, ergänzt, anders gestellt, daß das geschriebene Landrecht mit dem in den Preussischen Gerichten lebenden Recht keineswegs identisch ist. So ist es überall und so muß es überall bleiben, nur wird darin ein großer Unterschied seyn, ob jene unsichtbare Umgebung mehr im Gerichtsgebrauch, oder in der allgemeinen Volkssitte, oder in der Lehre der Schulen, oder in der Lehre der Schriftsteller, und hier wieder der gelehrten oder blos praktischen besteht. Jede Einseitigkeit hierin ist nachtheilig, und das gehörige Gleichgewicht und die Wechselwirkung dieser Kräfte (wozu aber auch Berührung und Gemeinschaft gehört) ist allein ein gesunder Zustand. Das schlimmste aber ist, sich über die Unvermeidlichkeit dieses Zustandes zu täuschen, und von der vermeynten Vortrefflichkeit irgend eines neuen Gesetzbuchs sich zu der Meynung verleiten zu lassen, daß dasselbe in Wahrheit das Recht unmittelbar und ausschließend beherrschen werde.

[174] In einem zweyten Abschnitt (»Grundlinien einer

neuen Civilgesetzgebung«) giebt der Vf. Vorschläge zu neuen Gesetzen über diejenigen Gegenstände, in welchen er neue Bestimmungen für besonders nöthig hält. Dieser specielle Theil des Werks verdient große Aufmerksamkeit: er macht nämlich recht anschaulich, wie wenig wir, auch politisch betrachtet, in der Lage sind, die Abfassung neuer Gesetzbücher wünschen zu können. Und wie könnte es auch anders seyn! Mehr als ein halbes Jahrhundert hat eine trostlose Aufklärerey den politischen wie den religiösen Glauben wankend gemacht. Nachdem sie lange Zeit durch Milde und Freundlichkeit alle Herzen gewonnen hatte, hat sie dann, in ihrem innern Wesen stets dieselbe, in der Französischen Revolution und in Buonapartes Despotismus sich etwas herb erwiesen: diese Revolution und die Folgen dieses Despotismus hat Deutschland großentheils auch äußerlich, weit mehr aber auf geistige Weise mit durchlebt. Und so stehen wir jetzt in allgemeiner Ungewißheit: bürgerliche und kirchliche Verfassung sind aus allen Fugen gewichen, und auch die ordnende Sitte der Privatverhältnisse hat dem allgemeinen Schwanken nicht entgehen können. Viel guter Wille hat sich im einzelnen dabey erhalten: alles fühlt das drückende dieses Zustandes und die Sehnsucht nach einem besseren. Und einen solchen Zustand des Übergangs wollten wir durch geschriebene Buchstaben fixiren auf Jahrhunderte? Man wird sagen, gerade dieses Schwanken müsse gehoben werden durch eine feste, vorgeschriebene Regel. Nichts ist eitler als diese Hoffnung. Erstlich muß die vollkommenste Regel fruchtlos bleiben, so lange ihr nicht eine entschiedene Richtung im Volk, eine Empfänglichkeit dafür, entgegen kommt: der gute Wille, die unbestimmte Sehnsucht nach einem bessern Zustand, ist dazu nicht hinreichend. Zweytens wer soll diese Regel finden? jene Verwirrung der Begriffe und Grundsätze, als Folge der durchlebten inneren und äußeren Revolutionen findet sich keinesweges blos im Volk, sondern gerade auch bey denen, welche das Gesetzbuch zu machen hätten. Man versuche es nur, ein Collegium zu diesem Zweck zu bilden, und man wird fühlen, wie rathlos gerade in den wichtigsten Dingen die Ansichten durch einander laufen werden. Dagegen dann kein Stimmenzählen helfen!

Einige Beyspiele aus den Vorschlägen des Verfs. mögen das Gesagte anschaulicher machen. Kirchenbücher läßt er sich S. 132. 133 höchstens aus Noth gefallen: eigentlich aber sollen sie illiberal seyn, weil nicht auch Juden, Türken und Heiden darin stehen können. Am besten wäre es daher, wenn die Gerichtsschreiber der untern Justizbehörden die Geburts- und Sterbelisten führten. – Allerdings ist der abstracte Begriff des Staates von dem der Kirche verschieden: aber soll uns dieser Abstraction zu Gefallen nun auch noch das wenige[175] an Würde, was sich hie und da in unsern öffentlichen Verhältnissen erhalten hat, genommen werden? Nicht zu gedenken, daß jene Listen sehr gewiß von den Schreibern der Untergerichte liederlich und schlecht geführt werden würden, ohne Vergleich schlechter, als es jemals von den Geistlichen zu befürchten ist.

Eben so wird es S. 135. 138 als Überrest von Barbarey verworfen, zwischen Einheimischen und Fremden, noch mehr aber, zwischen Christen und Juden einigen Unterschied machen zu wollen. – Dieses hängt damit zusammen, daß wir schon lange den Begriff des Bürgers eigentlich ganz verloren haben, und nur noch von Menschen und Unterthanen wissen wollen. Diese Ansicht hatte sich einestheils durch eine mißverstandene, übel angewendete Humanität eingeschmeichelt: anderntheils war den Regierungen der überall gleichförmige und passive Begriff des Unterthans viel bequemer und angenehmer, als der des Bürgers. Aber wie ohne eigentliche, wahre Bürger ein gesunder kräftiger Staat bestehen könne, ist nicht wohl abzusehen, und wer dieses einräumt, wird auch die Aufstellung sichtbarer Gränzen zwischen Bürgern und

Fremden nicht absolut verwerfen können. Härte und Unmenschlichkeit freylich soll in keinem Fall geduldet werden. Auch in Rom durfte man die Peregrinen bekanntlich nicht todt schlagen, ja sie hatten ziemlich frühe einen eigenen Prätor. Von unmittelbarer Nachahmung kann hier freylich gar nicht die Rede seyn, auch ist schon das Verhältniß der christlich Europäischen Staaten zu einander ganz eigener Art. Aber auch hier ist die Vernichtung aller Gränze ganz unnatürlich. Vollends die Juden sind und bleiben uns ihrem innern Wesen nach Fremdlinge, und dieses zu verkennen konnte uns nur die unglückseligste Verwirrung politischer Begriffe verleiten; nicht zu gedenken, daß diese bürgerliche und politische Gleichstellung, so menschenfreundlich sie gemeynt seyn mag, dem Erfolg nach nichts weniger als wohlthätig ist, indem sie nur dazu dienen kann, die unglückselige Nationalexistenz der Juden zu erhalten und wo möglich noch auszubreiten.

Der Ehe soll nach S. 142. 143 die bürgerliche Form der Trauung eigentlich allein natürlich seyn. Da die Ehe indessen auch noch eine moralische Seite habe, und wegen unsrer Gewöhnung, wird nebenher auch noch die kirchliche Form zugelassen, jedoch nur als durch kirchliche Verordnungen vorgeschrieben, welche festsetzen: »daß zu der in dem Gesetzbuch bestimmten bürgerlichen Form die hergebrachte kirchliche als wesentlich hinzukomme«. Das bürgerliche Recht müßte also wohl consequenterweise eine Ehe ohne kirchliche Trauung anerkennen, und nur die Kirche könnte etwa in einem solchen Fall strafen oder auch ihre Einwilligung versagen. Doch dem sey wie ihm wolle, und die Wirkung des Grundsatzes[176] mag noch so sehr gemildert seyn, so ist es doch immer ein merkwürdiges Beyspiel, wie weit sehr wackere Männer geführt werden können, wenn sie die Bestimmung aller menschlichen Verhältnisse von oben herab als das naturgemäße ansehen. Zwar in Ländern, welche bisher unter dem Code gelebt haben, mag jener Vorschlag des Vfs. weniger auffallen. Aber man denke sich nun ein Deutsches Land, worin der Code nicht galt, dessen Einwohner also nie etwas anderes als kirchliche Trauung gekannt haben, gewiß ohne jemals das Bedürfniß einer Änderung hierin zu empfinden. In einem solchen Lande soll nun daneben die bürgerliche Trauung eingeführt werden, und zwar als die Hauptsache, vielleicht gar so, daß die Ehe durch sie allein schon rechtsbeständig werden kann: und so soll ein solches Land, einer bloßen Abstraction zu Gefallen, dieses Stück der Revolution noch hintennach zu genießen bekommen! Daß dadurch das Wesen der Ehe, als eines (vor allem andern) christlichen Verhältnisses verkannt und beeinträchtigt wird, ist freylich die Hauptsache; aber selbst wer hierüber anders und neutraler dächte, müßte doch solche Vorschläge schon aus allgemeinen Gründen bedenklich finden. In unsrem Leben hat sich so wenig alte, unantastbare Sitte und würdige Form erhalten, daß wir wahrlich nicht Ursache haben, das wenige, was sich noch gerettet haben mag, hintanzusetzen.

Die Ehescheidung durch gemeinsamen Willen soll nach S. 151 frey gegeben werden, noch freyer als im Preussischen Recht, und nur an erschwerende Formen gebunden. Dabey liegt ohne Zweifel die sehr verbreitete Ansicht zum Grunde, daß das Recht überhaupt für nichts anderes zu sorgen habe, als für die höchste Freyheit der Einzelnen, gleich als ob die Idee der Ehe nicht auch ihr Daseyn und ihr Recht haben müßte. Doch dieses auseinander zu setzen, würde hier zu weit führen. Aber auch rein praktisch genommen wird für die allermeisten Ehescheidungen gerade durch diese Leichtigkeit erst das Bedürfniß entstehen. Sehr selten ist eine wahre innere Nothwendigkeit vorhanden, fast überall entsteht das Bedürfniß blos daher, daß einer der Ehegatten, oder auch beide nicht den ernsten Willen haben, sich selbst etwas zuzumuthen: und gerade diese Stimmung kann gewiß nicht sicherer befördert werden, als durch ein Gesetz, welches die absolute Willkühr der Scheidung festsetzt. Darüber hat Erfahrung entschieden, ja es ist Erfahrung, daß da, wo freye Ehescheidung gilt, gar manche Ehe mit Rücksicht darauf leichtsinniger geschlossen wird.

Der Familienrath des Code war bekanntlich das Stück desselben, worüber sich viele Deutsche Juristen vor Bewunderung gar nicht zu lassen wußten. Es ist daher sehr merkwürdig, daß hier S. 164 aus Erfahrung die gänzliche Unbrauchbarkeit[177] dieses Instituts bezeugt wird. Der eigene Vorschlag des Vfs. aber (S. 167) ist so künstlich und zusammengesetzt, daß ich ihn für noch unausführbarer halte. Schwerlich wird dem Vormundschaftswesen anders gründlich geholfen werden können, als in Verbindung mit Entwicklungen unsrer Communalverfassungen, die auch in jeder andern Rücksicht höchst wünschenswerth und nichts weniger als Luftschlösser sind. Es kommt also auch hier darauf an, ob wir, so lange uns die dazu nöthigen Einrichtungen fehlen, irgend eine Regel fixiren wollen, die zu keinem rechten Ziel führen kann, und die bey einer gründlichen Verbesserung unsres übrigen Zustandes als ganz untauglich wird verworfen werden müssen.

Im Hypothekenrecht (S. 179) spricht der Vf., so wie alle, die in diesen Zeiten der Sache erwähnt haben, für die unbeschränkte mechanische Erleichterung des Realcredits, und es ist ihm nur um die Mittel zu diesem Zweck zu thun. Ich verkenne gar nicht die Mängel des Römischen Hypothekenwesens, besonders wie es durch neuere Constitutionen ausgebildet worden ist: aber es ist mir unbegreiflich, und kein sonderliches Zeichen für den praktisch-politischen Sinn, aus welchem die Vorschläge zu neuen Gesetzgebungen hervorzugehen pflegen, daß man so ganz mit sich im reinen zu seyn scheint, obgleich darüber sehr im Großen bedenkliche Erfahrungen gemacht sind. Dennoch scheint man gar keine Ahnung davon zu haben, wie wesentlich durch unser ausgebildetes Hypothekenwesen das Grundeigenthum modificirt wird, und ob eine solche Verwandlung des Grundeigenthums in bloßen Geldreichthum, eine solche Ausmünzung des Bodens (denn das ist es bey großer Vollendung der Anstalt) wünschenswerth seyn möchte. Man übersieht, daß dadurch ähnliche Verhältnisse wie durch ein Papiergeld hervorgebracht werden, welches letzte doch nun auch nicht mehr für die höchste Vollendung eines glücklichen Zustandes gehalten werden wird. Diese Bemerkungen sollen gar nicht der Beybehaltung des Justinianischen Hypothekenwesens das Wort reden, auch nicht den Weg, den man in neueren Zeiten eingeschlagen hat, unbedingt widerrathen, sondern nur darauf aufmerksam machen, daß es bey der Einrichtung des Hypothekenwesens noch auf andere Dinge ankomme, als welche von unsren Legislatoren berücksichtigt zu werden pflegen. Wenn man die Vorschläge derselben liest, sollte man denken, dasselbe Hypothekenrecht tauge für alle Zustände der Völker: überall, in der Schweiz wie in China, in Rußland wie in Frankreich komme es nur darauf an, die bekannten Grundsätze der Publicität und Specialität anzuwenden, dann bleibe nichts mehr zu wünschen übrig. Diese blos formelle Behandlung der Gesetzgebung ist es, die ich durchaus für verderblich halte, und in diesem Sinne ist schon oben (S. 13. 14.)[178] darüber geklagt worden, daß unsre Praktiker viel zu sehr Theoretiker sind.

Die Intestaterbfolge ist bekanntlich für unsre Rechtspolitiker eine besonders beliebte Materie, und sie nimmt auch hier S. 186 und folg. eine bedeutende Stelle ein. Der Vf. fordert, daß sie einfach und gerecht eingerichtet werde, die Unbrauchbarkeit des Römischen Rechts scheint er als ganz unzweifelhaft vorauszusetzen, und das Preussische soll hierin um gar nichts besser seyn, dagegen das Österreichische allein den Ansprüchen der Vernunft Genüge leisten. Ich habe nie begreifen können, warum die Novelle

118 in diesen neuesten Zeiten so schnöde angesehen worden ist. Leicht zu übersehen ist ihre Erbfolgeordnung gewiß, und ein wirklicher Zweifel in der Anwendung derselben gehört sicher zu den großen Seltenheiten, während z. B. nach dem Französischen Recht, wie ich aus eigener Erfahrung weiß, in ganz einfachen, täglich vorkommenden Fällen, unauflösliche Zweifel entstanden sind. Was die Gerechtigkeit betrifft, so müßte es freylich jeder anstößig finden, wenn ein Gesetz die Kinder ausschließen und entfernte Verwandte berufen wollte. Aber in der Novelle ist das bekanntlich auch nicht der Fall: ihre Ungerechtigkeit soll besonders darin bestehen, daß sie die Halbgeschwister den vollbürtigen Geschwistern nachsetzt. Wie ist es aber möglich, dieses eine Ungerechtigkeit zu nennen! hier, wo alles auf individuellen, höchst verschiedenen Verhältnissen beruht! Vielleicht finden sich eben so viele Fälle, worin der Verstorbene, wenn er befragt worden wäre, einen Unterschied zwischen beiden Arten der Geschwister gemacht hätte, als wo es nicht der Fall gewesen wäre, und keine von beiden Entscheidungen läßt sich aus allgemeinen Gründen ableiten. Der große Beyfall, welchen die Österreichische Erbfolgeordnung gefunden hat, gründet sich auf nichts anderes, als auf die einfachere Formel, in welche sie gefaßt werden kann, also auf ihre Symmetrie; und gesetzt selbst, daß dieses in der That ein Vorzug genannt werden könnte, so sind gewiß die Nachtheile einer gänzlichen Umänderung der bisher bestehenden Erbfolge ein viel zu theurer Preiß für jenen Gewinn. Auch dieser Ansicht der Intestaterbfolge liegt also die oben gerügte formelle Behandlung der Gesetzgebung zum Grunde.

Diese Bemerkungen über die einzelnen Vorschläge des Vfs. sind übrigens gar nicht als individuell gegen ihn gerichtet zu betrachten. Was hier getadelt worden ist, gründet sich auf den Weg, den uns im allgemeinen das Schicksal geführt hat. Nur verkennen sollen wir nicht, daß es so ist, und sollen uns nicht zu Meistern der künftigen Jahrhunderte aufwerfen, da uns die politische Einsicht und Bildung gebricht, um nur unsren eigenen gegenwärtigen Zustand recht zu übersehen und zu regieren.

[179] 4. Almendingen.

Politische Ansichten über Deutschlands Vergangenheit, Gegenwart und Zukunft, von Harscher von Almendingen. Erster Bd. Wiesbaden 1814. 8. S. 354 fg.

Vortrefflich setzt der Verf. auseinander, daß der Rechtszustand der Deutschen Länder des gemeinen Rechts nur in der Beschreibung fürchterlich aussehe, und daß die eigentliche Noth in dem Mangel an tüchtigen Justizbeamten bestehe (S. 366); eben so zeigt er auf die überzeugendste Weise, wie wenig bey der großen Verschiedenheit der Zustände und Bedürfnisse die Gleichförmigkeit des bürgerlichen sowohl als des Criminalrechts wünschenswerth sey (S. 357 fg.). Das innere Leben eines Volks, die Lebensweise eines Landes (S. 357) soll das Recht bestimmen. Nach so schönen Worten erwartet man, daß in der That das geschichtlich begründete Recht hier einen warmen Vertheidiger finden müsse. Keinesweges! Nur die Abfassung eines allgemeinen Gesetzbuchs für ganz Deutschland, welche von Thibaut und Schmid verlangt wurde, soll hier bekämpft werden: für jeden einzelnen Deutschen Staat dagegen ist »die Abfassung eines bürgerlichen Gesetzbuchs ein höchst dringendes Bedürfniß« (S. 356), denn hier ist die Mannichfaltigkeit des bürgerlichen Rechts in verschiedenen Theilen des Staats ein drückendes, unerträgliches Übel, dem nicht schnell genug gesteuert werden kann. Als Mittelglied für einen so ungeheuern Widerspruch dient die Verwechslung des Volks mit dem Staate. »Vollendete Gesetze sind die schönen und freien Formen des innern Lebens eines Volks: sie gehen aus ihm hervor und bestehen mit dem sie zeugenden Princip. Von aussen aufgedrungene Formen dagegen würken dem innern Leben entgegen. Was wäre aber ein allgemeines Deutsches stereotypisches Gesetzbuch für die einzelnen föderalisirten Staaten anders, als eine von aussen aufgedrungene Form?« (S. 357). Also enthält jeder Bundesstaat ein eigenes Volk, welches sich wie überhaupt, so auch in seinem Recht durch ein eigenes Gesetzbuch, wie billig abschließt, und welchem die Rechtsgemeinschaft mit den übrigen Staaten eine von aussen aufgedrungene Form seyn würde, so gut als die mit Frankreich oder Rußland! Aber was haben die Beschlüsse des Wiener Congresses, was die früheren Ländervereinigungen durch Erbschaft, Säcularisation u. s. w. mit der Volkseinheit zu schaffen? sind dadurch Völker gebildet und Völker begränzt worden? Noch unbegreiflicher aber ist es, daß von der nothwendigen Mannichfaltigkeit des Rechts in den einzelnen Staaten gar nicht die Rede ist, gleich als ob Lage und Zustand des Volks hier überall gleich und nur zwischen mehreren Staaten verschieden wäre. Alles was der Verf. über diese Mannichfaltigkeit im Widerstreit gegen ein[180] allgemeines Deutsches Gesetzbuch sagt, gilt ebensowohl gegen Bairische, Nassauische Gesetzbücher u. s. w., besonders wenn sie nach der jetzt herrschenden Ansicht keine Localrechte neben sich dulden wollen.

Das letzte Resultat also, worauf dieser Schriftsteller führt, ist freylich viel bedauernswerther als das, worauf Thibaut und Schmid hinarbeiteten. Was diese wollten, war zwar dem Rechtszustand nachtheilig, aber die Idee einer Vereinigung aller Deutschen zu dem gemeinsamen Werk war schon an sich trefflich, und auch die Ausführung konnte von dieser Seite manche gute Folge haben. Was aus jenem Plane hervorgeht, ist dem Recht nicht weniger nachtheilig, als ein allgemeines Gesetzbuch, und zugleich politisch höchst verderblich, als ein neues Trennungsmittel für die

Deutschen, welche (großenteils sehr zufällig und willkührlich) verschiedenen Bundesstaaten zugetheilt sind.

5. Einige Ungenannte.

Diesen verdankt man einige gar nicht unwichtige Entdeckungen. So ist zuerst von einem Ungenannten die eigentliche Gefährlichkeit eines gelehrten Juristenstandes an das Licht gezogen worden. »Daß deutsche Fürsten (sagt er) ihre Völker blos der so gerühmten Gesetzgebung der repräsentirenden Juristen, oder juristischen Braminen Preiß geben sollten, welche ihre Sanskritsprache verewigen, ganz still und leise überall im Stillen herrschen, das Mark des Volkes aussaugen, und sich wie die Rabbiner der Juden zu Gesetz- und Sittenlehrern stempeln möchten, läßt sich nicht erwarten«[154]. Wenn die gelehrte Jurisprudenz ein Weg zum Mark des Volkes wäre, würde sie wahrscheinlich mehr Anhänger finden als jetzt!

Ein anderer Ungenannter[155] hat Untersuchungen über die Eigenschaften guter Gesetzgeber angestellt. Er geht, einstimmig mit mir, davon aus, daß in einem neuen Gesetzbuch vorzugsweise das jetzt geltende Recht berücksichtigt werden müsse. Da sich nun dieses »nicht an der Hand der Geschichte« gebildet habe, sondern »gerade durch recht unhistorische Juristen, so dürfte doch wohl nichts inconsequenter seyn, als echt geschichtlich gebildete Juristen bei der Redaction des Gesetzbuchs zu Rathe zu ziehen« (S. 206). (Nach dieser Ansicht scheint das historische Studium keinen andern Gegenstand zu haben, als die Thaten der – Historiker, und eine Kriegsgeschichte[181] z. B. müßte etwas ganz widersinniges seyn.) Daraus folgt denn, daß bei der Abfassung eines Gesetzbuchs »gerade die historische Bildung ... nicht nöthig, sogar nicht einmal nützlich, vielmehr schädlich seyn dürfte ... Gerade ein recht unhistorischer Jurist, der durch die Ausübung das noch geltende von dem nicht mehr geltenden zu unterscheiden gelernt hätte, würde hier an dem rechten Orte seyn.« Nach dieser Entdeckung freylich dürfen wir um tüchtige Verfasser eines Gesetzbuchs nicht mehr verlegen seyn, denn die hier beschriebene ächte Unabhängigkeit von schädlichen historischen Kenntnissen ist in unsrer Zeit so häufig, daß von dieser Seite her der Beruf derselben für die Gesetzgebung sich auf das Glänzendste rechtfertiget. Man muß indessen nicht glauben, daß es mit der Unwissenheit allein, so gut und nöthig diese ist, gethan sey, denn sie liefert nur gleichsam die Materialien, die Form aber giebt – die Philosophie! Nämlich unser praktisches Recht ist ein »unzusammenhängendes Gemisch.... welchem die leitenden Principien ... blos durch die Philosophie gegeben werden können, d. h. dadurch« (was nun folgt ist also unläugbar eine Definition der Philosophie) »daß ein philosophischer Kopf das Gemisch zusammenstellt, das leitende Princip zu der größern Masse des Gemisches findet, und die geringere Masse in das Princip einzwängt, darnach beschneidet und umformt.« Höchst naiv ist auch noch der Beweis, daß das gemeine Deutsche Recht gar nichts zu unsrer juristischen Bildung beitragen könne. »Die römischen Juristen (heißt es S. 209) studierten kein gemeines deutsches Recht, und waren doch die gebildetsten. Die juristische Bildung kann also von daher nicht kommen, wohl aber die Verbildung.«

Gerade das Gegentheil meynt ein anderer Recensent[156], welcher für den Juristen durchaus nichts höheres anerkennt, als das reine Römerrecht. Dieses soll man ihm nicht antasten, sonst hat man es mit ihm zu thun! Läßt man es ihm aber als vornehmsten Gegenstand des Universitätsunterrichts gelten, muß jeder Jurist es hören und wird jeder daraus examinirt, so läßt er sich dann auch neue Gesetzbücher sehr gerne gefallen: nur müssen die Gesetzgeber auch große Civilisten seyn! Davon daß das

Römische Recht gerade auch für uns etwas geworden ist, und besonders davon, daß es auch noch ein Deutsches Recht giebt, welches zu unsrem eigensten Wesen gehört, erscheint hier keine Ahnung. Nur daß das unschuldige Spiel mit dem Römerrecht nicht gestört werde! Man sieht, [182] wie verschieden die Anfangspuncte seyn können, von welchen ausgehend man doch am Ende wieder in dem gemeinsamen Gefallen an Gesetzbüchern zusammentrifft.

B. Stimmen der Gegner neuer Gesetzbücher.

1. Hugo.

Dieser, der älteste und standhafteste Vertheidiger der geschichtlichen Bildung des Rechts, hat auch neuerlich wieder in mehreren Recensionen[157] diese Ansicht zu entwickeln und gegen ihre Widersacher zu sichern versucht. Jede dieser neuen Darstellungen der längst bekannten Ansicht liest man wieder mit einem eigenen Interesse, indem die Frische des Ausdrucks, so wie die Heiterkeit und Unbefangenheit der Gedanken erfreuliche Zeichen sind, daß die Ansicht selbst hier nicht als ein todter Besitz aus früherer Zeit fortdauert, sondern recht eigentlich die Seele der wissenschaftlichen Gedanken, Kenntnisse und Erfahrungen des Vfs. ist.

2. Einige Ungenannte.

Höchst erfreulich sind die Stimmen zweier Recensenten, die, wie es scheint, gar nicht der Schule angehören, auch gar nicht von dem Interesse der Wissenschaft ausgehen, sondern von Lebenserfahrung und praktischem Bedürfniß, und von diesem Standpunct aus der Abfassung von Gesetzbüchern aufs bestimmteste widersprechen.

Der eine derselben[158] rügt die handgreifliche Uebertreibung, womit die Folgen der mannichfaltigen Rechte in Deutschland geschildert zu werden pflegen. Die wenigsten Menschen, wird hier richtig bemerkt, erfahren etwas genaueres über den Inhalt ihres eigenen bürgerlichen Rechts, sie werden sich also mit den Bewohnern anderer Gegenden durch gemeinsames Recht eben so wenig verbrüdert, als durch Rechtsverschiedenheit von ihnen getrennt fühlen. »Der Ärger, den der Beisizzer einer Juristen-Facultät, die von allen Seiten her Acten bekömmt, über die Mannichfaltigkeit des Rechts hat, und welchen Rec. auch recht gut kennt, ist gewiß kein universeller Deutscher National-Ärger.« Mit demselben praktischen Sinne werden dann die großen Nachtheile einer Gesetzgebung bemerkt, welche das Recht aller Orten gleich zu machen bestimmt seyn sollte, so wie die unübersteiglichen Schwierigkeiten der Ausführung.

[183] Noch ausführlicher geht ein anderer[159] auf diese Ansicht ein, indem er bemerkt, wie täuschend die Vorteile und wie reell die Uebel seyen, die wir von einer durchgreifenden Änderung und Gleichstellung des gesammten bürgerlichen Rechts zu erwarten haben. Die Ruhe und Unbefangenheit, womit dieses entwickelt wird, ist besonders bemerkenswerth, und die Uebereinstimmung in der Ansicht selbst ist mir hier um so erfreulicher, da eben dieser Recensent gewiß nichts weniger als parteyisch für mich und meine Schrift gestimmt erscheint.

3. Schrader.

Die Prätorischen Edicte der Römer auf unsere Verhältnisse übertragen von D. Ed. Schrader, Professor des Civilrechts und Obertribunalrath in Tübingen. Weimar 1815. 8.

Ich stelle diese Schrift absichtlich zuletzt, abgesondert von den übrigen, weil sie an eigenen und neuen Gedanken bey weitem die reichhaltigste ist. Der Vf. geht von der richtigen

Bemerkung aus, daß die geschichtliche Bildung des Rechts, die auch von ihm angenommen wird, keinesweges so misverstanden werden dürfe, als solle der Staat sich gar nicht um das Recht im allgemeinen bekümmern. Nur die gewöhnliche Art, wie der Staat darauf einzuwirken pflege, durch eigentliche Gesetzgebung nämlich, sey in den meisten Fällen unzweckmäßig, selbst da wo sich stehende Gesetzcommissionen finden. Durch Gesetze nämlich geschehe für das bürgerliche Recht bald zu viel, bald zu wenig (S. 73); zu viel, wenn man sich einmal zur Abfassung eines Gesetzbuchs entschließe, welches auch der Vf. für sehr nachtheilig hält; zu wenig, indem außer dem Fall einer solchen außerordentlichen Anstrengung gewöhnlich gar nichts geschehe, und gar keine fortgehende Aufsicht auf das Recht in allen seinen Theilen ausgeübt wurde. Er erwägt das Beyspiel der Römer, welche (seit den zwölf Tafeln) durch Volksschlüsse nur wenig am bürgerlichen Recht änderten, dagegen in ihren Edicten eine fortlaufende, jährlich revidierte, höchst wohlthätige Controle ihres gesammten bürgerlichen Rechts besaßen. Eine ähnliche Einrichtung, verschieden von der eigentlichen Gesetzgebung, wird hier vorgeschlagen.

Jeder Deutsche Staat nämlich soll zu diesem Zweck alle zehen Jahre ein Collegium bilden, welches nur Ein Jahr lang versammelt bleibt (S. 111), und in dieser Zeit eine Art von Prätorischem Edict abfaßt. Das Collegium erhält den Justizminister[184] zum Präsidenten, und außerdem einen Deputierten der Landstände zum Mitglied, dann aber noch fünf andere aus fünf verschiedenen Ständen gewählte Mitglieder (S. 91 fg. S. 102 fg.). Einer nämlich repräsentirt die Richter, ein zweyter die Advokaten der höheren Gerichte: ebenso einer die Richter, ein anderer die Advocaten der Untergerichte: endlich ein fünfter die juristischen Theoretiker. Jeder dieser Stände schlägt drey Candidaten vor, woraus die Regierung einen wählt. In größeren Staaten soll die Zahl der gewählten Mitglieder durch Verdoppelung oder Verdreyfachung auf Zehen oder Funfzehen gebracht werden. Wird nach einem Jahrzehend ein neues Collegium gebildet, so muß die kleinere Hälfte des vorhergehenden darin sitzen (S. 92. 112. 130). Mehrere kleinere Staaten können ein solches Collegium gemeinschaftlich bilden (S. 122). (Vielleicht wäre doch ein etwas größerer Antheil der Theoretiker wünschenswerth, die ja auch dann noch, wie billig, sehr in der Minorität bleiben würden. Dieses scheint nöthig, nicht sowohl um der Theorie mehr Gewicht gegen die Stimme der Praktiker zu geben, als um der Einseitigkeit zu entgehen, die unvermeidlich eintreten wird, wenn nur ein einziger Theoretiker zugezogen wird: die individuelle wissenschaftliche Ansicht desselben würde ein sehr nachtheiliges Übergewicht in der Versammlung haben, welches nur dadurch vermieden werden kann, daß in der Versammlung selbst mehrere wissenschaftliche Stimmen gehört werden).

In diesem Edict soll das jetzt bestehende Recht geändert werden können, jedoch nur wenn zwey Drittheile der Stimmen die Änderung verlangen (S. 86. 89). Künftige, mit Einwilligung der Landstände gemachte Gesetze, dürfen erst geändert werden, wenn sie 100 Jahre alt sind (S. 88). Innerhalb der nächsten hundert Jahre darf überhaupt kein anderer Rechtssatz neueingeführt werden, als welcher schon in irgendeinem andern Deutschen Lande Gültigkeit gehabt hat (S. 89).

Durch eine solche Einrichtung, wie der Verf. sehr richtig bemerkt, würde der große Vortheil erreicht werden, daß man nicht wie bei einem Gesetzbuch zu einer äußern Vollständigkeit genöthigt wäre, sondern nur über dasjenige sprechen würde, wozu gerade jetzt Bedürfniß und Kenntniß vorhanden wäre (S. 58): dadurch würde diese Arbeit Leben und Anschaulichkeit gewinnen, während unsre modernen Gesetzbücher mehr den Charakter von Compendien haben.

Allerdings wäre zu befürchten, daß das Collegium, seinen wahren Beruf verkennend, doch wieder etwas machen möchte, das einem Gesetzbuch ähnlich wäre; dieser Gefahr soll begegnet werden, theils durch die oben erwähnten Einschränkungen, theils durch ein besonderes Gewicht, welches (S. 107) dem Veto eingeräumt wird.

[185] Die größte Billigung verdient der Wunsch (S. 94), daß alle Protokolle gedruckt werden möchten: sehr richtig bemerkt der Vf., daß dadurch die Achtung gegen das so gegründete Recht vielmehr erhöht als vermindert werden würde. Zugleich würde dieses das sicherste Mittel seyn, in der Zwischenzeit von einem Collegium zum anderen brauchbare Beyträge zu neuen Verbesserungen zu erhalten. Solche offen dargelegte Gründe und Gegengründe müssen ungleich mehr wahren Antheil erwecken, als eine allgemeine empfehlende Entwicklung, worin aller Zweifel und Widerspruch gleisnerisch zugedeckt wird. Wie viel lehrreicher sind nicht bey dem Französischen Gesetzbuch die Protokolle des Staatsraths, als die aufgeblasenen, schmeichlerischen Reden, nach welchen man bey einem Gesetz über das Eigenthum glauben könnte, den Franzosen würden so eben alle Sachen geschenkt, über deren Eigenthum das Gesetz Regeln aufstellt.

Über die Art, wie ein Referent bestellt werden soll, und über die Geschäftsführung selbst, werden S. 103 u. fg. ausführliche Regeln gegeben, die aber wohl nur dazu dienen sollen, die Ausführbarkeit anschaulicher zu machen. Denn feste Regeln dieser Art für immer vorzuschreiben, dürfte wohl nicht rathsam seyn, da nach der Persönlichkeit der Mitglieder gar verschiedene Einrichtungen zweckmäßig seyn können.

Um den Zusammenhang des Rechts zwischen den verschiedenen Deutschen Staaten zu erhalten, wünscht der Vf. S. 123, daß abwechselnd mit den schon erwähnten Collegien der einzelnen Staaten ein allgemeines Collegium für ganz Deutschland zusammen treten möchte. Allein das Verhältniß dieser Versammlung zu denen der einzelnen Staaten bestimmt er so künstlich, daß die Ausführung wohl kaum für möglich gehalten werden kann. Vielleicht wäre es zweckmäßiger, für einen recht vielseitigen Verkehr zwischen den einzelnen Staaten in Ansehung ihrer Rechtsbildung zu sorgen.

Wie das allgemeine Deutsche Collegium, so halte ich auch die oben erwähnten Zeitbestimmungen von 100 Jahren für unpassend. Solche Bestimmungen gehören kaum in Zeiten wie die waren, worin unsre alten Kirchen von vielen Geschlechtern nacheinander und stets nach demselben Plan fortgebaut wurden: unsere ephemere Zeit scheint dafür am wenigsten geeignet.

In der ganzen Schrift herrscht ein so gesunder praktischer Sinn, die Vorschläge des Verfassers sind so gut begründet, seine Erwartungen von dem Erfolg sind so besonnen und so frey von Übertreibung, daß ihm selbst Andersdenkende ihre Theilnahme nicht werden versagen können. Es ist sehr merkwürdig, daß diese Schrift gerade aus Würtemberg kommt, aus einem Lande, dessen Einwohner sich vorzugsweise entwickelter politischer Einsichten und Erfahrungen rühmen können. Man[186] sage nicht, ein akademischer Lehrer wie der Vf. sey blos Bürger der Gelehrtenrepublik und der Staat um ihn her wirke wenig auf ihn ein. Dieses ist überall falsch, und bei dieser Schrift würde es doppelt unrichtig seyn, da dieselbe durch handschriftliche Mittheilung an erfahrne und einsichtsvolle Geschäftsmänner geprüft und geläutert worden ist.

Vielleicht ist es nicht überflüssig, am Schluß dieser literarischen Übersicht einige Resultate kurz zusammen zu stellen, wie sie gerade in diesem Zusammenhang recht klar hervortreten.

1. Die Besserung unsres Rechtszustandes, die man von einem Gesetzbuch erwartet, soll theils eine materiale seyn, theils eine formale.

Die materiale Besserung soll diejenigen Theile unsres

Zustandes betreffen, worin wir uns (theils in der That, theils wie man behauptet) nicht sonderlich wohl befinden. Dagegen ist schon früher bemerkt worden, es fehle uns theils an der nöthigen Einsicht, um das rechte mit Sicherheit zu treffen, theils an den nothwendigen Bedingungen in der Sitte des Volks und in den Verfassungen, ohne welche keine Empfänglichkeit für einen gründlich guten Zustand vorhanden ist. In welchem Sinne dieser Einwurf gemeynt ist, habe ich oben bey der Beurtheilung des Pfeifferschen Werks deutlich zu machen gesucht. Ist der Einwurf gegründet, so folgt daraus, daß wir jetzt zwar im einzelnen nachhelfen, aber nichts durchgreifendes und bleibendes gründen können.

Die formale Besserung soll uns anstatt eines undeutlichen, verwirrten, an allen Enden zerstreuten Rechts, wofür man das unsrige ausgiebt, ein klares, übersehbares und zusammenhängendes Recht geben. Dagegen ist erinnert worden, daß wir gar nicht die Fähigkeit haben, eine solche Aufgabe zu lösen, und daß wir einem äußeren, oberflächlichen Schein von Vollkommenheit nachjagend das innere Wesen unsres Rechts verderben würden.

Dieses ganze Bestreben aber unsren Rechtszustand so durch einen großen Schlag von oben herab zu verbessern, was ist es anders als Eine Äußerung mehr von der unglücklichen Richtung, die nun schon so lange das öffentliche Leben durchzogen hat, von der Richtung alles zu regieren, und immer mehr regieren zu wollen? Diese Regierungssucht hat fast jeder unter uns, da wo er gerade regiert wird, schon recht schmerzlich empfunden, und selbst diejenigen, welche am lebhaftesten für Gesetzbücher kämpfen, sind gewiß schon oft, wo ihnen diese Sucht in der Administration, der Polizey, den Finanzen u. s. w. entgegen trat, recht ernstlich darüber entrüstet[187] gewesen. Hier aber, wo sie in ihrem Fach die Regierungen berathen wollen, wo sie sich selbst in Gedanken an die Stelle derselben setzen, hier ist das alles vergessen, und sie glauben, daß mit Verordnen und Regieren der Welt von Grund aus geholfen werden könne. Daß sie dabey die edelste Absicht haben, versteht sich: aber gewiß auch die meisten, die uns in andern Fächern mit übermäßigem Regieren das Leben verbittern, meynen es recht gut mit uns, und rechnen ehrlich auf unsren Dank.

2. Wichtiger als alle Vorschriften seyn können, ist der Geist und die Bildung des Juristenstandes. Gewiß hat die unglückliche, verwirrende Zeit, die wir durchlebt haben, sehr traurig auf den öffentlichen Geist gewirkt, und nichts ist verderblicher, als sich hierüber zu täuschen. Auch verdient gerade Thibaut das Lob, daß er, ferne von der Gleisnerey mancher anderen Schriftsteller, diese Übel der Zeit mit edlem Ernst gerügt hat. Was haben nun wir Juristen, woran wir uns im Ganzen halten und empor heben können? was in England hilft und in den alten Freystaaten half, sind eingewohnte freye Staatsformen, nebst einem Erbgut von Volkssitte, die gerade aus ihrer Abgeschlossenheit frische Lebenskraft zieht; diese Mittel haben wir nicht. Was uns im Großen und Ganzen am meisten helfen kann, ist allein ein **wissenschaftlicher Geist**, der das Geschäft des Juristen, auch das gewöhnliche praktische Geschäft, zu veredeln im Stande ist. Weit entfernt also, daß die Gegner der Gesetzbücher dem Volk anmuthen sollten, für die Probestücke der Professoren und Advocaten zu leben,[160] fordern sie vielmehr einen wissenschaftlichen Character des Rechts als das erste und wichtigste, gerade weil dieses allein der Ausübung des Rechts eine edle und haltbare Grundlage geben kann.

Freylich wollen auch die Freunde der Gesetzbücher die Wissenschaft gerne befördern, ja sie soll erst recht in Blüthe kommen, wenn wir nur erst Gesetzbücher haben! Wenn uns aber, wie billig, die Sache mehr am Herzen liegt, als unsere Einbildungen, so laßt uns doch unbefangen dahin sehen, wo der Versuch mit neuen Gesetzbüchern wirklich gemacht ist, und wir werden uns überzeugen müssen, daß da das Recht an wissenschaftlichem Leben verloren, und daß es sich dem bloßen Handwerk genähert hat. Wollen wir aber ungeachtet dieser Erfahrungen behaupten, bei einem neuen Versuch werde gerade das Gegentheil erfolgen, heißt denn das nicht Luftschlösser bauen, und die Lehre muthwillig verschmähen, die uns große Erfahrungen darbieten?

[188] Schlimmer aber und ganz unbegreiflich ist der Weg, den das neueste Bairische Criminalrecht eingeschlagen hat. Hier ist nämlich in einer eigenen Verordnung ausdrücklich verboten, einen Commentar über das Gesetzbuch zu schreiben, und mündliche Vorlesungen anders als über das Gesetzbuch selbst zu halten[161], wie denn bekanntlich schon Kaiser Justinianus ähnliches verordnet hatte. Ich weiß, was man dafür sagen kann: die Gesetze sollen weder durch Tadel um ihre Autorität, noch durch verschiedene Auslegung um ihre Gewißheit gebracht werden. Aber welche Geistlosigkeit der Juristen daraus hervorgehen muß, liegt am Tage. In Justinians Reich konnte ein solches Gesetz mit Erfolg ausgeführt werden, aber in einem einzelnen Deutschen Lande, bey dem allgemeinen Verkehr der Gedanken und der Literatur ist der Zweck nicht einmahl erreichbar, den man sich dabey als wünschenswerth vorsetzen möchte. Auch in eine Zeit geistiger Erstarrung mag ein solches Gesetz noch wohl passen, aber völlig fremdartig steht es da in einer überbeweglichen Zeit wie die unsrige, deren Beweglichkeit sich gerade an demselben Gesetzbuch[162] auf die merkwürdigste Weise bereits offenbart hat.

3. Ich bin weit entfernt zu wünschen, daß der Staat bei der Rechtsbildung ein unthätiger Zuschauer seyn soll. Es giebt sogar mehr als eine Art, wie er dabey auf die wohlthätigste Weise thätig seyn kann.

Vor allem ist es die Sache des Staats, dafür zu sorgen, daß es der inneren rechtsbildenden Kraft nicht an zweckmäßig eingerichteten Organen fehle. Diesen Dienst leistete den Römern ihre Prätur: eben dahin gehört der oben dargestellte Vorschlag von Schrader für unsre Zeit. Soll aber dieser Vorschlag wahre Früchte tragen, so gehört dazu, daß überhaupt die öffentliche Meynung, über Personen sowohl als über Einrichtungen, fester und gründlicher werde, was wie bey jeder Kraft nur durch Übung bewirkt werden kann; dazu kann eine Entwicklung der Verfassung besonders förderlich seyn.

Aber es giebt noch andere Arten, wie der Staat auch unmittelbar auf den Zustand des Rechts einwirken kann, ohne das Recht selbst in seinem Gang zu stören. Wenn sich nämlich in einer langen Reihe von Jahren eine Masse einzelner Verordnungen gesammelt hat, so sind darunter gewiß viele,[189] die eine blos vorübergehende Gültigkeit haben sollten: viele andere werden zufällig in Vergessenheit gerathen, andere durch Gebrauch abgeschafft oder modificirt seyn; noch andere, wirklich geltende, werden vor der Masse des veralteten leicht übersehen werden. So wird es oft vom Zufall abhängen, ob eine ältere Verordnung entdeckt und angewendet wird oder nicht. Diese Art der Rechtsungewißheit, die gewiß niemand loben wird, kann auf einem sehr sicheren Wege gehoben werden. Sämmtliche Gerichte und administrirende Behörden des Landes nämlich können aufgefordert werden, darüber zu berichten, welche Verordnungen nach ihrer Geschäftserfahrung noch geltend geblieben sind. Aus diesen Berichten wird es nicht schwer seyn, einen Auszug des noch geltenden zu machen, welcher dann mit ausschließender Gültigkeit von neuem als Gesetz vorgeschrieben werden kann. Einem solchen Codex Constitutionum stehen die Gründe nicht im Wege, die der Abfassung von Gesetzbüchern im gewöhnlichen Sinn entgegen gesetzt worden sind: denn was so auf dem Wege der Gesetzgebung entstanden ist, kann ganz unbedenklich auf demselben Wege reformirt werden. Der seltene Fall, in welchem eine ältere Verordnung in einzelnen Gegenden zur Bildung eines eigenthümlichen Gewohnheitsrechts Veranlassung gegeben hätte, könnte noch eine abweichende Behandlung bewirken.

Wenn z. B. auf diese Weise das Corpus Constitutionum Marchicarum von Mylius mit seinen sämmtlichen Continuationen umgearbeitet würde, so würde dieses jeder Preussische Geschäftsmann höchst wohlthätig finden, und auch der strengste Vertheidiger des geschichtlichen Rechts würde dagegen nichts einwenden können.

4. Es ist oben (S. 8 u. 9), einstimmend mit Thibaut, die große Schwierigkeit bemerkt worden, die für uns aus der immer wachsenden Masse des historischen und literarischen Materials unsres Rechts entsteht; eine Schwierigkeit, gleich groß für die Gesetzgebung, wie für das Studium, für den Lehrer und den Schriftsteller, wie für den gründlichen, gewissenhaften Richter. Der Hauptgrund dieses Übels liegt aber darin, daß die Arbeiten der juristischen Schriftsteller zu wenig auf ein bestimmtes, großes Ziel planmäßig hingerichtet waren. Wir haben eine ungeheure Menge Compendien, Observationen, einzelne Abhandlungen u. s. w., aber eigentliche Bücher, die als integrirende Theile eines wissenschaftlichen Abschlusses (nach den Einsichten eines gegebenen Zeitalters) betrachtet werden könnten, haben wir verhältnißmäßig sehr wenige, und wie vieles hätte dafür geschehen können, wenn das, was in jenen einzeln versplitterten Kräften gut und fruchtbar war, auf einfache und wesentliche Zwecke concentrirt worden wäre. Vor mehreren Jahren sollte in einem großen Deutschen Staate ein neues Gesetzbuch gemacht werden, und man hatte dabey[190] den Plan, das Römische Recht als Subsidiarrecht gelten zu lassen. Vergebens sah man sich nach einem ausführlichen Handbuch des Römischen Rechts um, welches den praktischen Juristen zu ihrer Belehrung hätte

empfohlen werden können. Deshalb sollte damals ein solches Handbuch veranlaßt werden, welches jedoch so wie die ganze damals unternommene Abfassung des Gesetzbuchs, unterblieb. Ein solches Handbuch nun ist es, was wir in allen Theilen unsres Rechts, am meisten im Römischen Recht, bedürfen und vermissen. Soll es gründlich gemacht werden, so übersteigt es die Kräfte eines Einzelnen, aber durch gemeinsame Arbeit aller, die inneren Beruf dazu haben, könnte es in einigen Jahren wohl zu Stande kommen. Der Weg zur Ausführung wäre dieser. Nach einem einfachen, leicht übersehbaren Plan würde eine tabellarische Übersicht aller Gegenstände entworfen. Hieraus wählte sich jeder Theilnehmer diejenigen aus, wofür er am meisten vorgearbeitet hätte. Jede einzelne Arbeit müßte enthalten: 1. Rechtsgeschichte ganz im Detail, und besonders mit vollständiger Zusammenstellung der Quellen. 2. Dogmatik, gleichfalls durch Quellen vollständig begründet, und verbunden mit Erklärung dieser Quellen, so viel dazu nöthig. 3. Literatur, und zwar mit Angabe des Inhalts und mit Beurtheilung, sowohl was die zusammenhängenden Schriften über das Ganze, als was einzelne zerstreute Bemerkungen betrifft. 4. Endlich wären auch politische Ansichten, Wünsche und Vorschläge, obgleich nicht so dringendes Bedürfniß, dennoch keinesweges ausgeschlossen. Die Reihe von Werken verschiedener Verfasser, die auf diese Weise entstehen würde, wäre durch die gemeinschaftliche zusammenhängende Aufgabe zugleich als Ein großes Werk zu betrachten, welches Verhältniß schon durch die ähnliche äußere Einrichtung bezeichnet werden könnte. Man wende nicht ein, daß wegen der verschiedenen Ansicht und Richtung der Verfasser nur ein täuschender Schein von Einheit in jenen Werken entstehen, und daß die Erreichung des Zwecks bey jedem einzelnen Werk sehr zufällig und zweifelhaft seyn würde. Wenn jeder nicht nur mit Ernst, sondern auch mit einiger

Selbstverläugnung arbeitet, wird dieses keinesweges der Fall seyn. Es müßte nämlich ausdrücklich zur Aufgabe gemacht werden, daß das rein factische, ausgemachte, allgemeingültige auf eine sichtbare Weise von dem getrennt würde, was jeder als neue, individuelle Ansicht, als bloße Hypothese, zuzugeben gut fände, eine Bemühung, die selbst dem Gelingen jeder Arbeit an sich und ohne Rücksicht auf jenen gemeinsamen Zweck förderlich seyn könnte. Freylich wird es auch bey dieser Vorsicht nicht fehlen, daß uns manche Arbeiten großenteils mislungen und ungenügend erscheinen werden: dennoch wird im schlimmsten Fall durch die bloße Zusammenstellung der Quellen und der Literatur unglaublich viel[191] gewonnen, und für jede künftige, bessere Arbeit vorbereitet seyn. Gerade das, was jetzt das abschreckendste ist, die Masse des factischen, wird dadurch bezwingbar geworden seyn. Auch versteht es sich, daß jeder Mitarbeiter die einzelnen Bemerkungen und Ausführungen, die er für die Werke der übrigen vorräthig hätte, diesen überlassen würde, besonders aber die Literarnotizen, die in ihre Materien gehörten. Damit für die Literatur die möglichste Vollständigkeit erreicht würde, müßte jeder das Verzeichniß der Schriften, die ihm für sein Werk bekannt sind, zur Kenntniß der übrigen bringen, so daß es durch diese vervollständigt werden könnte. – Ein solches Unternehmen müßte unfehlbar gelingen, wenn es nur ohne Selbstsucht und persönliche Anmaßung, mit reiner Liebe zur Sache angegriffen würde. Es wäre ein schönes Beispiel von Gemeingeist, wenn tüchtige Juristen der verschiedensten Ansichten, Freunde und Gegner neuer Gesetzbücher, zu diesem Zwecke zusammentreten wollten, und Thibauts vorzügliche Theilnahme würde, wie in jeder Rücksicht, so besonders auch aus diesem Grund, von großer Wichtigkeit seyn. Man hat oft mit Recht geklagt, daß sich die Deutschen, auseinander gehalten durch leere, gehässige Einbildungen, zu nichts gemeinschaftlichem entschließen wollten: hier ist etwas gemeinschaftliches, daß recht eigentlich unsres Berufs ist, und wozu wir der Mitwirkung der Regierungen gar nicht oder nur sehr beyläufig bedürfen. Der Gesetzgebung wird dadurch eben so gut vorgearbeitet, als der Wissenschaft, und auch diejenigen, welche von Gesetzbüchern das Heil erwarten, müssen ihr Ziel dadurch gefördert sehen.

Zweyte Beylage.

Analyse des observations des tribunaux d'appel et du tribunal de cassation sur le projet de code civil
(von Crussaire). Paris 1802. 4. p. 5-9.

[192] MONTPELLIER. Il faut au Code un caractère de simplicité que n'offre pas le projet: jamais la France ne fut dans une situation plus heureuse pour recevoir une législation simple.

Dans l'état où la législation projettée se présente, les formes y semblent quelquefois un peu trop compliquées. Il est à craindre qu'en trompant le voeu exprimé dans le Discours préliminaire, le fisc n'ait autant à gagner que le justiciable à perdre.

Quant aux choses, les circonstances et les localités sont et doivent être la règle nécessaire et le motif déterminant de la loi; telles sont, par exemple, les lois agraires, toutes celles qui ont trait à l'agriculture, aux servitudes réelles, services fonciers, etc. Ces lois sont tellement modifiées par les localités, que celles qui sont appropriées à une contrée, pays plat, ne conviennent pas souvent à la contrée voisine, pays montagneux.

D'après ces principes, comment concevoir un système de législation uniforme sur l'usage des eaux pour l'irrigation des terres, et l'exploitation des usines, sans nulle distinction, entre les propriétés et contre l'usage des lieux, qui ne se règle pas toujours d'après l'utilité (ainsi que l'établit le projet); mais bien d'après la propriété qui en est acquise exclusivement, à ceux qui sont en droit de s'en servir.

Le même inconvenient se présente à l'égard de l'exploitation, et la durée des baux à ferme et à cheptel qui, dans certains pays, comportent équitablement des stipulations que le projet de code proscrit.

Il en est de même des servitudes rurales dont l'usage, non moins fréquent que varié, ne peut pas sans doute s'arranger, [193] comme dans le projet de code, dans le cadre d'un système uniforme. Les exceptions doivent être à côté de la règle, et dictées par la connaissance exacte des localités.

Dire que la disposition générale du projet de code pourvoit à ces inconvéniens, en laissant les anciens usages derrière les nouvelles lois, ce n'est pas se pénétrer assez de la difficulté à l'égard de tous les cas. Il y a aussi d'autres usages généraux qui ont divisés la France en deux grandes parties, en pays de droit écrit, et en pays de coutume; ces usages se confondent, par le projet de code, dans l'unité du même système; c'est, dit-on, une transaction entre le droit écrit et les coutumes.

Pour apprécier cette transaction et les avantages qui doivent en résulter pour l'un et l'autre pays, il faut faire quelques remarques:

1. Ce qui s'est trouvé réformé par la force des choses, et par la constitution même, n'a pu faire l'objet de cette transaction.

D'un autre côté, dans les lois romaines, comme dans les coutumes, il faut distinguer celles qui ont pour fondement le droit naturel et l'équité, de celles qui tiennent à la fois à l'ordre naturel et civil, ainsi qu'à l'ordre politique; aux simples rapports des individus entre eux, et à ces mêmes rapports compliqués, avec ceux de la société; les premières, d'une équité évidente, ne peuvent pas être maniées au gré du législateur; les autres se prêtent à l'esprit de système qui crée les différentes combinaisons, parmi lesquelles le législateur peut choisir celui qui lui paraît le plus convenable.

C'est ainsi que les rédacteurs du projet de code ont eu à choisir entre les dispositions du droit écrit et les dispositions du droit coutumier, principalement sur les points systématiques de la puissance paternelle, des tutelles, minorités et interdictions, des successions, des donations entre-vifs ou à cause de mort, des droits des époux dans le contrat de mariage, des prescriptions etc.; c'est là où l'on met le droit romain plus aux prises et en oppositions avec les coutumes, et où l'on a pu le faire transiger.

Mais qu'a-t-il été accordé ou soustrait au droit écrit? Qu'a-t-il été accordé ou soustrait au droit coutumier?

Quant à la puissance paternelle, la coutume obtient de l'affaiblir en plaçant à côté d'elle la communauté de biens entre époux; ce qui met en opposition, dans un ménage, le crédit d'un époux avec l'autorité de l'autre; autorité qui perd presque toute la force qu'elle tient du droit écrit, par l'avantage accordé à la coutume d'ôter aux pères la faculté d'exhéréder leurs enfans, de disposer librement de leurs biens, et d'ôter aux enfans le droit d'exiger des pères un établissement convenable.

[194] Si, dans les tutelles, le droit écrit l'a emporté dans sa disposition peu convenable à nos usages concernant la division de la tutelle en quatre espèces, la coutume a triomphé dans les points bien plus essentiels où elle ne laisse pas distinguer entre tuteur et curateur, ni entre pupille, et mineur ou adulte, elle a triomphé encore en mettant, à la place de l'interdiction pour cause de prodigalité, la disposition officieuse si peu propre à la remplacer.

Dans les successions on ne trouve plus ces grands traits

de la législation romaine, qui ne déférait l'hérédité qu'à un seul titre universel par la volonté de l'homme, et à défaut par la disposition de la loi; principe simple dont les avantages étaient sentis dans la pratique.

En écartant ce principe, la coutume fait concourir à la fois la succession légitime avec la succession testamentaire; et il y a tout autant de titres universels qu'il y a de dispositions sur des portions de biens par quelques actes que ce soit. Le partage en deux lignes pour les ascendans et les collatéraux, contrarie, dans la plupart des cas, l'équitable disposition du droit écrit, en faisant passer les diens dans les familles étrangères; système qui, par la prolongation des deux lignes à l'infini, priva les époux de tous les avantages que le droit écrit leur ménageait sur leur succession réciproque.

Il est vrai que ce droit paraît avoir été adopté pour les prescriptions; mais ces règles qui ne font que compliquer mal à propos les dispositions, n'auraient pas dû être maintenues.

Ce serait donc ainsi qu'on aurait fait transiger les deux droits en laissant, à l'empire de la coutume, la presque totalité des points sur lesquels elle pourrait être en concurrence avec le droit romain, et en abandonnant au droit écrit les autres points qui sont de peu d'importance droit d'ailleurs qui était modifié par les coutumes particulières qui y dérogeaient, ou y ajoutaient selon les convenances ou les localités.

Ainsi, tel pourra être le sort de ces pays que, par le nouveau système de législation, ils seront frustrés à la fois et des dispositions du droit écrit, et de celles de leur coutume particulière, qui leur étaient convenables; et qu'ils recevront, à la place de ces lois qu'ils avaient choisies, des dispositions coutumières qui ne leur conviennent pas, et des dispositions du droit écrit déjà par eux rejettées ou modifiées.

Mais, quelles que soient les nouvelles lois qui seront

données à la France, le législateur ne doit pas moins se tenir en garde contre les effets de la rétroactivité, et contre les inconvéniens du point de rencontre des nouvelles lois[195] avec les lois anciennes, pour le prévenir, autant qu'il est possible, ou les corriger sans blesser la justice et l'équité.

Le projet de Code qui établit en principe que la loi ne dispose que pour l'avenir, et qu'elle n'a point d'effet rétroactif, manquera le but au moins sur divers cas: par exemple, à l'égard du cours d'eau, dont l'ancien droit ne permettait pas l'usage an propriétaire riverain, sur le seul fondement de son utilité particulière, lorsque l'usage exclusif en était légitimement acquis à d'autres propriétaires ou possesseurs d'usine; c'est ainsi que l'ancien propriétaire se trouverait dépouillé, en vertu de la loi nouvelle, d'un droit acquis depuis des siècles, et après avoir fait, sous la foi de l'ancienne loi, des constructions qui lui deviendraient inutiles après la perte de son droit.

Le tribunal de Montpellier desire aussi que le législateur s'explique enfin sur le vrai sens et sur l'effet que doit avoir le décret du..... septembre 1791, qui déclare non écrites toutes clauses insérées aux actes, et qui seraient contraires aux moeurs, ou aux lois nouvelles, à la liberté religieuse, naturelle et civile, et à celle de se marier ou remarier; et la loi des 24. octobre et 14. novembre 1792, qui prohibe les substitutions pour l'avenir, abolit celles qui se trouvaient alors établies, et maintient l'effet de celles seulement qui étaient ouvertes à cette époque.

Les tribunaux ont pensé que le législateur n'avait pas vu d'effets rétroactifs dans ces deux lois; cependant le tribunal de cassation croit y voir ce vice. Le projet de Code ne règle rien à cet égard: or, il serait à désirer que le législateur s'expliquât pour faire cesser ce conflit, et les incertitudes qui en résultent.

Ici, les lacunes qui résulteront de l'abrogation des lois

anciennes, générales ou particulières, et locales, présenteront une foule de difficultés à la sagacité du législateur.

Ainsi, régler les rapports, combler les lacunes, régulariser les effets compliqués des anciennes et nouvelles lois; suppléer à leur silence, pénétrer leur obscurité, telle est la tâche immense qu'impose le perfectionnement du grand ouvrage de la législation nouvelle.

C'est cette tâche que les rédacteurs du projet semblent renvoyer à l'arbitrage des juges pour la remplir, à mesure qu'ils feront l'application des lois aux cas particuliers; et telle serait la jurisprudence qu'on entend placer à côté du sanctuaire des lois!

Mais quelle jurisprudence! n'ayant d'autre règle que l'arbitraire sur l'immensité d'objets à co-ordonner au système de législation nouvelle, à quelle unité, à quel concert faudrait-il s'attendre de la part d'une pareille jurisprudence, ouvrage de tant de juges et de tant de tribunaux, dont[196] l'opinion ébranlée, par les secousses révolutionnaires, serait encore si diversement modifiée! quel serait enfin le régulateur de cette jurisprudence disparate, qui devrait nécessairement se composer de jugemens non sujets à cassation, puisqu'ils ne reposeraient pas sur la base fixe des lois, mais sur des principes indéterminés d'équité, sur des usages vagues, sur des idées logiciennes, et, pour tout dire en un mot, sur l'arbitraire!

A un système incomplet de législation, serait donc joint pour supplément une jurisprudence défectueuse.

Pour l'éviter, le législateur pourrait tourner ses vues sur son propre ouvrage, le compléter lui-même autant que possible, et ne considérer le projet de Code que comme les Institutes du droit français, à l'instar des institutes de Justinien à l'égard du droit romain. Comme ces dernières, le projet de Code contiendrait les principes généraux du droit, et, pour ainsi dire, le texte des lois. Le commentaire, le développement et les détails sur chaque matière devraient être l'objet de tout autant de traités séparés, comme ils le sont à-peu-près dans le Code et dans le Digeste du droit romain.

Une autre méthode pourrait peut-être conduire le législateur à un résultat non moins heureux, quoiqu'avec moins d'effort, de travail et de secousses; si l'unité, dans le système législatif, est d'une utilité si évidente qu'elle doit être envisagée comme un dogme politique dont il ne peut pas être permis de s'écarter, il est certain aussi que la France, telle qu'elle est aujourd'hui, est un état trop étendu pour que la différence des climats n'en nécessite une dans certaines lois, que la nature des choses et celle du sol modifient nécessairement.

Ainsi, laisser subsister les différences locales en tout ce qu'elles ne choquent pas l'esprit général et ramener le reste à l'uniformité, telle paraît être la tâche du législateur.

Pour atteindre ce but, faut-il tout détruire, abroger toutes les lois anciennes pour tout récréer? Il paraît plus simple et plus naturel de maintenir l'ancien système, en y dérogeant sur les points qui doivent être ramenés à l'unité et à l'uniformité, et surtout ceux dont notre nouvelle situation politique demande la modification ou la réforme.

Quant à ces derniers points, l'ouvrage paraît déjà porté à sa perfection dans le livre premier du projet du Code, sur l'état des personnes, et dans les différentes lois rendues par nos assemblées nationales.

A l'égard des autres points, sur lesquels doivent tomber le changement et la réforme nécessités par l'unité du système, il semble qu'on ne peut pas s'y méprendre, et qu'ils ne se présentent pas en si grand nombre. En effet, en laissant de[197] côté toutes les dispositions ou principes du droit naturel, appelés la raison écrite, dont l'équité évidente s'allie avec tous les systêmes législatifs, il ne resterait précisement que les points de droit ou les matières que nous avons appelées plus haut systématiques, parce que leur règle est moins dans l'invariable nature que dans la variable combinaison des convenances particulières et générales.

D'après ce plan, qui paraît si simple, les matières à traiter dans le nouveau Code se réduiraient à-peu-près à la puissance paternelle, et aux obligations des pères envers leurs enfans; aux tutelles, minorités, et interdictions, aux successions et aux donations entre-vifs, ou à cause de mort, aux droits des époux dans les contrats de mariage, aux hypothèques, aux ventes forcées, et aux prescriptions.

Toutes les autres matières pourraient ainsi rester à leur place, et avec leur force dans le dépôt des anciennes lois; et ces lois, soit générales, soit particulières ou locales, continueraient d'être exécutées comme auparavant dans tout ce qui n'y aurait pas été dérogé par la loi nouvelle du Code.

Cette méthode pourrait réunir les deux objets d'importance majeure que le législateur doit avoir principalement en vue, l'utilité générale de l'unité du système avec les convenances particulières des localités. Ainsi, le contact des lois anciennes et nouvelles dans un nombre de points infiniment moindres, faciliterait davantage leur cohérence et leur liaison. Avec beaucoup moins d'efforts, la législation serait plus complète et la jurisprudence plus certaine. La règle ne manquerait pas au juge, et la contravention aux lois aurait un correctif. Au lieu de détruire, on ne ferait, pour ainsi dire, que réparer, et le changement paraîtrait moins une innovation qu'une conservation de ce qu'il n'est pas nécessaire de détruire, et une amélioration de ce qu'il est utile de réformer ou de modifier.

Tel paraît être le modèle du Code que réclame la situation

actuelle de la France. On le croit tracé en entier dans la maxime rappelée dans le discours préliminaire du projet, où il est dit: Qu'il est utile de conserver tout ce qu'il n'est pas nécessaire de détruire. En effet, les changemens dans les lois ne sauraient être trop réfléchis, et ils ne peuvent être justifiés que par une utilité évidente: in rebus novis constituendis, dit la loi romaine, puisée dans les écrits de Platon, evidens debet esse utilitas ut recedatur ab eo jure quod diu aequum visum est.

6. Bemerkungen.

S. 14. Savigny hat auch in späterer Zeit trotz zahlreicher Widersacher an den Grundauffassungen seiner Streitschrift festgehalten. (Vgl. die Vorrede zur 2. Ausgabe vom Jahre 1828.) So war es auch weiterhin. In der Bibliothek des Preußischen Justizministeriums befindet sich ein Exemplar von Savignys Streitschrift (3. Aufl. 1840), auf dessen erster freier Seite mit Tinte geschrieben, nach der Schrift zu schließen, von der Hand Savignys (über seine Ministertätigkeit s. o. S. 31) folgende Worte stehen: ἁμὲς δὲ γ'εἰμές· αἱ δὲ λῇς, αὐγάσδεο. Plut. instit. Lacon. c. 15. – 24. Dez. 47.« – Sinngemäß übersetzt bedeutet diese Stelle: »Wir sind noch rüstig; wenn Du willst, versuch' es!« Sie ist in dorischem Dialekt abgefaßt und der Abhandlung »Die alten Gebräuche der Lacedämonier« (Instituta Laconica) aus Plutarchs Moralisch-philosophischen Werken (Moralia) entnommen. Der Zusammenhang ist dort folgender: »An gewissen Festen wurden (in Sparta) nach dem dreifachen Alter drei Chöre errichtet. Das Chor der Greise sang zuerst: »»Wir waren einst rüstige Jünglinge.«« Darauf antwortete das Chor der jungen Männer: »»Wir sind es noch, wenn Du willst, versuch' es.«« Zuletzt sang das Chor der Knaben: »»Wir werden einst noch viel besser sein.«« (Übersetzung von J. F. S. Kaltwasser, Wien und Prag 1797, 2. Bd. S. 202.)

S. 19. Wegen der Einzelgesetzgebung siehe S. 148, 149.

S. 20. Für unsere Ansicht sprechen auch Hugos Worte S. 187. Wegen weiterer Literatur zu der Streitfrage vgl. Brinz, Die Savignyfeier am 21. Februar 1879, in der Kritischen Vierteljahresschrift für Gesetzgebung und Rechtswissenschaft, Bd. 21, München 1879, S. 485 ff., auch Bd. 22, S. 161 ff.

S. 22. Zur »Geschichte der privatrechtlichen Kodifikationsbestrebungen in Deutschland« vgl. auch die Abhandlung von E. Schwartz, Archiv für Bürgerliches Recht, Berlin, Bd. 1 (1889), S. 1 ff. mit Bemerkungen über die Streitschriften Thibauts und Savignys. Erwähnt sei noch die Bemerkung Gierkes (unten S. 237, N. 38 u. 80) zu Anton Christs Schrift Über deutsche Nationalgesetzgebung, Karlsruhe 1842, daß hier zuerst die Kodifikation aus geschichtlichen und organischen Gesichtspunkten begründet werde.

S. 23. Über den Einführungsartikel der Zeitschrift Savignys hat Thibaut in den Heidelbergischen Jahrbüchern 1815 Nr. 42 eine beachtenswerte Rezension geschrieben, in der er »den anzüglichen Namen ungeschichtliche Schule verbittet«. Savigny sagt dort: »Die geschichtliche Schule nimmt an, der Stoff des Rechts sei durch die gesamte Vergangenheit der Nation gegeben, doch nicht durch Willkür, so daß er zufällig dieser oder ein anderer sein könnte, sondern aus dem innersten Wesen der Nation selbst und ihrer Geschichte hervorgegangen.«

S. 23. Vgl. Herders Gedicht »An den Kaiser« (Joseph II.). 1780. »Gib uns,.... Ein Deutsches Vaterland, Und Ein Gesetz....«

S. 24. Zu dem Ausdruck »Volksgeist« vgl. auch die Wendung Feuerbachs S. 195.

S. 24. Wegen der Stellung der historischen Schule zur Philosophie s. S. 99 und 202.

S. 25. Ein alter Vorwurf gegen Savigny ist seine Überschätzung des Gewohnheitsrechts.

S. 31. Über Beziehungen Savignys zu Goethe vgl. z. B. Eckermanns Gespräche mit Goethe, 6. April 1829 (»unser trefflicher Savigny«).

S. 32. Aus der Bibliothek Savignys befinden sich viele alte und seltene Werke romanistischen Inhalts auf Grund seines Vermächtnisses in der Berliner Königlichen Bibliothek. Vgl. Verzeichnis der der Königlichen Bibliothek vermachten Werke Savignys.

S. 33. Aus den Vorräten der 3. Auflage Savignys wurde 1878 eine zweite (Titel-)Ausgabe veranstaltet.

S. 33, 34. Um wirkliche Druckfehler aus dem Texte der Schrift Savignys möglichst auszumerzen, sind alle drei zu seinen Lebzeiten erschienenen Ausgaben verglichen worden. Da die 2. und 3. Ausgabe einen völlig unveränderten Abdruck der Schrift enthalten soll (s. Vorrede der 2. Ausgabe), ist von einer Zusammenstellung der Textabweichungen, die nur auf Druckfehlern beruhen können, abgesehen.

S. 41. Thibaut meint mit den Worten »aus dem Munde eines geistvollen, edeln Schriftstellers« offenbar August Wilhelm Rehberg, dessen Werk über den Code Napoleon die Veranlassung zu der Rezension Thibauts in den Heidelbergischen Jahrbüchern 1814 Nr. 1 u. 2 und weiter zu Thibauts Flugschrift wurde. Vgl. Landsberg, Geschichte der Deutschen Rechtswissenschaft, III, 2, Noten, S. 32 Nr. 20 und brieflich. Eine Stütze dieser Ansicht finde ich darin, daß Thibaut in dieser Rezension sich ganz ähnlicher Wendungen bedient, wie an unserer Stelle (»geistvolle Arbeiten des Verfassers; er macht Gewohnheit und Herkommen zur Grundlage aller bürgerlichen

Einrichtungen; er tadelt, daß der Code es nicht bei dem chaotischen Allerlei der verschiedenen Ortsgebräuche bewenden ließ«), daß Thibaut es ferner absichtlich vermeidet (vgl. seine Vorrede), den Namen Rehberg zu nennen. Eine weitere oben S. 10 nicht erwähnte Besprechung des Rehbergschen Buches befindet sich übrigens in den Göttingischen Gelehrten Anzeigen 1814 S. 33.

S. 46. Gegen »Trivialitäten« und »Übertreibungen« in Thibauts Schrift (S. 23, 25, 28, 12, 64, 34 der 1. Ausgabe) wendet sich Immanuel Bekker, Über den Streit der historischen und der filosofischen Rechtsschule, Heidelberg 1886; später milder in »Vier Pandektisten«, Heidelberg 1903. Siehe auch Savignys Schrift S. 122 (1. Ausgabe).

S. 53. Wer unter dem »bedeutenden verstorbenen Staatsmann« zu verstehen ist, ist nicht sicher festzustellen. Vielleicht ist damit nach einer (brieflich geäußerten) Vermutung des Herrn Professors Dr. Ernst Landsberg der am 17. November 1813 gestorbene Geheime Rat Johann Nikolaus Friedrich Brauer gemeint, ein altbewährter Ratgeber Carl Friedrichs von Baden. Brauer wurde außer anderen gesetzgeberischen Arbeiten die Bearbeitung und Einführung des Code Napoleon in Baden übertragen.

S. 55. Die Stelle vom Völkervertrag beurteilt Meinecke, Weltbürgertum und Nationalstaat, München und Berlin 1908, S. 195 wegen des damaligen Nationalgefühls milder, als es oben geschehen ist.

S. 58. Carl Friedrich von Baden, seit 1738 Markgraf, seit 1803 Kurfürst, seit 1806 Großherzog, ist am 11. Juni 1811 gestorben.

S. 63. Die Beibehaltung der Besonderheiten erinnert an die im Einführungsgesetz des Bürgerlichen Gesetzbuchs Art. 55-152 enthaltene Verlustliste der Deutschen Rechtseinheit.

S. 88. Die Stelle »weit weniger Individualität« bezeichnet Bekker, a. a. O., S. 9 als »fast unbegreiflich«. Vgl. auch die

Wendung »fungible Personen« S. 163.

S. 91, 92 (163). Hiergegen wendet sich M. A. von Bethmann-Hollweg, Über Gesetzgebung und Rechtswissenschaft als Aufgabe unserer Zeit, Bonn 1876, S. 7 ff.: Savigny bedenke nicht, daß die Römer ihr gesamtes Recht schon in frühester Zeit in den Zwölf Tafeln als Gesetz verzeichnet haben und daß dieses bis auf Justinian den festen Kern des Rechtssystems bildete. Diese Schrift verdient auch sonst wegen ihrer mehrfachen Rückblicke auf den Streit zwischen Thibaut und Savigny unsere Beachtung.

S. 105. Vgl. S. 229.

S. 118. Das Zitat aus dem Ausspruch des Tribunals von Montpellier ist nicht ganz genau. Siehe S. 229, ferner S. 203 (ungünstiges Urteil über die französischen Juristen).

S. 119. Savigny schreibt Suarez statt Svarez. Der Verfasser des Preußischen Landrechts lebte von 1746 bis 1798 (Biographie von Adolf Stölzel, Berlin 1885).

S. 132. J. A. Hellfeld (Jena), Jurisprudentia forensis secundum Pandectarum ordinem.

S. 140, 141. Diese Reinigung richtete sich tatsächlich gegen den »germanischen Einschlag«, den das römische Recht im Laufe seiner Entwicklung – teilweise durch das Verdienst der Naturrechtler – erfahren hatte. Gierke (Die historische Rechtsschule und die Germanisten, Berlin 1903, S. 10 ff.) erblickt hierin die »wirkliche Sünde der historischen Rechtsschule«, die »ihrem eignen Prinzip untreu« wurde. Damit hängt auch die Verschärfung des Gegensatzes zwischen Romanisten und Germanisten zusammen.

S. 153. Vgl. S. 204.

S. 156, 157. Vgl. S. 204.

S. 161. Vgl. S. 204.

S. 166. Zwischen Itaque und Deus ist ut ausgefallen. Ph.

Melanthonis opera, Halis Saxonum 1843, XI, 350.

S. 170. Vgl. Savignys Gegenäußerung über die Bedeutung der Rechtsgeschichte S. 206, 207.

S. 170. Die Sätze Thibauts von der Rechtsgeschichte bis zu den »zehn geistvollen Vorlesungen« dienten dem Hegelianer und erbitterten Gegner Savignys Eduard Gans, Professor der Rechte in Berlin, als Motto zu seinem »Erbrecht in weltgeschichtlicher Entwicklung«, 4 Bde., Berlin, Stuttgart und Tübingen 1824 bis 1835.

S. 185. Von den damals erschienenen anonymen Schriften sei noch erwähnt »Blicke auf die juristische Praxis in Beziehung auf das künftige Gesetzbuch für Deutschland«, 1817 (für Thibaut). Hingewiesen sei auch noch auf Unterholzners Vorrede zu seinem »Entwurf zu einem Lehrgebäude des bei den Römern geltenden bürgerlichen Rechts«, Breslau 1817 (gegen die Kodifikation für Savigny).

S. 195. Feuerbach schreibt Thiebaut statt Thibaut. In seinen Kleinen Schriften vermischten Inhalts bemerkt er, daß das Thema seines Aufsatzes später am vollständigsten erörtert wurde von Meijer de la Codification en général, et de celle de l'Angleterre en particulier. Amsterdam 1830.

S. 198. Mutter Carmenta, die Weissagegöttin, bei Dichtern Künderin von Roms Größe.

S. 202. Unter dem »ausgezeichneten Rechtsgelehrten« ist natürlich Thibaut zu verstehen.

S. 206. Wegen Thibauts Abhandlungen in den Heidelbergischen Jahrbüchern s. S. 32.

S. 221. Mit dem Zitat aus der Jenaischen Literatur-Zeitung 1814 ist die S. 191 erwähnte Rezension des Schmid'schen Buches Deutschlands Wiedergeburt gemeint.

Nachwort.

In den Tagen, da die Schlußzeilen dieses mit der Erinnerung an die große Zeit der Freiheitskriege verknüpften Buches geschrieben sind, steht Deutschland im Kampfe gegen eine Welt von Feinden. Was unsere Vorfahren in den Jahren 1813/15 erkämpft und vorbereitet, was unsere Väter 1870/71 errungen und verwirklicht haben, das neue Deutsche Reich, es muß 1914 verteidigt werden gegen die Neider seiner Macht und seines Ansehens auf allen Gebieten menschlicher Entwicklung, gegen Kulturfeinde, denen Mißgunst, Rache und Profitgier über alles gehen. In wunderbarer Einigkeit steht ganz Deutschland geschart um seinen Kaiser. Der Geist von 1914, dies einmütige Aufwallen der Volksseele, dies Bestreben jedes einzelnen, sofern er nicht dem Vaterlande unmittelbar mit der Waffe dient, als Glied eines Organismus seine Kräfte zum Wohle des Ganzen möglichst nutzbringend zu betätigen, so daß sich wie von selbst neue zweckbewußte Organisationen unseres Gemeinschaftslebens gestalten, wird in der Geschichte fortleben als eine noch nie gesehene gewaltige Erscheinung, als eigentümliches Kennzeichen unserer Zeit: Mehr als die Waffen schlägt der Geist die Schlachten. Deutschlands Wille zum Siege ist die Gewähr seines Sieges.

Berlin, im August 1914.

Dr. **Jacques Stern**.

Im gleichen Verlage sind erschienen:

Einführung in die gerichtliche Praxis.
Ein Buch für Referendare und Studierende.
Von
Dr. Jacques Stern,
Amtsrichter am Amtsgericht Berlin-Mitte.
1914. Geheftet 9 M., gebunden 10 M.

Prof. Dr. Heilfron schreibt über dies Buch im »Recht«, Jahrgang 1914, Nr. 11:

> Der Verfasser hat sich um die juristische Jugend ein zweifelloses Verdienst erworben. Es kann nicht nur den Referendaren empfohlen werden, vor jeder Station den betreffenden Abschnitt durchzuarbeiten, sondern auch die Studenten werden an der Hand des Werkes die ihnen leider so häufig mangelnde Verbindung mit der Praxis herzustellen vermögen.

Arrest und einstweilige Verfügungen
nach der Deutschen Zivilprozeßordnung.
Von
Dr. Jacques Stern,
Amtsrichter am Amtsgericht Berlin-Mitte.
1912. Geheftet 3 M.

Warneyer schreibt über dies Buch in der »Deutschen Juristen-Zeitung«, Jahrgang 1912, Nr. 22:

> Die Arbeit erreicht ihren Zweck im vollsten Maße. Übersichtlich gegliedert, behandelt sie zunächst das materielle und formelle Arrestrecht, sodann Voraussetzungen und Inhalt der einstweiligen Verfügungen, sowie das Verfahren bei diesen, endlich die Rückgabe der Sicherheiten und die Schadensersatzpflicht wegen ungerechtfertigter Anordnungen. Auch wo man dem Verfasser nicht folgen kann, weiß er seine Meinung geschickt zu begründen.

Druck von Gebhardt, Jahn & Landt G. m. b. H., Berlin-Schöneberg.

Fußnoten:

[A] Als einer von »Teutschlands Ansprüchen«, als Forderung der »künftigen teutschen Verfassung«, als Verlangen der »Volksstimmung« kommt eine »gleiche Gerechtigkeitspflege«, ein »gleiches Recht« z. B. im Rheinischen Merkur wiederholt zum Ausdruck (Nr. 76 vom 23. Juni 1814, Nr. 105 vom 20. August 1814, Nr. 219 vom 7. April 1815). Groß war auch die Zahl der ohne Nennung des Verfassers erschienenen, außer anderen Reformen auch ein einheitliches bürgerliches Recht erstrebenden Flugschriften und Bücher. Genannt seien: Was war Deutschland? Was ist es jetzt? Was darf es von der Zukunft hoffen? Germanien 1813, 48 S. (Vgl. z. B. Allg. Lit. Ztg., Halle und Leipzig, 1814 Nr. 102 u. 103, Wiener Allg. Lit. Ztg., Wien, 1814 Nr. 46 u. Heidelb. Jahrb. 1814 Nr. 38). Geburt, Taten und Ende des Rheinbundes, kein Roman, sondern eine wahre Geschichte, mit einigen bloß in schwachen Umrissen hingeworfenen Ideen zur künftigen Regeneration einer deutschen Staatsverfassung an das Licht gestellt von einem deutschen Patrioten in der Wüste des unterjochten Deutschlands, Germanien 1813, 80 S. (Vgl. Allg. Lit. Ztg. u. Wiener Allg. Lit. Ztg., ebenda, sowie Jenaische Allg. Lit. Ztg. 1814 Nr. 78). Was hat Deutschland von seinen erhabenen Rettern zu erwarten, was hat es zu wünschen? 1814 (ohne Druckort), 27 (nicht 72) S. (Vgl. Jenaische Allg. Lit. Ztg. 1814 Nr. 190.) Ideen über die Bildung eines freyen germanischen Staatenbundes nebst einem Anhang über einen ähnlichen italischen Bund – Von dem Verfasser der Ideen über das Gleichgewicht von Europa, 1814 (ohne Druckort), 272 S. (Vgl. ebenda Nr. 217). Was können die verschiedenen Völkerstämme Teutschlands in Rücksicht ihrer inneren Verhältnisse von ihren Regenten verlangen und begehren? Germanien 1814. (Vgl. B. W. Pfeiffers Ideen zu einer neuen Civil-Gesetzgebung, S. 7; unten Abt. II, 3 u. 5.)

[B] Vgl. auch das zeitlich nach Thibauts Schrift erschienene Buch von H. R. Brinkmann, Über den Wert des bürgerlichen Gesetzbuchs der Franzosen, mit besonderer Rücksicht auf die Schrift des Herrn geheimen Kabinetsraths Rehberg über dasselbe, sowie auf unsere jetzigen Bedürfnisse in der Gesetzgebung, Göttingen 1814 (Besprechungen in der Allg. Lit. Ztg., Halle und Leipzig 1814, Stück 226 bis 228; Jenaische Allg. Lit. Ztg. 1815 Nr. 144; Leipziger Lit. Ztg. 1816 Nr. 26, Göttingische Gelehrte Anzeigen 1814 Stück 154).

[C] Savignys Stellung zur bürgerlich-rechtlichen Einzelgesetzgebung ist diese: er ist nicht etwa ein Anhänger der Einzelgesetzgebung schlechtweg im Gegensatze zur Kodifikation. Vielmehr ist er, wenn wir seine Gruppierung der Einzelgesetzgebung zugrunde legen, Gegner auch der Einzelgesetzgebung, soweit sie der organischen Rechtsentwickelung entgegentritt: Gesetze von politischem Grunde betrachtet er als Ausnahme und notwendiges Übel; die Entscheidung von Kontroversen und die Verzeichnung alter Gewohnheiten ist nach ihm ein Objekt der Gesetzgebung, doch ist ihm sogar hier ein anderer Weg als die eigentliche Gesetzgebung lieber.

[D] Beyspiele habe ich schon oben (civilist. Abhdlgn.) S. 305 bis 311 gegeben.

[E] Meine civilist. Abhandl. S. 463-466.

[F] Obige Zusammenstellung macht natürlich keinen Anspruch auf absolute Vollständigkeit. Immerhin sind hier in einem bisher nicht erreichten Umfange wissenschaftliche Stimmen zum Streite zwischen Thibaut und Savigny vereinigt.

[G] Zwischen Hrn. v. Savigny und Thiebaut. Was später geschehen, hat wenig zur Schlichtung, desto mehr zur Erhitzung des Streits beigetragen. Auf der Seite des zuletzt genannten Gelehrten stehen übrigens nicht blos diejenigen, welche in der Rechtswissenschaft mehr als das Geschichtliche suchen, sondern auch ausgezeichnete Männer der reingeschichtlichen Methode. Mein ehrwürdiger Freund, Etatsrath Ritter Cramer zu Kiel, wird mir verzeihen, wenn ich hier seinen Namen nenne und dem Publikum verrathe, daß Er es vorzüglich war, der mich gegen die Behauptungen des von uns gemeinschaftlich verehrten v. Savigny in Harnisch zu bringen und zu freundschaftlichem Kampf hinauszuführen gesucht hat. Vieles was den Freuden des geistigen Wirkens wenig zusagt, hinderte mich seither, an dieser Angelegenheit Theil zu nehmen. Und auch jetzt will ich nicht so angesehen seyn, als traute ich mir zu, durch die wenigen Worte, die ich hier zu sagen habe, den Streit zu schlichten oder zu vermitteln. Solons weises Gesetz, wonach jeder gute Bürger verpflichtet war, bey entstandener Partheiung seine Gesinnungen öffentlich auszusprechen, sollte vorzüglich in dem gelehrten Freistaat und geistigen Tugendbund (oder wie man sonst den heiligen Verein für Recht und Wahrheit nennen mag, in welchem ohne Heimlichkeit und ohne Schwur Tausende sich Brüder nennen) als eines der ersten Grundgesetze gelten. Ich ergreife die gegenwärtige Gelegenheit nur dazu, um dieses Gesetz zu erfüllen, und die Parthey bestimmt zu bezeichnen, auf deren Seite ich zu finden bin. – Einige sagen vielleicht hierauf spottend: »das haben wir längst gewußt!« Indessen hat auch dieses mir nichts zu bedeuten.

[H] Hierin löst sich das meiste von demjenigen auf, was Hr. Prof. Meister zu Breslau für das römische Recht und dessen Beibehaltung einige Zeit vor jenem Streit zwischen Thiebaut und v. Savigny geschrieben hat.

[I] Denn die Geschichte der Aufnahme des römischen Rechts, zuerst im Einzelnen blos der Materie nach, dann der Form nach im Ganzen, wird wohl nicht gegen das oben stehende geltend gemacht werden wollen. Ueberdieß läßt sich bestimmt voraussagen, daß diese Geschichte immer nur über Manches im Allgemeinen, allein nur über Weniges im Einzelnen werde Licht verbreiten können.

[J] Und doch wurde von den Gegnern über Gesetze und Gesetzgebung gerade so gesprochen, als hätte man jenes oder dieses gedacht. An ein von dem Feuerlande bis nach Kamtschatka allgemeingültiges gesetzgebendes Naturrecht glaubt man schon lange nicht mehr. Daß aber das Gesetzgeben mit dem Despotismus so nahe verwandt sey, daß man Cäsars bekanntes Vorhaben, ohne weiteres unter den Beweisen seines Strebens nach Gewaltherrschaft anführen dürfe, hat man früher noch nie geglaubt, und glauben sehr viele noch nicht, wiewohl es seitdem behauptet worden ist.

[K] Jura aequare. – Ich schreibe diese Vorrede entfernt von meinen Papieren und habe Livius so eben nicht bey der Hand, um die Stelle näher zu bezeichnen.

[L] Jedes Volk, sobald dasselbe so weit gekommen, seine Rechte in einem Gesetzbuche schriftlich darzustellen, änderte und besserte zugleich sein Recht. War das Volk aus mehreren kleineren Stämmen mit eignen Rechtsgewohnheiten zusammengeflossen, so galt es auch bey Abfassung des Rechtsbuchs, vor allem diese Verschiedenheiten in Einstimmung zu bringen und aus dem vorhandenen Stoff ein Gemeinsames zu schaffen. Abgesehen von den späteren Zusätzen der Könige und des Clerus, enthielt schwerlich irgend eines der sogenannten Gesetze der Barbaren, selbst in der ursprünglichen Gestalt, ganz reines Gewohnheitsrecht ohne allen Einfluß der gesetzgebenden Weisheit dieser Zeit. Was der große König Alfred in der Einleitung zu seinem Rechtsbuche sagt: Ego Alfredus Rex in unum colligi et litteris consignari jussi, multa eorum quae parentes nostri observabant, quae mihi placebant, et multa eorum quae mihi non placebant rejeci cum meo sapienti Concilio, et alio modo jussi observari: dieses thaten und dachten, in größerem oder geringerem Umfang, besser oder schlechter, gewiß alle, die berufen waren, ihres Volkes Rechte in Gesetzen zu verfassen. Das: quae mihi placebant, bedeutet aber freylich nicht so viel als: car tel est notre plaisir, sondern hat ungefähr denselben Sinn, in welchem König Egica durch Betrachtungen über Geist und Zweck aller Gesetze das westgothische Gesetzbuch einleitet, wenn er sagt: Lex erit secundum naturam, secundum consuetudinem civitatis, loco temporique conveniens, justa et aequabilia praescribens, congruens, honesta et digna, utilis, necessaria. (Canciani Vol. IV. p. 63. et 247.)

[M] Wie bey uns, denen ins Angesicht behauptet wurde, keines der neueren Gesetzbücher sey an Würde und Kraft des Gesetz-Styls auch nur mit der Halsgerichtsordnung Kaisers Karl V. zu vergleichen. Wenn einmal unsere Gesetzbücher ein paar Jahrhunderte alt geworden sind, so werden sie unsern Nachkommen wahrscheinlich eben so ehrwürdig und gravitätisch klingen, wie uns jetzt die Karolina.

[1] Rehberg über den Code Napoleon. Hannover 1814.

[2] K. E. Schmid Deutschlands Wiedergeburt. Jena 1814. S. 135 &c. Thibaut über die Nothwendigkeit eines allg. bürgerlichen Rechts für Deutschland. Heidelberg 1814. Jener wünscht für den Augenblick Annahme des Oesterreichischen Gesetzbuchs, dieser sogleich ein neues.

[3] Vorzüglich in der Encyclopädie ed. 4. §. 21. 22. Naturrecht ed. 3. §. 130. Civilist. Magazin B. 4. Num. 4.

[4] Baco de fontibus juris, aphor. 59-64 (de augmentis scient. L. 8 C. 3).

[5] l. c. aph. 64. »Optandum esset, ut hujusmodi legum instauratio illis temporibus suscipiatur, quae antiquioribus, quorum acta et opera tractant, literis et rerum cognitione praestiterint ... Infelix res namque est, cum ex judicio et delectu aetatis minus prudentis et e ditae antiquorum opera mutilantur et recomponuntur.«

[6] Hugo Naturrecht §. 130 N. 7. »Wenn alle Rechtsfragen von oben herab entschieden werden sollten, so würde es solcher Entscheidungen so viele geben, daß es kaum möglich wäre, sie alle zu kennen, und für die unentschiedenen Fälle, deren doch immer noch genug übrig blieben, gäbe es nur um so mehr widersprechende Analogien.«

[7] Baco de augm. scient. L. 8. C. 3. »Jurisconsulti autem.... tanquam e vinculis sermocinantur.«

[8] Motifs de la loi du 3. Sept. 1807 vor dem Code Nap. ed. Paris 1807. 8. p. IX. (von Bigot-Preameneu).

[9] Sueton. Caesar. C. 44. Jus civile ad certum modum redigere, atque ex immensa diffusaque legum copia, optima quaeque et necessaria in paucissimos conferre libros.

[10] Motifs de la loi du 3. Sept. 1807 vor den Ausgaben des Code seit 1807, von Bigot-Preameneu.

[11] Montesquieu XXIX. 18.

[12] Man vergleiche was über die Gleichförmigkeit des Rechts Rehberg über den Code Nap. S. 33 und f., so wie über die wichtigen Folgen der gänzlichen Umwandlung des Rechts derselbe S. 57 u. f. sagt.

[13] Die Discussionen des französischen Staatsraths über den Code geben eine bequeme Uebersicht über das Verhältniß dieser Theile: bey jenen konnten die Nichtjuristen kein Ende finden, von diesen war oft gar nicht die Rede.

[14] Thibaut a. a. O. p. 54.

[15] Tacitus, Agricola C. 3.

[16] Ich werde dabey auf folgende Schriften verweisen: Conférence du code civil avec la discussion ... du conseil d'état et du tribunat. Paris Didot 1805. 8. vol. in 12. – Code civil suivi de l'exposé des motifs (die Reden im corps legislatif). Paris Didot 1804. 8. vol. in 12. – (Crussaire) Analyse des observations des[55] tribunaux d'appel et du tribunal de cassation sur le projet de code civil. Paris 1802. 4. – Maleville analyse raisonnée de la discussion du code civil, ed. 2. Paris 1807. 4. vol. in 8. Der Code und das Projet de code civil sind ohnehin bekannt.

[17] Rehberg über den Code Napoleon. Hannover 1814. 8.

[18] Conférence T. 4. p. 126. »Ces substitutions étaient contraires à l'intérêt de l'agriculture, aux bonnes moeurs, à la raison; personne ne pense à les rétablir.«

[19] Einige Stellen s. bey Rehberg S. 141. 163. 177. 187.

[20] Dieses sind im wesentlichen die Ansichten von Rehberg, und ich sehe nicht, wie man diesen ungerechte Bitterkeit vorwerfen kann: die Anwendung auf manche einzelne Stellen läßt sich freylich bestreiten.

[21] Die Beurtheilung des Code von dieser Seite lag außer Rehbergs Zweck. Viel treffliches hierüber enthält Thibauts Rec. von Rehbergs Schrift in den Heidelb. Jahrb. 1814. Jan. S. 1 u. f.

[22] Vgl. hierüber die ungemein vortrefflichen Bemerkungen des Appellationsgerichts von Montpellier bey Crussaire p. 5-9.

[23] Z. B. von Seidensticker Einleitung in den Codex Napoleon S. 221-224.

[24] Heidelb. Jahrb. 1814. Jan. S. 12.

[25] Jene, über art. 1674-1685, steht conférence T. 6. p. 43-94, diese über a. 1101-1133, T. 5. p. 1-21, und davon nimmt der Text wenigstens die Hälfte ein.

[26] Desquiron esprit des Institutes de Justinien conféré avec le code Nap. Paris Renaudière, 1807. 2 vol. 4., in der historischen Einleitung.

[27] Moniteur an X. N. 86. p. 339. Die Rede gehört zu den nachher unterdrückten Verhandlungen.

[28] Maleville analyse T. 4. p. 358. 359.

[29] l. c. p. 407.

[30] Conférence T. 2 p. 123. 124. 136. Der Irrthum von Emmery p. 139 ist um einige Grade geringer.

[31] Conférence T. 6 p. 44.

[32] Beyspiele wichtiger Materien, die im Code ganz oder größtentheils fehlen, stehen in den Heidelb. Jahrb. 1814 Januar S. 13.

[33] Lyon und Rouen, bey *Crussaire* p. 43. 52.

[34] Conférence T. 1. p. 204. 267.

[35] Motifs T. 2. p. 115.

[36] *Maleville* T. 1. p. 104.

[37] Motifs T. 2. p. 255.

[38] *Maleville* T. 1. p. 165.

[39] *Maleville* T. 1. p. 206.

[40] *Maleville* T. 1. p. 327.

[41] *Maleville* T. 1. p. 96.

[42] *Maleville* T. 1. p. 182.

[43] Die vergeblichen Bemühungen stehen conférence T. 2. p. 79-90. Der Gipfel der Verwirrung ist in der Bemerkung von Tronchet p. 84 que jamais le mariage n'est nul de plein droit; il y a toujours un titre et une apparence qu'il faut détruire. Wenn jemand mein Haus besitzt, so giebt es auch une apparence à détruire, (etwas blos factisches), dazu dient die Vindication; aber sein angebliches Recht des Eigenthums ist dennoch nul de plein droit, d. h. es ist gar nicht da, und dieses aufzuheben brauche ich keine Klage. Bey Testamenten läßt es sich durch den Gegensatz der alten Nullität wegen eines präterirten Sohnes, und der querela inofficiosi, recht deutlich machen.

[44] Portalis in conférence T. 1. p. 29.; Boulay im Moniteur an X. N. 86. p. 343. »On sait que jamais, ou presque[74] jamais, dans aucun procès, on ne peut citer un texte bien clair et bien précis de loi, en sorte que ce n'est jamais que par le bon sens et par l'équité que l'on peut décider.«

[45] Conférence T. 1. p. 27. 29. Motifs T. 2. p. 17. 18. *Maleville* T. 1. p. 13. Projet, discours préliminaire p. XI. XII. XIII.

[46] Bonaparte in conférence T. 2. p. 327. Avis du conseil d'état im Bulletin des lois und bey *Locré* T. 3. p. 104, »les divers cas que la loi ... a

laissés à la disposition des principes généraux et du droit commun.«

[47] Projet l. c.

[48] Projet, discours préliminaire, p. XIX. »Dans cette immensité d'objets divers, qui composent les matières civiles, et dont le jugement, dans le plus grand nombre des cas, est moins l'application d'un texte précis que la combinaison de plusieurs textes qui conduisent à la décision bien plus qu'ils ne la renferment, on ne peut pas plus se passer de jurisprudence que de lois.«

[49] Schmid Einleitung in das bürgerl. Recht des Franz. Reichs B. 1. S. 21-23. 373. 374.

[50] *Maleville* T. 4. p. 414-417.

[51] *Locré* T. 3. p. 443 ed. Paris 1805. 8.

[52] Moniteur an X. p. 337.

[53] *Crussaire* p. 8.

[54] Cabinetsordre von 1780 vor dem Corpus juris Fridericianum B. 1. Berlin 1781. 8. – Die Vorerinnerungen vor dem Entwurf des Gesetzbuchs Th. 1. Abth. 1. und Th. 2. Abth. 1. und 3. – Cabinetsordre von 1786 in Kleins Annalen Th. I. S. XLIX. – Publicationspatente von 1791 und 1794 vor dem Gesetzbuch (1791) und dem Landrecht (1794).

[55] Kleins Annalen B. 1. und B. 8., gleich im Anfang beider Bände. – Kleins Selbstbiographie. Berlin 1806. 8. S. 47.

[56] Bericht des Justizcommissarius Simon üb. Redaktion der Materialien der preuss. Gesetzgebung, in Mathis jur. Monatsschrift B. 11 Heft 3. S. 191 bis 286 nebst einem Konspektus der Materialien. – Die Materialien zum Landrecht allein (ohne die Gerichtsordnung) betragen 1500-2000 einzelne Stücke in 88 Folianten.

[57] Publicationspatent §. 1.

[58] Dieses ist indessen für Ostpreussen etwas später geschehen (Ostpreussisches Provinzialrecht. Berlin 1801. 8), für die übrigen Provinzen gar nicht. Es gilt also da das besondere Recht in seiner alten Form.

[59] Entwurf des Gesetzbuchs Th. 1. Abth. 1. S. 5. 6. Kleins Annalen B. 8. S. XXVI-XXIX. Simon S. 197-199. Mehrere der wichtigsten Neuerungen wurden noch in der allerletzten Revision des Landrechts weggelassen. Simon S. 235.

[60] Hugo über Daniel Nettelbladt, civilist. Magazin B. 2 N. 1.

[61] Simon S. 198.

[62] Simon S. 200-202.

[63] Simon S. 202. – Von Volkmar existiren folgende Schriften: 1) De condictionum indole. Hal. 1777. (Simon S. 200). 2) De intestatorum Atheniensium hereditatibus. Traj. ad Viad. 1778. (Schott Critik. B. 10. S. 79). 3) Erörterung der Begriffe Erbschaft ex asse &c. Breslau 1780. (ib. S. 82). 4) Varia quae ad leges Romuleas et magistratus pertinent. Vratislav. 1779. 8. 5) Ueber ursprüngliche Menschenrechte. Breslau 1793. 8. (Ersch Literatur der Jurisprud. S. 272). Ich kenne davon nur die vierte, und diese ist allerdings wenig bedeutend.

[64] Cabinetsordre von 1780 S. XII. XIII. »Wenn Ich ... Meinen Endzweck .. erlange, so werden freylich viele Rechtsgelehrten bey der Simplifikation dieser Sache ihr geheimnißvolles Ansehen verlieren, um ihren ganzen Subtilitäten-Kram gebracht, und das ganze Corps der bisherigen Advokaten unnütz werden. Allein ich werde dagegen.... desto mehr geschickte Kaufleute, Fabrikanten und Künstler gewärtigen können, von welchen sich der Staat mehr Nutzen zu versprechen hat.«

[65] a. a. O. S. XIII.

[66] Entwurf Einl. §. 34-36.

[67] Landrecht Einl. §. 46. 49.

[68] Landrecht Einl. §. 47. 48.

[69] Erster Anhang zum Landrecht. Berlin 1803. §. 2.

[70] Landrecht Einl. §. 50.

[71] Entwurf Th. 2 Abth. 3. Vorerinnerung.

[72] Bey Simon S. 213. 220 stehen die Namen derer, welche Bemerkungen eingesandt, und welche Preise erhalten haben.

[73] Schlossers Briefe über die Gesetzgebung &c. Frankfurt 1789, und: Fünfter Brief &c. Frankfurt 1790. 8.

[74] Briefe S. 246.

[75] Schlossers Vorschlag und Versuch einer Verbesserung des Deutschen bürgerlichen Rechts &c. Leipzig 1777. 8. – Schlossers Briefe S. 46. 342. in welcher letzten Stelle er sogar Westphals Schriften als sehr brauchbar für diesen Zweck rühmt.

[76] In Hugos civilist. Magazin B. 1. N. 6. (1790).

[77] Die Nachrichten darüber sind genommen aus Zeillers Vorbereitung zur neuesten Oesterreichischen Gesetzkunde. Wien und Triest 1810. Bd. 1. S. 19-30.

[78] Nämlich 1746 zur Preussischen, 1753 zur Oesterreichischen Gesetzgebung. Simon S. 194. Zeiller S. 19.

[79] Zeiller S. 23. 26-30.

[80] Zeiller S. 27. 28.

[81] Zeiller S. 24.

[82] Die drey Theile des Gesetzbuchs enthalten zusammen 561 Seiten, sehr weitläufig gedruckt.

[83] §. 5 I. per quas pers.

[84] §. l. cit., L. 53 D. de adqu. rer. dom.

[85] *L.* 14 D. de testam. tut.

[86] *Hellfeld* §. 1298 »Ipsa vero tutela consistit in defensione personae pupilli principaliter, et secundario in defensione bonorum pupillarium.«

[87] *Digest.* lib. 27 tit. 2.

[88] Nämlich nach Römischem Rechte war allgemein und absichtlich der Intestaterbe zur Tutel berufen; im Oesterreichischen Gesetzbuch kann es wegen der Linealerbfolge kommen, daß der Intestaterbe und der zur Vormundschaft berufene nächste Verwandte verschiedene Personen sind, in den meisten Fällen aber wird es auch hier dieselbe Person seyn.

[89] Zeiller a. a. O., S. 38. »Da nun aber auf dem philosophischen Gebiete jedermann nach seiner Ueberzeugung urtheilet; so ist leicht zu erachten, daß die Urtheile oft nach einer eingebildeten Billigkeit (aequitas cerebrina) und im Grunde nach Willkühr gefället werden.«

[90] K. E. Schmid Deutschlands Wiedergeburt, S. 131. 134. 135.

[91] Vergl. Rehberg über den Code Napoleon S. 8-10.

[92] Ueber die Art und Weise, wie unsre Vorfahren die Processe abgekürzet haben; patriotische Phantasien Th. 1. N. 51.

[93] Mösers Schreiben eines alten Rechtsgelehrten über das sogenannte Allegiren, a. a. O. Th. 1. N. 22.

[94] Thibaut a. a. O., S. 52. 55. 60.

[95] Thibaut S. 60.

[96] a. a. O., S. 15-22.

[97] a. a. O., S. 20. 21.

[98] Esprit des lois liv. 27.

[99] Nova methodus. P. 2. §. 82.

[100] l. c. §. 85-90.

[101] Mösers Vorschlag zu einer Sammlung einheimischer Rechtsfälle; patriot. Phantasien Th. 2. N. 53. (3te Ausgabe N. 44).

[102] Schmid Deutschlands Wiedergeburt, S. 278. 279.

[103] Projet de code civil p. XIII. »Dans l'état de nos sociétés, il est trop heureux que la jurisprudence forme une science qui puisse fixer le talent, flatter l'amour propre et réveiller l'émulation.« – P. XIV. »On ne saurait comprendre combien cette habitude de science et de raison adoucit et règle le pouvoir.«

[104] Ich benutze die handschriftliche und mündliche Mittheilung eines Doctors dieser Rechtsschule.

[105] Als Quellen sind hierüber benutzt worden: Instruction zur Ausführung des Lehrplanes &c. im 35ten Bande von K. Franz I. Gesetzsammlung. – A. von Heß encycl. methodol. Einleitung in das juridisch-politische Studium. Wien u. Triest 1813. 8. Dem Vf. sind laut S. 9. die Acten über den Studienplan mitgetheilt worden, so daß seine Darstellung der Gründe desselben gewissermaaßen als officiell zu betrachten ist.

[106] Heß §. 39.

[107] Heß §. 13.

[108] Heß §. 16.

[109] s. v. S. 141. Note 1.

[110] Heß §. 40. 41.

[111] Kaufmann Anfangsgründe des Römischen Privatrechts. Erste Abtheilung. Wien u. Triest 1814. 8.

[112] Eggers Anhang zu Heß S. 93.

[113] Vorerinnerung zum Entwurf des Gesetzbuchs Th. 2. Abth. 3.

[114] Ein sehr lehrreicher Aufsatz hierüber von dem Hrn. Justizminister von Kircheisen steht in Mathis jurist. Monatsschrift B. 4. S. 65.

[115] Die Rescripte hierüber von 1804. 1809 und 1812 sind an folgenden Orten zu finden: Mathis Monatsschrift Bd. 1 S. 56. 61.; B. 8. S. 352. 462. Kamptz Monatsschrift Heft 1 S. 18.

[116] Rescript von 1813. in Kamptz Monatsschrift Heft 3. S. 14.

[117] Stengels Beyträge B. 13. S. 214. 218.

[118] Thibaut a. a. O., S. 29-32.

[119] Abschn. 8.

[120] Thibaut a. a. O., S. 27. 28.

[121] Nämlich die gegenwärtigen Vorschläge eines neu einzuführenden Gesetzbuchs sind lediglich veranlaßt durch den Zustand der Länder, worin bis jetzt das gemeine Recht oder der Code galt, und ich habe stillschweigend angenommen, daß der Vorschlag selbst nicht weiter gehe als diese seine Veranlassung. Sollte aber auch Oesterreich und Preussen darin mitbegriffen seyn, so wäre allerdings von der politischen Seite diese Vollständigkeit sehr zu loben, aber für diese Länder selbst wäre wohl zu bedenken, was oben (Abschn. 8.) in anderer Rücksicht gegen die Abschaffung ihrer Gesetzbücher gesagt worden ist.

[122] A. a. O. S. 64.

[123] S. 59. 60.

[124] S. 41.

[125] S. 35.

[126] S. 36-39.

[127] S. 17. 29.

[128] S. 35. 36. 40.

[129] s. o. S. 59.

[130] A. a. O. S. 23.

[131] *Melanchthon*, oratio de dignitate legum; in select. declamat. T. 1. Servestae 1587. p. 247 und Or. de vita *Irnerii* et *Bartoli*. T. 2. p. 411.

[132] Zum Theil war dieses schon bey einer andern Gelegenheit von mir geschehen. Zeitschrift für geschichtliche Rechtswissenschaft B. 4. S. 488-490.

[133] Vgl. Zeitschrift &c. a. a. O. S. 482 fg.

[134] Was ich hier zur Erklärung meines einseitigen Urtheils über die französische Jurisprudenz aus den Umständen, unter welchen meine Schrift zuerst erschien, gesagt habe, ist auf sehr billige Weise anerkannt in einer französischen Recension, welche überhaupt jenen wissenschaftlichen Streit sehr treffend darstellt. (Le Globe T. V. N. 59. 1827. 18. Août).

[135] Die ausführlichste Schrift, welche hierher gehört (von Gönner), ist schon früher in dieser Zeitschrift angezeigt worden (B. 1. S. 373 u. fg.).

[136] Heidelb. Jahrb. 1815. S. 659.

[137] Civilist. Abhandl. S. 433.

[138] Vorrede zu Unterholzners juristischen Abhandlungen. München 1810. S. XII-XVII.

[139] Civilist. Abhandl. S. 416. Heidelb. Jb. 1814. S. 940.

[140] Heidelb. Jahrb. 1814. S. 938.

[141] Heidelb. Jahrb. 1816. S. 200.

[142] a. a. O. S. 198-200.

[143] Heidelb. Jahrb. 1816. S. 200.

[144] Vorrede S. XI.

[145] Feuerbach über Philosophie und Empirie. Landshut 1804. 8. S. 43.

[146] Strafgesetzbuch für das Königreich Baiern. München 1813. (das Promulgationspatent ist vom 16. Mai 1813). Anmerkungen zum

Strafgesetzbuche für das Königreich Baiern. B. 1. 2. München 1813. B. 3. 1814. 8.

[147] Anmerkungen B. 1. S. 12-19.

[148] Ich nehme diese Nachricht aus dem Brief eines Bairischen Advocaten vom 22. Mai 1816.

[149] Durch diese Erfahrung wäre denn also buchstäblich in Erfüllung gegangen, was ich in dieser Zeitschrift (B. 1. S. 421, 422), ohne diesen Fall zu kennen, ganz im allgemeinen vorhergesagt habe.

[150] Heidelb. Jahrb. 1816. S. 199.

[151] Heidelb. Jahrb. 1816. S. 199.

[152] Der Vrf. sucht durch angeführte Stellen aus verschiedenen Jahrhunderten S. 43. 44 darzuthun, die Klage über Unfähigkeit sey ungegründet, denn sie sey zu allen Zeiten dieselbe gewesen: daraus scheint denn hervorzugehen, es sey zu allen Zeiten ein gleiches und zwar sehr großes Maas von Gelehrsamkeit da gewesen, und immer habe es einige hypochondrische Leute gegeben, die geklagt hätten. Ob dem so ist, mag jeder entscheiden, der die Literargeschichte kennt; aber unter jenen Stellen ist gerade die entscheidendste, die des Donellus nämlich, sehr übel gewählt, denn Donellus klagt daselbst gar nicht über seine Zeitgenossen, sondern über die vorhergehende Schule der Bartolisten, denen er mit Recht den Mangel humanistischer Kenntnisse vorwirft. Offenbar will er also das vergangene Jahrhundert in Vergleichung mit dem seinigen herabsetzen, also gerade sein eigenes Zeitalter rühmen.

[153] Publicationspatent § 7: Einleitung § 6.

[154] Gründe für und wider die mündliche öffentliche Rechtspflege. Mainz 1816. 8. S. 32 (Anmerkung des Herausgebers).

[155] Der Recensent meiner Schrift vom Beruf &c. Hallische Lit. Zeit. 1815. October S. 201-211.

[156] Leipz. Lit. Zeit. 1815. September, Nr. 235. (Recension von Gönners Schrift.)

[157] Besonders Gött. Anzeigen 1814. St. 194 u. 1815 St. 108.

[158] Jenaische Lit. Zeit. 1814. B. 4. S. 327. 328.

[159] Leipziger Lit. Zeit. 1815. Septemb. St. 234.

[160] Heidelb. Jahrb. 1815. S. 661.

[161] Bairische Verordnung vom 19. Okt. 1813 vor dem erstem Band der Anmerkungen zum Strafgesetzbuche S. III. »Hierbei ist es auch Unser ausdrücklicher Befehl, daß außer dieser von Uns selbst angeordneten Darstellung durchaus von keinem andern Staatsdiener oder

Privatgelehrten ein Kommentar über das Strafgesetzbuch in Druck gegeben werde« u. s. w.

[162] s. o. S. 14-16.

www.ingramcontent.com/pod-product-compliance
Lightning Source LLC
Chambersburg PA
CBHW030015240426
43672CB00007B/960